基因安全风险规制的法律问题研究

张小罗　著

Research on Legal Issues of
Gene Safety Risk Regulation

法律出版社
LAW PRESS·CHINA
——北京——

图书在版编目（CIP）数据

基因安全风险规制的法律问题研究 / 张小罗著.
北京：法律出版社，2024. -- ISBN 978-7-5197-9558-0

Ⅰ. D922.174

中国国家版本馆 CIP 数据核字第 2024MU7379 号

基因安全风险规制的法律问题研究
JIYIN ANQUAN FENGXIAN GUIZHI DE FALÜ WENTI YANJIU

张小罗 著

责任编辑 朱颖超
装帧设计 李 瞻

出版发行 法律出版社
编辑统筹 司法实务出版分社
责任校对 王晓萍
责任印制 吕亚莉
经 销 新华书店

开本 A5
印张 9.5 **字数** 215 千
版本 2024 年 12 月第 1 版
印次 2024 年 12 月第 1 次印刷
印刷 唐山玺诚印务有限公司

地址：北京市丰台区莲花池西里 7 号(100073)
网址：www.lawpress.com.cn
投稿邮箱：info@lawpress.com.cn
举报盗版邮箱：jbwq@lawpress.com.cn
销售电话：010-83938349
客服电话：010-83938350
咨询电话：010-63939796

书号：ISBN 978-7-5197-9558-0 **定价**：68.00 元

凡购买本社图书，如有印装错误，我社负责退换。电话：010-83938349

此书为国家社科基金项目——基因安全风险规制的法律问题研究(21BFX044)与湖南省社科基金项目——我国基因安全法律保护机制研究(18YBA465)的成果;同时,此书为湖南省普通高等学校哲学社会科学重点研究基地“湖南省生态安全检察理论研究中心”与“湖南检察案例研究基地”的研究成果。

序

古希腊诗人阿尔洛克斯有一句名言:“狐狸知道很多事,而刺猬只知道一件大事。”据说这句名言源自古希腊的寓言:狐狸有很多进攻的手段,而刺猬只需要一身硬刺就可轻松应对。不知道从什么时候起,“狐狸”和“刺猬”被用来比喻学者的两种类型:“博学型”与“专攻型”。英国著名思想家以赛亚·伯林,耶鲁大学校长、社会心理学家彼得·沙洛维与我国著名学者钱钟书都曾经对此专门撰文讨论。从学者的类型化视角来看,张小罗教授似乎更加接近于“刺猬型”学者:2013 年在知识产权出版社出版《基因权利法律保障研究》,2017 年由中国政法大学出版社推出《宪法上的基因权利及其保护机制研究》,几年间,张小罗教授对于基因权利的理论研究不断深入;时隔七年之后,《基因安全风险规制的法律问题研究》又即将付梓,再次见证了她在基因科技法律研究领域的辛勤耕耘!

2019 年暴发的“新冠疫情”,影响了亿万人民的生活乃至命运,也再次让法律人认识到了风险规制法治的艰难:风险规制的时间节点、限度及可以采取、应当采取的法律措施,都可能随着风险本身的发展演变而不断变化。向来追求法律规范及其适用的可预期性之传统法学，果真能够在现当代风险规制惊心动魄的法制实践中总结、提炼出一套足以帮助人类从容应对风险的法学原理与规范体系吗？在这本书中，张小罗教授以基因安全风险的法律规制之道为例，向我们讲述了近些年基因科技领域令人兴奋却也让人甚为忧虑的现实——“基因科技给人们带来了巨大的影响，随着基因检测、基因治疗、基因克隆的基因技术的发展与应用，医学上的许多问题得以解决；但是，基因技术也可能造成基因信息泄露、克隆人、基因武器等风险。基因资源流失与基因科技背后隐藏的风险，以及带来的安全风险事件也随之进入国家、社会与公众的视野”。张小罗教授以基因安全及相关概念辨析为切入点，介绍了基因安全风险的来源及类型、基因安全风险规制的内涵及依据、基因安全风险规制的法律原则、基因安全风险规制的宪法与法律依据及不足、基因安全风险规制的域外经验等，最后落脚于“基因安全风险规制法治体系的完善”。全书结构明晰而不失简明扼要，行文明白晓畅而不失专业深度，处处可见小罗教授的用心、专心与苦心。

恩格斯曾经深刻指出：“社会上一旦有技术上的需要，这种需要就会比十所大学更能把科学推向前进。”当今时代，“研究型”大学涌现，“产学研深度融合”已经成为科技创新的重要规律、学科发展的重要路径；高速发展的科技犹如彪悍的野马，不愿屈从于特定学科的藩篱，也不会遵循已经划定的赛道。正因为如此，传统“刺猬型”学者或许能够轻松应对“狐狸”的“挑衅”，却难以应对高科技“丛林”的挑战。所幸者在于，理论界如张小罗教授等学者，并未满足于传统“刺猬型”学者的“一身硬刺”，亦未止步于传统法学所自封的学科领地，而是大胆地进入基因科技等陌生的领域，勇敢地开拓、对话并开展研究！在这个人人疲于奔波劳累的“镀金时代”，谨向张小罗教授等所有勇于开拓而又严肃认真的学者表达敬意！

周刚志

2024 年 8 月于梅溪湖畔

目　录

导　论

第一节　研究背景与意义

一、研究背景

基因科技是一把双刃剑,给人类带来福利的同时,也会产生不利影响。随着基因检测、基因治疗、基因克隆等基因技术的发展与应用,医学上的许多问题得以解决。例如,基因克隆技术的发展缓解了器官移植的来源问题;可以通过基因编辑靶向治疗病患等。但是,基因技术也可能造成基因信息泄露、克隆人、基因武器等问题。发达国家的基因资源争夺导致了我国基因资源流失,一旦国外敌对势力利用我国的基因资源研制出针对我国的基因武器,对我国展开生物基因战,将对中华民族的生存与繁衍带来极为严重的后果,甚至是亡国灭种的危险。基因资源的流失与基因科技的研发与运用背后隐藏着风险,由此而来的基因安全风险问题也进入国家、社会与公众的视野。正如有学者所言,“社会技术强化程度越高风险就越高。社会生活被技术所左右,人类所从事的各项活动都有可能出现关联风险,由此导致一个全球风险社会的到来”。[①] 习近平总书记指出，“要从保护人民健康、保障国家安全、维护国家长治久安的高度，把生物安全纳入国家安全体系，系统规划国家生物安全风险防控和治理体系建设，全面提高国家生物安全治理能力”。国安才能国治，治国必先治安。被称为“史诗般的科学灾难”的2018年“基因编辑婴儿”事件等重大社会事件的发生，首次将前沿生物技术安全风险升级到存在主义风险或者生存性风险的高度。2017年牛津大学未来人类研究所和芬兰外交部联合发布题为《生存性风险：外交和治理》的研究报告并强调说，先进生物技术的广泛运用可能会造成意想不到的灾难性风险，将会不断削减人类社会不断向前发展的机会，尽管这种风险也许还处在想象阶段，但“日积月累”会造成不可弥补的灾难，危及公共安全。大多数科学家通过基因编辑技术的实验揭示了基因编辑会产生既定目标之外的脱靶效应，可能会对附近基因组产生不良影响，如目标序列附近的基因组出现意料之外的脱氧核糖核酸（DNA）缺失或重排，这些变化在传统安全排查中可能会被忽视。这些基因技术的研发与运用，都可能影响人类社会的福祉和整体利益，因此必须予以规范和监管。而要规范和监管基因技术的研发与运用行为，不能仅仅依靠科研人员自身的道德素养，还需要国家法律的规范，否则发生的损害后果难以想象。一旦允许对人类生殖细胞进行基因编辑，就极易形成规模效应，给人类社会带来

① 庄友刚：《跨越风险社会：风险社会的历史唯物主义研究》，人民出版社2008年版，第68页。

灾难。[①]

在依法治国与建设法治政府的背景下，如何应对基因安全风险，回应公民对基因安全权利的诉求以及保障国家安全成为国家和政府必须解决的问题。我们希望：能够从法律的角度寻找基因安全风险规制的策略，以解决基因安全风险给国家、社会、公民带来的诸多风险问题，实现基因安全风险规制活动的有法可依；为国家规制基因安全风险提供法治化的路径，并助益其科学、合理、民主地应对基因安全风险，以保障公民的权利和国家的安全。简言之，规制基因安全风险以保障国家安全与保护人们的基因权利成为非常重要且迫切的课题。

二、研究综述

（一）国内相关研究的学术史梳理

目前国内关于基因安全风险规制的研究几乎没有，但与本课题相关的研究有一些，概括起来主要在以下几个方面：风险规制法律问题研究；生物安全风险防控及法律规制研究；基因安全的研究；基因技术风险规制的研究。

1. 关于风险规制法律问题的研究

关于风险规制的研究主要集中在风险规制的法治理论、风险的刑法规制、风险的行政法规制、风险规制的正当程序这四个方面。

（1）风险规制的法治化。崔丽学者在《基因权利的法理基

① 李建军：《前沿生物技术领域安全风险治理的历史经验和重要启示》，载《山东科技大学学报（社会科学版）》2021 年第 5 期。

础与规制进路——由“基因编辑婴儿”引发的思考》中指出，基因权利是个人利益和集体利益的集合，通过基因编辑产生的婴儿具有自我决定权和一般人格权。在法律规制上，建议以私法规制基因编辑技术。① 赵鹏学者在《风险规制：发展语境下的中国式困境及其解决》中指出，发展语境下我国风险规制迫切需要通过一系列法律机制的完善，促使政府改变唯发展的导向，建设一个能够协调回应包括发展、安全、公平等多元需求的政府。② 石晶学者在《人体基因科技风险规制路径的反思与完善——以宪法与部门法的协同规制为视角》中指出，人体基因科技风险规制的法律适用困境在于部门法规制功能和视角的局限性，宪法作为基本权利保障法能够与其他法律构建形成反思性沟通框架。对于宪法与部门法协同规制人体基因科技风险路径有以下两点：首先是监督——反思机制的优化；其次是基本权利解释方法的运用和价值取向的引导。③

(2)风险的刑法规制。董晓宏学者在《人类基因安全风险防范化解的刑法路径》中指出，基因编辑技术会对普通的社会法益造成巨大的破坏，难以用民法、行政法进行规范，因此可以考虑在刑法的危害公共安全犯罪中增设新罪。④ 郑延谱和薛赛

---

① 崔丽：《基因权利的法理基础与规制进路——由“基因编辑婴儿”引发的思考》，载《大连理工大学学报（社会科学版）》2020 年第 3 期。

② 赵鹏：《风险规制：发展语境下的中国式困境及其解决》，载《浙江学刊》2011 年第 3 期。

③ 石晶：《人体基因科技风险规制路径的反思与完善——以宪法与部门法的协同规制为视角》，载《法制与社会发展》2022 年第 2 期。

④ 董晓宏：《人类基因安全风险防范化解的刑法路径》，载《经济师》2023 年第 4 期。

赛学者在《人类基因编辑行为的刑法规制及思考》中指出，基因编辑刑法规制的首要目标是以风险刑法理论为基础，将伦理安全视为法益之一进行保护。在具体的入罪标准中，要分清基因编辑行为的目的，是出于治疗还是出于人类胚胎基因编辑等其他行为。① 刘强和储陈城学者在《合成生物技术伴生风险的刑法规制》中指出，刑法对合成技术伴生的风险进行规制主要从以下三个方面出发：一是设定专门规制；二是以前置干预取代事后回应；三是罪行结构的设置要体现比例原则。② 魏佳轩和陈晓明学者在《生物刑法的保护法益与规范调适》中指出，生物安全法益包含个体法益和超个体法益两个层面。生物刑法保护的法益不是生态法益而是生物安全法益。生物刑法的调整范围包括单位生物犯罪、生物刑法从环境刑法中脱离的罪名、加强生物科技风险预防类犯罪等。③ 盛豪杰学者在《非法植入基因编辑、克隆胚胎罪的解读》中指出非法植入基因编辑、克隆胚胎罪的保护法益应该是基因安全，情节严重类型包括规避监管、违规招募受试者等五个行为。体细胞基因编辑行为和无涉人体基因编辑行为都包含于无罪行为。④

(3)风险的行政法规制。王贵松学者在《风险规制行政诉

① 郑延谱、薛赛赛：《人类基因编辑行为的刑法规制及思考》，载《法律适用》2023 年第 7 期。

② 刘强、储陈城：《合成生物技术伴生风险的刑法规制》，载《医学与哲学》2023 年第 9 期。

③ 魏佳轩、陈晓明：《生物刑法的保护法益与规范调适》，载《湘潭大学学报(哲学社会科学版)》2023 年第 2 期。

④ 盛豪杰：《非法植入基因编辑、克隆胚胎罪的解读》，载《医学与哲学》2021 年第 20 期。

讼的原告资格》中指出，风险规制行政诉讼原告资格认定框架如下：一是判断原告利益是否值得保护；二是判断原告利益是否有受到现实侵害。在原告资格证明上，一般的可能性标准仍然可以适用。在风险设施发生损害的可能性上，因为安全审查贯穿风险设施设置全过程，因此可以推定风险设施有发生损害的可能性。对于原告利益受到风险设施侵害的可能性，原告仍须举证。[①] 刘鹏学者在《从行政管控走向风险治理：中国风险应对体系建设的发展历程与逻辑》中指出，我国风险应对体系建设先后经历了五个阶段，分别是行政管控、风险管理、应急管理、应急治理和风险治理，形成了如下四大趋势：治理主体从单个中心向一核多元转变，治理对象由单一风险走向多元风险，治理工具从简单走向多样，治理理念从以“个案事例”为中心转向以“系统风险”为中心。刘鹏学者提出应当将风险应对体系重构为包含市场转型的风险重构、政党体系的风险自主性以及社会群体风险感知的“新三角理论”框架。[②] 曾哲和李轩在《论行政处罚风险规制功能的补强》中指出，补强行政处罚风险规制方式主要有以下四个方面：行政处罚程序的优化、风险预防原则的增设、应受行政处罚构成要件的重新梳理以及行政处罚起点的前移。[③]

---

① 王贵松：《风险规制行政诉讼的原告资格》，载《环球法律评论》2020 年第 6 期。

② 刘鹏：《从行政管控走向风险治理：中国风险应对体系建设的发展历程与逻辑》，载《政治学研究》2021 年第 6 期。

③ 曾哲、李轩：《论行政处罚风险规制功能的补强》，载《西南石油大学学报（社会科学版）》2020 年第 5 期。

（4）风险规制的正当程序。张恩典在《风险规制正当程序：意义阐释与类型分析》中指出，风险规制的正当程序建设，有利于在风险规制中保障个人权利，有利于推动风险规制者理性决策，有利于加强风险规制决策的可接受度，有利于在风险规制中对人性尊严的保护。①

其他的代表文章或者著作有：石晶学者的《人体基因科技风险预防之尊严观的反思与重构》（2021年）；房慧颖学者的《预防性刑法的风险及应对策略》（2021年）；叶良芳学者的《为风险刑法理论辩护》（2022年）；王贵松学者的《风险行政与基本权利的动态保护》（2023年）；宋亚辉学者的《风险控制的部门法思路及其超越》（2017年）；杨健与刘冠合学者的《人类胚胎基因编辑的多维风险与立法规制——〈民法典〉的人格权视阈关照》（2021年）等。

2. 关于生物安全风险防控及法律规制的研究

对于生物安全风险防控及法律规制的研究，大约始于2019年，主要涉及生物安全立法研究、生物安全风险防控与治理研究。

（1）生物安全立法。于文轩学者在《生物安全风险规制的正当性及其制度展开——以损害赔偿为视角》中指出，生物安全风险是客观存在的，由此带来的损害应该用法律来规制，为完善生物安全的风险规制机制可以从立法模式、法律原则等方面

① 张恩典：《风险规制正当程序：意义阐释与类型分析》，载《天府新论》2017年第6期。

着手。[①] 章楚加学者在《生物安全风险协同共治范式的建构逻辑与规范内涵——基于〈生物安全法〉评述视角》中指出，我国《生物安全法》在形成维度内，要明确公私治理主体的行动准则和权限职责，提出国家和社会协同制定《生物安全法》规范的要求；在效力维度内，要统筹兼顾生物安全风险治理全过程；在功能维度内，要时刻关注数据平台、信息共享等先进技术，并运用于生物安全风险治理。最后创设出“国家公权力主导＋社会力量协同参与”的生物安全共治新模式。[②] 刘仕鸿与黄竹胜学者在《论我国国门生物安全风险的规制困境与优化路径》中指出，我国生物安全立法首先要加强对重点部门领域的立法，完善生物安全法律体系；其次提高相关立法的位阶，及时修改相关法律法规；再次要完善法律法规的配套与法律的衔接；最后加强法律责任和法律的威慑力。[③] 于文轩和孙昭宇学者在《论生物安全损害赔偿责任的规则建构》中指出，生物安全损害赔偿责任规则的创制应按照责任分担原则明确各法律主体之间合理分担赔偿责任。在确立无过错规则原则时，要以风险预防和合理分配为依托；还要在基于生物安全损害的特殊性的前提下，明确责任的构成要件，并通过责任的限制调和价值的膨胀与冲突，从而达

---

① 于文轩：《生物安全风险规制的正当性及其制度展开——以损害赔偿为视角》，载《法学杂志》2019 年第 9 期。

② 章楚加：《生物安全风险协同共治范式的建构逻辑与规范内涵——基于〈生物安全法〉评述视角》，载《青海社会科学》2021 年第 5 期。

③ 刘仕鸿、黄竹胜：《论我国国门生物安全风险的规制困境与优化路径》，载《现代商贸工业》2023 年第 4 期。

到生物安全损害赔偿责任优化的目的。[①] 李燕学者在《俄罗斯生物安全立法与实践》中指出，俄罗斯生物安全立法工作主要聚焦于三个维度：首先，依照立法习惯，把生物和化学合并成一个安全领域，统一立法；其次，将生物安全纳入国家安全战略，并且2009年、2015年和2021年这三年，《俄罗斯联邦国家安全战略》都规定了生物安全的有关内容；最后，2020年俄罗斯正式对生物安全单独立法，公布了《俄罗斯联邦生物安全法》。[②]

（2）生物安全风险防控与治理。徐建国、舒跃龙等学者在《我国国境生物安全防控体系现代化建设研究》中指出，我国可以从以下几个方面构建国境生物安全现代化体系：一是建立各部门间常态化的体系互认机制，推进传染病共同防控工作机制的常态化，强化不同部门的信息共享；二是加强传染病监测哨点的建设，努力融入国际公共卫生合作网络；三是提升口岸实验水平建设，加强对病原的检测和识别，推动口岸现实应用场景的设备研发，推进口岸生物安全实物资源库构建。[③] 王素学者在《生物安全法规与监管措施应对转基因技术挑战：全球经验与启示》中指出，我们要不断加强风险的评估与科学研究，加强风险沟通和公众参与，推进决策机制科学化，加强国际合作中的经验共享以及推动农业的可持续发展，从容面对基因技术的挑战。[④]

---

① 于文轩、孙昭宇：《论生物安全损害赔偿责任的规则建构》，载《甘肃社会科学》2023年第2期。

② 李燕：《俄罗斯生物安全立法与实践》，载《俄罗斯学刊》2023年第3期。

③ 徐建国、舒跃龙等：《我国国境生物安全防控体系现代化建设研究》，载《中国工程科学》2023年第5期。

④ 王素：《生物安全法规与监管措施应对转基因技术挑战：全球经验与启示》，载《分子植物育种》2023年第20期。

刘培培和江佳富等学者在《加快推进生物安全能力建设，全力保障国家生物安全》中指出，要不断推进尖端科技的布局、加强学科建设、加大专业人才的培养、完善生物安全领域的基础平台和国家重点实验室建设，进一步加强生物安全治理水平，优化我国生物安全体系，巩固生物安全屏障。① 苏建强和安新丽等学者在《城市环境生物安全研究的进展与挑战》中指出，面对城市生物安全风险，建议在城市里构建城市环境生物安全大数据平台、评估微生物对人体生命健康造成的风险、建构应对微生物污染的城市生物安全风险防控和治理体系。②

其他的代表文章或著作有：陈方、张志强等学者的《国际生物安全战略态势分析及对我国的建议》（2020 年）；陈诚学者的《我国生物安全标准制度的功能分析、现状梳理与完善路径》（2023 年）；刘长秋学者的《论〈生物安全法〉中的伦理审查制度及其完善》（2023 年）；宋阳学者的《构建生物安全法律机制的全球视角》（2022 年）；杨霄、薛杨等学者的《中国的生物安全观与治理体系研究》（2023 年）；关武祥学者的《提升生物安全治理能力》（2022 年）；肖军、姚珣珣学者的《大安全格局下的生物安全风险及其应对》（2023 年）；秦天宝、段帷帷学者的《整体性治理视域下生物安全风险防控的法治进路》（2023 年）等。

3. 关于基因安全的研究

与基因安全相关的研究主要集中在基因安全状况及影响基

① 刘培培、江佳富等：《加快推进生物安全能力建设，全力保障国家生物安全》，载《中国科学院院刊》2023 年第 3 期。

② 苏建强、安新丽等：《城市环境生物安全研究的进展与挑战》，载《环境科学》2021 年第 6 期。

因安全的因素等方面。

（1）基因安全现状。李华光、邵正平等学者在《对我国基因安全状况的思考》中指出，基因技术有重要的军事意义。基因安全是国家安全中的重要环节；我国的基因安全状况堪忧，必须引起人们的重视。① 黄永春在《基因安全的思考》中指出，基因工程的发展与应用对人类有积极的意义，但也带来了基因安全问题，需要得到关注与解决。② 吴晶学者在《守护民族基因安全》中指出，我国遗传资源管理的现状如下：一是相关法律法规体系大体建成；二是管理机制大致形成；三是行政审批更加公开化、制度化、规范化。③

（2）影响基因安全的因素。刘磊学者在《可能影响我国基因安全的若干问题及对策》中指出，基因技术的发展给人类带来了机遇，但也给人类带来了若干问题与危险，必须正视并解决这些问题。④ 刘艳红学者在《化解积极刑法观正当性危机的有效立法——〈刑法修正案（十一）〉生物安全犯罪立法总置评》中指出，《刑法》的生物安全犯罪设立背景是出于维护国家总体安全的考虑，要发挥刑法积极干预作用。⑤

（3）保护基因安全的策略。宋伟、杨汉平学者在《高新技术

---

① 李华光、邵正平：《对我国基因安全状况的思考》，载《解放军外国语学院学报》2004 年第 5 期。

② 黄永春：《基因安全的思考》，载《福建水产》2006 年第 3 期。

③ 吴晶：《守护民族基因安全》，载《中国纪检监察报》2022 年第 4 期。

④ 刘磊：《可能影响我国基因安全的若干问题及对策》，载《国际技术经济研究》2003 年第 2 期。

⑤ 刘艳红：《化解积极刑法观正当性危机的有效立法——〈刑法修正案（十一）〉生物安全犯罪立法总置评》，载《政治与法律》2021 年第 7 期。

产业法律保护》一书中指出,为使基因安全得到更好保护,需要对生物技术中涉及的伦理道德进行立法制约。[①] 何蓉学者在《中华人种基因安全保护战略研究》中指出,人种基因安全问题是关系一个国家的安全、民族的永续发展的重大问题。我们应该立足于本国的国情,借鉴国外的经验,制定保护我国人种安全的基因安全保护法。[②] 王盼娣、熊小娟等学者在《〈生物安全法〉实施背景下基因编辑技术的安全评价与监管》中指出,为更好发挥《生物安全法》在基因编辑中的规制作用,应该做到以下几个方面:一是关注基因编辑技术的新进展;二是精准评估基因编辑行为的风险;三是完善底层规范;四是建立实际可行的跟踪管理问责制度;五是制定相关伦理规范和违反伦理规范的制裁手段;六是推动社会传播,增加公众可接受度。[③] 杨继文学者在《国家生物安全风险防控和治理体系背景下的基因风险协同治理模式的构建》中指出,基因风险协调共治模式的构建要走向回应型法治,建立完善的基因科技风险专业评估机制,构建重点案件协调保障制度,注重事中和事后案件衔接治理,创设有关基因风险事件的证据保全制度。[④]

其他的代表文章或著作有:张小罗学者的《制定我国〈基因安全法〉的重点与难点》(2018 年)。

---

① 宋伟、杨汉平主编:《高新技术产业法律保护》,西苑出版社 2001 年版。

② 何蓉:《中华人种基因安全保护战略研究》,载《中国发明与专利》2017 年第 12 期。

③ 王盼娣、熊小娟等:《〈生物安全法〉实施背景下基因编辑技术的安全评价与监管》,载《中国油料作物学报》2021 年第 1 期。

④ 杨继文:《国家生物安全风险防控和治理体系背景下的基因风险协同治理模式的构建》,载《中国政法大学学报》2020 年第 3 期。

4.关于基因技术风险规制的研究

关于基因技术风险规制的研究主要涉及基因技术的立法规制及法律保护、基因编辑技术的风险及规避。

(1)基因技术的立法规制及法律保护。沈秀芹学者在专著《人体基因科技医学运用立法规制研究》中对人体基因科技的立法进行了考察,分析了人体基因科技立法的理论基础与立法现状,构建了规制人体基因科技的法制体系。[①] 郑玉双、刘默学者在《风险沟通:人体基因编辑技术风险的法律制度构建》中指出,人类规制基因安全风险的法治手段主要有以下几个方面:首先,明确负责风险规制的部门职责;其次,对风险沟通中的专家角色和公众参与准确定位;再次,加强风险沟通软法的构建;最后,构建风险沟通最后的法律救济途径——司法保障。[②] 孟金梅、余泓学者在《精准医学语境下人体基因治疗法治准则研究》中指出,我国人体基因治疗法律规范要符合以下六项原则:维护人的尊严、增进福祉、符合人类基因共同体利益、公平与利益分享、知情同意、治理机构建设。[③] 石佳友、刘忠炫学者在《基因编辑技术的风险应对:伦理治理与法律规制》中指出:法律制度促进了基因编辑问题的治理,应当加强公法与私法、软法与硬法的合作共治,推动多方主体共同参与,凝聚社会共识,推进国际交

---

① 沈秀芹:《人体基因科技医学运用立法规制研究》,山东大学出版社2015年版。

② 郑玉双、刘默:《风险沟通:人体基因编辑技术风险的法律制度构建》,载《学术交流》2022年第11期。

③ 孟金梅、余泓:《精准医学语境下人体基因治疗法治准则研究》,载《汕头大学学报(人文社会科学版)》2020年第12期。

流合作。[①] 朱兵强学者在《基因编辑技术医疗应用的行政法规控》中指出，要用科学的行政手段规制基因编辑治疗，要从立法上明确基因编辑医疗的概念，完善医疗应用方面的基因编辑技术，设置科学合理的处罚条款。同时要提高最高规范层级，形成全面、系统和专门的基因编辑技术法；在行政管理上，实行综合审查下的个案审查制度，同时加强行政监管的开放性，改善基因编辑伦理审查机制；在行政司法上，要推动基因编辑行为行政纠纷解决机制的公正性，确立合理的基因编辑行政司法裁判的基本原则，适用正确平衡利益的裁判办法，引入人民陪审制度以及专家证人制度等。[②] 陈龙学者在《人类基因编辑技术的立法价值和程序要求》中指出，人类基因编辑应该遵循且立法者在立法时要考虑的三个原则为正义原则、预防为主原则、尊重原则；基因编辑的立法价值要考虑的三个方面，分别是公权和私权、正义和秩序、正义和效益；基因编辑立法程序要考虑的三个方面为公众参与、技术风险后果评估、共识会议。[③]

（2）基因编辑技术的风险及规避。闫瑞峰、张慧等学者在《基因编辑技术治理的三维伦理考量：问题、困境与求解》中指出，基因编辑行为会造成巨大的伦理困境，主要有四个方面：一是基因编辑不确定性产生的安全伦理困境；二是因个体道德的

---

① 石佳友、刘忠炫：《基因编辑技术的风险应对：伦理治理与法律规制》，载《法治研究》2023 年第 1 期。

② 朱兵强：《基因编辑技术医疗应用的行政法规控》，载《科技导报》2022 年第 12 期。

③ 陈龙：《人类基因编辑技术的立法价值和程序要求》，载《医学与社会》2021 年第 4 期。

改变造成生命体存在正当性困境；三是一系列伦理秩序导致的社会公正受损的伦理困境；四是多元治理主体利益诉求不一致导致的伦理乱治困境。打破以上困局有以下四种方式：一是正确合理适用创新技术，破解技术伦理安全困境；二是加强人性道德本体论创造性转化，破解个体生命存在的正当性问题；三是追求社会制度正义，促进社会公正伦理建设；四是积极探寻构建多元共识的伦理治理原则，破解地区自治和全球合治的伦理治理混乱窘境。①蒋莉学者在《基因编辑植物法律规制的困境及出路》中指出，全球对于基因编辑的监管主要还是依据转基因法律。这种方式忽视了基因编辑技术与转基因之间的差异，形成了科技乐观派和科技悲观派的两种极端态度，从而陷入技术放任和限制的误区。因此，应当对基因编辑植物单独立法。同时，可以通过改变立法者观念、重塑立法原则来重新构建法律规范。②郭春甫、李远志学者在《人类基因编辑技术风险的"监管缝隙"及其全周期管理策略》中指出，基因编辑"监管缝隙"存在三种情况：一是政策制定者的监管政策"缝隙"，二是监管主体监管职责的"缝隙"，三是监管数据信息"缝隙"。因此，要调整人类基因编辑技术风险治理体系，推动其完善；整合人类基因编辑技术风险治理流程机制；优化基因编辑技术，提升其抵抗风险的能力。③王文娟学者在《生殖系基因编辑技术风险的样态评

---

① 闫瑞峰、张慧等：《基因编辑技术治理的三维伦理考量：问题、困境与求解》，载《自然辩证法研究》2023 年第 3 期。

② 蒋莉：《基因编辑植物法律规制的困境及出路》，载《法学》2023 年第 5 期。

③ 郭春甫、李远志：《人类基因编辑技术风险的"监管缝隙"及其全周期管理策略》，载《南京社会科学》2021 年第 2 期。

价与刑事规制路径——基于中国首例“基因编辑婴儿”案刑事裁判的思考》中指出，如今，生殖基因编辑技术刑事入罪存在许多窘境，主要体现在行为认定、结果类型划分、法益确立以及刑事立法技术等方面。为规制以上风险，首先在行为认定时，法益保护要更具有实质性和明确性，风险防控手段要更加合理化；其次要贯彻犯罪预防的归责模式，将危险责任纳入生殖系统基因编辑有罪与否的判断，用抽象危险犯规制生殖系统基因编辑行为更能体现风险分配原则。[①] 肖好学者在《人类生殖系基因编辑的技术风险及其伦理反思》中指出，生殖系统基因编辑存在以下风险：会产生非目标的突变影响生殖系统基因；会产生影响几代人的非预期性伤害等。因此，我们要准确衡量生殖系统基因编辑带来的风险和收益，让科技发展与人类伦理道德相衔接。[②]

其他代表文章或著作有：蒋莉学者的《人类基因编辑国际法律治理研究》（2023年）；徐祥运等学者的《基因编辑技术的社会风险问题再探——以“设计婴儿”事件为例》（2023年）；刘忠炫学者的《基因编辑伦理问题的类型化区分及其法律规制》（2023年）；王籍慧学者的《基因编辑对社会公平非侵害性的另一种证成》（2022年）；章德宾、罗瑶等学者的《基因编辑技术发展现状》（2020年）；高芳芳、胡佳风学者的《公众对人类基因编

① 王文娟：《生殖系基因编辑技术风险的样态评价与刑事规制路径——基于中国首例“基因编辑婴儿”案刑事裁判的思考》，载《中国人民公安大学学报（社会科学版）》2021年第4期。

② 肖好：《人类生殖系基因编辑的技术风险及其伦理反思》，载《系统科学学报》2022年第2期。

辑的风险认知及其影响因素研究》(2019 年)等。

(二)国外相关研究的学术史梳理

国外相关的研究时间相对较长。根据目前掌握的资料,与本课题相关的研究始于 20 世纪七八十年代,内容主要集中在风险规制的研究、基因资源保护与基因技术法律规制的研究、基因编辑的公众参与的研究、基因伦理的研究等。

1. 关于风险规制的研究

(1)风险的研究。Julia Black 学者指出公共风险也称“社会风险”,主要涵盖健康、环境、安全、经济稳定和福利的风险。“公共风险”这一概念隐含着需要国家介入,因而需要行政法调整的寓意。[①] Tom Baker 学者指出,风险社会具有两层不同内涵:第一,人类利用自然的能力虽然在很大程度上降低了人类社会所面临的风险,但同时又因为人类的过度利用自然而造成人类社会生活中前所未见的不确定性与未知的新危害,如核灾、基因工程与基改作物、温室效应等,并且这种不确定性与未知性在全球化的浪潮中扩大了影响范围。第二,风险社会也意味着在抽象的层次上,现代社会以风险概率重新理解既有的生活经验,甚至将既有的社会生活以新的风险概率重新整理,不仅使风险

---

① Julia Black, *The Role of Risk in Regulatory Processes*, in Robe Baldwin, Martin Cave & Martin Lodge eds., The Oxford Handbook of Regulation, Oxford University Press, 2010, p. 302.

概率渗透至社会生活的方方面面，也会使社会控制起点前置化。[①] R. E. Kasperson 等学者指出，风险的产生不仅是技术的问题，还包括经济、政治、社会、文化、心理等诸多因素的结合。[②]

（2）风险监管的研究。Christopher Hood、Henry Rothstein 与 Robert Baldwin 学者指出，政府的风险监管制度跨越了"自然"和"社会"、"国家"和"市场"、"自愿"和"非自愿"、"高科技"和"传统技术"、"个人"和"企业"等之间产生的风险的鸿沟。[③] Joshua Newman 和 Michael Howlett 学者指出，虽然监管程序会因各国国情的差异造成所花费的时间不同，但是各国监管制度具有类似的发展模式。[④]

2. 关于基因资源保护与基因技术法律规制的研究

（1）基因资源保护研究。Mariko Kageyama 学者指出，在基因资源的获取和共享中，《名古屋议定书》的参与国在与相关利益方签订协议时，应遵守利益分享计划国以及议定书缔约方的国内法律和政策，以便获得生物资源。并且，可以设置一个信息交换所，以便可以获得有关基因资料的国家记录、参考记录和相

---

① Tom Baker, *Risk, Insurance, and the Social Construction of Responsibility*, in Tom Baker & Jonathan Simon eds., Embracing Risk: The Changing Culture of Insurance and Responsibility, University of Chicago Press, 2002, p. 33.

② R. E. Kasperson et al., *The Social Amplification of Risk: A Conceptual Framework*, Risk Analysis, Vol. 8:2, p. 177 (1998).

③ Christopher Hood, Henry Rothstein & Robert Baldwin, *The Government of Risk: Understanding Risk Regulation Regimes*, Oxford Academic (Nov. 1, 2003), https://academic.oup.com/book/40484? login = false.

④ Joshua Newman & Michael Howlett, *Regulation and Time: Temporal Patterns in Regulatory Development*, 80 International Review Administrative Science 493 (2014).

关档案。①

（2）基因技术法律规制研究。Aurélie Mahalatchimy 等学者指出了欧盟对人类基因编辑技术法律规制框架的想象，并认为该框架有三个关键方面，分别是：有关自然性的紧张关系；维护道德与伦理；追求医学目标和保护人类健康。但这种框架限制了欧盟对基因编辑技术的规制。② Francoise Baylis 等学者指出，在对 106 个国家的人类生殖和基因编辑治理的法律法规调查后发现，有 96 个国家拥有有关使用基因组编辑技术修改早期人类胚胎、配子或其前体细胞相关的政策文件、法律、指导方针、法规和国际条约。在这 96 个国家中，大多数国家没有专门解决在实验室研究中使用转基因体外胚胎（种系基因组编辑）的政策；其中 23 个国家禁止这项研究，11 个国家明确允许。在 96 个国家中，有 75 个国家禁止使用转基因体外胚胎带动怀孕（可遗传的基因组编辑）。在这 75 个国家中，有 5 个国家对其禁令提供了例外。但 96 个国家中没有一个国家明确允许可遗传的人类基因组编辑。③ Andy Greenfield 在 2015 年首届人类基因组编辑国际峰会上明确指出，除非相关的安全性和有效性问题已经得到解决，或者基于对风险、潜在益处和替代方案的适当理解和平

---

① Mariko Kageyama, *Bio – Property Contracts in a New Ecosystem: Genetic Resources Access and Benefit Sharing*, Washington Journal of Law, Technology & Arts, Vol. 13:2, p. 110 – 139(2018).

② Aurélie Mahalatchimy et al., *Framing and Legitimating EU Legal Regulation of Human Gene – editing Technologies: Key Facets and Functions of an Imaginary*, Journal of Law and the Biosciences, Vol. 8:2, p. 1 – 30(2021).

③ Francoise Baylis et al., *Human Germ Line and Heritable Genome Editing: The Global Policy Landscape*, The CRISPR Journal, Vol. 3:5, p. 365 – 377(2020).

衡,以及对拟议申请的适当性有广泛的社会共识,否则继续进行生殖系编辑的任何临床应用都是不负责任。[①] M. Nothling Slabbert 等学者对于干细胞产品的法律监管会面临的问题提出以下建议:第一,分清干细胞产品类型,因为新的干细胞产品可能表现出复杂的特征,可能属于多个现有产品分类(如药品和医疗器械)。第二,关于监管新型和个体化干细胞产品或治疗也应更加透明,因目前那些给病弱患者提供不安全的治疗手段不在监管范围之内。第三,明晰调控环境中的关键概念,如"最低限度操纵"细胞或"非常规制备"细胞。[②] Townsend B. A. 学者对于基因编辑规制提出以下意见和建议:首先,有效、合法的治理解决方案应牢固地植根于人权价值观并以人权价值观为基础,具体包括国家和超国家立法条例或"硬性"法律的结合,以及其"软"道德的结合;其次,支持法律和道德解决方案的努力应该是严谨的、实用的和有力的;最后,加强各司法管辖区之间的协调和增加公众参与。[③]

3. 关于基因编辑的公众参与的研究

Adashi E. Y. 等学者揭示了国际上对于人类基因编辑需要"广泛公众参与"的原因,阐述了支撑舆论形成、修改和评估的基本原则,并且指出在这种背景下,社会决定对于人类基因编辑

---

① Andy Greenfield, *Fearful Old World? A Commentary on the Second International Summit on Human Genome Editing*, 30:1 – 2 Mammalian Genome 1(2019).

② M. Nothling Slabbert & M. S. Pepper, *A Global Comparative Overview of the Legal Regulation of Stem Cell Research and Therapy: Lessons for South Africa*, South African Journal of Bioethics and Law, Vol. 8:2, p. 12 – 22(2015).

③ Townsend B. A., *Human Genome Editing: How to Prevent Rogue Actors*, BMC Medical Ethics, Vol. 21:95, p. 1 – 10(2020).

是否继续发展产生重要影响。[①]

4. 关于基因伦理的研究

Michael Sandel J. 学者认为,追求完美是有缺陷的,因为这超出了安全和公平。通过基因技术增强人性的想法是令人反感的,因为这代表了对管理和统治的追求,而没有欣赏人类力量和成就的天赋。同时基因革命将改变哲学家讨论伦理的方式,并将迫使精神问题重新回到政治议程上。[②] Segers S. 和 Mertes H. 学者指出尊严问题并不能成为完全禁止安全可遗传基因组编辑的理由,但应该实施附带约束性措施,以确保这种做法中固有的人类价值判断不会导致对受基因编辑影响的人的基本尊重减少。[③] Ruipeng Lei 和 Renzong Qiu 学者回答了两个关键的基因编辑伦理问题:在离体基因组编辑研究中使用人类胚胎在伦理上是否合理,以及进行可遗传的人类基因组编辑在伦理上是否合理。在回答第二个问题时,其讨论了反对和支持可遗传人类基因组编辑的论点、方法学问题以及建立可遗传人类基因组编辑的伦理框架。其重点关注基因编辑中的监管问题,包括主动方法与道德思考方法、自我监管与自上而下监管、透明度与保

---

① Adashi E. Y. et al. ,*Heritable Human Genome Editing*:*The Public Engagement Imperative*,CRISPR J,Vol. 3:6,p. 434 –439(2020).

② Michael Sandel J. ,*The Case Against Perfection*:*Ethics in the Age of Genetic Engineering*,Harvard University(Aug. 16 2016),https://scholar. harvard. edu/sandel/publications/case – against – perfection – ethics – age – genetic – engineering.

③ Segers S. & Mertes H. ,*Does Human Genome Editing Reinforce or Violate Human Dignity*?,*Bioethics*,Vol. 34:1,p. 33 –40(2020).

密性和教育与惩罚。① Mattar C. N. Z. 等学者指出，美国科学院和皇家医学院重启孕前人类基因组编辑研究，没有与胎儿基因治疗法进行比较，遭到巨大的伦理争议。因此，孕前人类基因组编辑和胎儿基因治疗法应适用共同的道德标准，并且由于胎儿基因治疗法所受到的伦理争议小，因此应当在进行前人类基因组编辑研究时，将胎儿基因治疗法作为一种替代手段。②

综上，国内外学者对基因安全做了一些探讨，对于基因安全的研究主要集中在基因技术的监管以及如何处理好基因技术和道德伦理间的关系上；在基因安全风险上，注重分析现代风险的特征，并将基因安全也纳入现代风险中。在基因安全风险监管对象上，注重对基因编辑现象进行监管。在监管手段上，国内注重通过多个法律部门一同监管，并且必要时还可以通过专门法律进行规制。在监管主体上，要发挥国家和社会大众共同参与的作用。他们的研究为本课题研究提供了基础。但是国内学者对基因安全问题研究不多，关于基因安全风险规制的研究几乎没有。具体而言，现有研究还存在以下不足：(1)研究对象界定不清。现有的研究没有给基因安全明确的界定。(2)研究视角不够多元。现有的关于基因安全的研究主要集中在基因技术、基因伦理等领域，对基因安全风险规制法律问题的研究几乎没

---

① Ruipeng Lei & Renzong Qiu, *Ethical and Regulatory Issues in Human Gene Editing: Chinese Perspective*, Biotechnology and Applied Biochemistry, Vol. 67:6, p. 880 – 891(2020).

② Mattar C. N. Z. et al., *Ethical Considerations of Preconception and Prenatal Gene Modification in the Embryo and Fetus*, Hum Reprod, Vol. 36:12, p. 3018 – 3027 (2021).

有。(3)研究内容不够深入。对我国基因安全风险状况及保障基因安全的实现路径缺乏深入研究。鉴于此,本课题拟在以下三个方面寻求突破:(1)明确界定研究对象。明确界定基因安全的概念,并厘清基因安全与总体国家安全的关系。(2)拓宽研究视角。拟从风险规制理论视角下探究保障我国基因安全的法律之道,填补研究空白。(3)深化研究内容。通过对我国基因安全风险具体类型、基因安全风险规制的原则、我国基因安全风险规制的宪法和法律依据及不足的研究,借鉴国外基因安全风险规制经验,提出完善我国基因安全风险规制法治体系的路径。

三、研究意义

(一)现实意义

随着科学技术的发展,社会也经历着重大的变迁,科学技术带来了一定的风险并潜在地威胁着人类生命健康、安全以及正常的社会秩序。不可否认,人类社会已经进入一个"风险社会"时代。而这些风险远远超出了基因科技本身所能操控与应对的范畴。"基因编辑婴儿"之类事件的发生,使人们对自身的发展与命运有了深深的忧虑。基因安全风险一旦转化为现实损害必定会涉及更大的领域,造成更大的损失,必将对公民的生命财产安全、国家的安全以及社会可持续发展造成严重的影响;传统的法律与处理机制很难有效地应对新型的风险,也难以跟上基因科技发展与风险规制的要求。基于此,研究基因安全风险规制的法律问题有如下现实意义:

第一，有效应对基因安全风险，保障公民个人安全与国家安全。基因科技的发展与运用必然带来相应的基因安全风险。而基因安全风险本身具有的复杂性与不确定性，以及在相关领域呈现出来的全球性、难以预测性与损害后果的极端性，使得基因安全风险规制的进路复杂而艰难。为了有效地应对基因安全风险，保障公民个人安全与社会稳定以及国家的安全，需要积极探索应对基因安全风险的可行之道，研究规制基因安全风险的路径。通过风险规制的理念、原则与法律制度的构建与完善，促进法律制度与基因安全风险规制的要求相匹配。

第二，规制基因安全风险，保障公民基因权利。在基因技术引起的各种争议中，因遗传信息的揭露给人类带来的不幸，如基因隐私的侵犯、基因歧视等诸多问题，可能出现纷繁复杂的伦理争议给现行民法刑法带来挑战。我们可以预见将来的诉讼案件，其中包括涉及基因检测的各方面的人身伤害案、侵犯个人隐私权的歧视案件与带来不可弥补的伤害的基因治疗案以及遗传数据、基因库和其他用于法庭的基因技术的诉讼将一一涌现出来。正如米尔恩所说，“没有权利就不可能存在任何人类社会。无论采取何种形式，享有权利乃是成为一个社会成员的必备要素”。法律是权利享有的重要保障，基本权利是法律保障的重要价值。具体在基因科技发展中，需要通过基因安全风险的规制来保障公民的基因权利。

风险规制与立法都与社会和公民的生活息息相关。研究基因安全风险规制将有助于推动应对基因安全风险的立法活动，建立能够保障社会安全秩序、公平正义的法律规则，从而增强公民和社会应对基因安全风险的现实能力。同时本研究可为立法机关提供立法参考；为政府应对基因安全风险提供决策参考；本研究还对于人们克服对基因技术的恐惧，避免基因资源被掠夺以及保障我国基因安全，确保国家安全有着重要的意义。

（二）理论意义

随着科学技术的发展，基因安全风险研究成为风险社会理论的新领域。基因安全风险不仅具有传统风险的不确定性、危害性的特征，更具有认定困难、危害后果严重以及周期长等属性。从法学的视角研究基因安全风险规制，不仅可以丰富风险研究的理论框架、研究方法与风险理论体系，更能拓展法学研究的领域。由此，研究基因安全风险规制的法律问题不仅具有现实意义，更具有重要的理论意义。

第一，提供基因安全风险规制的法律路径，为基因安全风险规制提供法治化理论。伦理学、社会学、管理学等学科已经开始了针对基因安全风险及其治理的相关研究。基因安全风险规制是一项宏大而复杂的系统工程，毋庸置疑法治是基因安全风险中的不可或缺的规制方法。

第二，丰实了法学学科中的风险规制研究的内容，拓展了基因研究的领域。总体上来看，目前学术界对基因安全的研究还是一个比较薄弱的领域。国内对于基因安全的研究不多，鲜有学者从风险规制理论视角探究保障我国基因安全之道。在学术上，本研究创新了基因研究的视角；丰实了基因研究的内容；拓展了基因研究的领域；填补了基因安全风险规制研究的空白。

第二节 研究的目标与内容

一、研究的目标

本研究的主要目标在于从风险规制理论视角探究保障我国基因安全的法律之道。通过立法对基因安全风险的回应,避免基因技术遭到滥用,保护我国的基因资源,规制基因安全风险,保证我国生物产业经济的健康发展,最终保障公民的基因权利与国家安全。

二、研究的内容

(一)研究对象

本课题的研究对象是基因安全。随着基因科技的发展,基因安全已经成为世界各国国家安全的重要内容,其关键在于基因科技的良性运用与基因资源的良好保护。

(二)主要内容

1. 基因安全及相关概念辨析

基因安全是指人体基因处于不受人类不当活动干扰、侵害、威胁的正常状态。国家安全是维护国家领土完整、保护国家主权、保障国家经济可持续发展、维护人民重大利益不受内外威胁的国家治理能力。基因安全是国家安全的内容之一;维护基因安全,归根结底是维护人的安全和国家的安全。国家安全为基因安全提供良好的环境和条件。风险是指在一定的环境与时间内某种损失发生的可能性。基因安全风险是指不确定性对基因安全的影响，是基因利益受到内外部威胁的可能性和严重后果。其一般是基因技术的开发和应用所造成的对人类潜在的威胁。

2. 基因安全风险的来源及类型

基因安全风险的来源主要包括：基因资源的流失是基因安全风险的最初源头；基因技术的研发与运用是基因安全风险的主要来源；基因专利保护不力是基因安全风险的重要来源。

基因安全是总体国家安全的一部分，基因安全足以影响国家安全。基因科技有遭滥用的风险。具体而言，基因安全风险有以下几种类型：(1)国家基因安全风险，主要是非法制造基因武器的风险。基因武器，主要是指运用遗传工程技术对 DNA 进行重组，在一些致病细菌或病毒中接入可对抗普通疫苗或药物的基因，或在一些本不会致病的微生物体内接入致病基因而制造成生物武器。这种技术手段可以改变非致病微生物的遗传物质，利用人种基因差异，使某种具有抗药性的致病菌只对特定遗传特征的人种产生致病性，从而有针对性地消灭敌方有生力量。一旦这种武器被投入到大规模的使用之中，就会有针对、有选择地造成一个种族的灭亡。(2)集体基因安全风险，主要是指基因资源流失、基因技术研发与运用以及基因专利保护不当给集体带来的风险。此种类型的风险主要体现在群体基因信息泄露的风险以及基因编辑技术破坏人类基因库的风险上。(3)个人基因安全风险，主要是侵犯人性尊严与人权的风险。将基因编辑技术直接运用于人体进行基因编辑，是将人当作工具和手段，否定了人的主体性，侵犯了人的尊严。基因编辑技术的不当运用会威胁与破坏基因多样性;该技术还会使人们的基因权利包括基因隐私权、基因知情权、基因平等权等有遭侵犯的可能,甚至会危及下一代人的权利。该技术还可能造成人与人之间的贫富差距加大,带来新的社会不公。

3. 基因安全风险规制的内涵及依据

基因安全风险规制是指国家和政府为了避免或者减少因基因资源流失、基因技术运用而在基因安全领域产生的不利后果,或者消除不利后果产生的可能性,而采取的各种措施。具体而言,它是包括行政机关在内的公共机构基于分散和减少基因安全风险的目的,综合运用各种措施对基因安全风险进行预测、评估、评价和管理的一系列活动的总和。国家安全理论、基本人权理论、预防优先理论、通过法律的社会控制理论是基因安全风险规制的法理基础。

4. 基因安全风险规制的原则

(1)风险预防原则。风险预防原则最早起源于德国。一般是指只要存在带来风险的可能性,就不能以科学证据缺乏为理由不采取或者延迟采取措施规制风险。该原则最初在环境领域适用,后来逐渐发展到食品安全、公共安全以及其他领域成为风险规制的基本指导原则。风险规制原则的核心要义在于只要有风险存在的可能性我们就必须采取相应的措施进行风险规制。不能以缺乏科学证据为理由阻碍风险规制措施的采取与实施;该原则的核心概念是“预警优先,科学次之”。

(2)人权保障原则。保障人权是我们立宪与立法的基本价值目标。基因安全风险规制的目的在于保障人们的基因权利。

基因安全风险规制的目的，很大程度上在于保证那些受到基因安全风险影响的公众的基本权利。

(3)公众参与原则。公众参与原则是使决策更加公平合理，让人更容易接受的一个重要的原则。它是人们的参与权与表达权的充分体现。具体在基因安全风险规制中，对于政府来说，制定基因安全风险规制的政策措施是一个全新的领域，很多方面不好把握，就更需公众多方的参与，才能使决策更合理，也更利于人们接受和遵守相关的规则。对于个人来说，参与到基因安全风险规制的决策之中更有利于个人权利的实现。

(4)比例原则。比例原则核心内涵有三个方面：合目的性、适当性与必要性。该原则最初是在行政法领域适用，在基因安全风险规制中也应当遵循比例原则。合目的性，也就是对基因安全风险规制所采取的手段必须是合法的。适当性是指规制基因安全风险所采取的手段必须是有利于保护人们的基因权利与保障基因安全乃至国家安全的目的的。必要性是指在基因安全风险规制措施存在多种可选择性的时候，应该选择可能带来最小的危害的措施。

5. 我国基因安全风险规制的法律依据及不足

(1)我国基因安全风险规制的宪法和法律依据。我国《宪法》规定："国家尊重和保障人权。"基因权利是基于基因上产生的一束权利，其包括基因隐私权、基因平等权、基因财产权、基因人格权等。宪法上的基本权利与人权条款已具备确认基因权利的部分内涵的功能。《民法典》中明确规定人体基因的条文为第1009条，该条款规范了从事人体基因、人体胚胎等有关的科学和科研活动时的义务。我国《刑法修正案(九)》规定了侵犯公民个人信息罪。《刑法》及《刑法修正案(十一)》规定了非法采集遗传资源、走私人类遗传资源材料罪;规定了非法植入基因编辑、克隆胚胎罪。《行政许可法》第11条至第59条有关于许可的规定,第60条至第70条有监管的相关规定。此外,还有不少相关专门法,如:2015年制定的《国家安全法》;2020年制定的《生物安全法》(2024年修正)。其他相关法律法规有:《科学技术进步法》《网络安全法》的相关规定;《人类遗传资源管理暂行办法》(科技部、原卫生部,1998年)、《基因工程安全管理办法》(科技部即原国家科学技术委员会,1993年)、《人类辅助生殖技术管理办法》(原卫生部,2001年)、《干细胞临床研究管理办法(试行)》(原国家卫计委,2015年)、《生物技术研究开发安全管理办法》(科技部,2017年)、《医疗技术临床应用管理办法》(国家卫健委,2018年)、《人类遗传资源管理条例》(国务院,2019年、2024年修订)等。

(2)我国基因安全风险规制的法律依据的不足

第一,相关的法律尚不能对基因安全风险实施严格的规制。目前,《国家安全法》《生物安全法》以及相关的法律制度还不能对基因安全风险进行严格的规制,相关的法律还存在一些漏洞。

第二,法律对于基因技术发展中出现的新问题未作出及时的回应。随着基因技术的发展,产生了许多新问题,诸如:产生的基因歧视问题,包括侵犯基因平等权、基因财产权、基因知情权、基因人格权等基因权利问题;产生的以增强为目的的基因编辑行为,这种基因编辑会引起代际间的利益冲突,加剧技术的异化,还可能引发对自然秩序的冲击;产生的基因违法犯罪行为,包括泄露基因信息行为、非法人类胚胎基因编辑损害胎儿身体健康或人类未来发展的行为,非法从事人体胚胎实验、非法进行基因改良等行为。这些都给基因安全带来风险,需要相关法律法规作出及时的回应。

第三,相关适用条款还需进行更为深入的研究。有些条款的规定过于笼统概括,只有原则性的规定,不具备实际可操作性。

6. 基因安全风险规制的域外经验

(1)美国比较完备的生物安全风险规制法律体系

在生物安全领域美国制定了比较完备的生物安全法律体系。自20世纪70年代开始,美国在生物技术、基因治疗、胚胎干细胞研究、生物武器管制与生物恐怖预防等方面都制定了相关的法律,形成了一个相对完整的生物安全法律体系。这对我国基因安全风险规制法律体系的建构具有借鉴意义。

(2)英国严格的基因安全风险管理制度

在法规制定方面,英国有一套系统的针对基因工程的法规和条例。在基因管理和保护方面,英国采取严格的行政管理,即凡是从事基因工程研究的单位均须强制性领取内务部颁发的许可证,从事基因研究的毕业生在投入到岗位之前必须接受一定时间的安全知识培训。

(3)德国的基因编辑禁止性规定

德国于1990年制定了《基因技术法》和《胚胎保护法》。在基因编辑问题上德国不允许以生殖为目的对受精卵或胚胎进行基因编辑,并通过立法进行规制,设置了 5 ~ 20 年监禁的刑事责任。

(4)法国专门的基因权利条款

法国基因安全风险规制最大的特点是关于基因权利的保障,在法国民法典中设置了专门条款。这对完善我国基因权利保障有借鉴意义。

7. 基因安全风险规制的法治体系完善

为了更好地规制基因安全风险,保障基因安全与国家安全,需要以宪法上的基因基本权利和基因人权、国家安全相关条款为基础,以国家安全法上的总体国家安全观为依据,在基因安全风险规制上遵循相关的政策与立法规范,构建完善我国基因安全风险规制的法治体系。而要建立健全社会主义法治体系,主要从以下几个方面努力:完善法律规范体系、完善法治实施体系与完善法治监督体系等。

(1)完善基因安全风险规制的法律规范体系

首先,需要完善已有的法律规范。

在宪法层面,从基因安全风险规制角度完善备案审查制度。把所有基因安全风险规制规范性文件纳入备案审查范围,依法撤销和纠正违宪违法的规范性文件;这既是推动宪法有效实施最现实的途径,也是推进基因安全风险规制领域的民主立法、保障公民基本权利的措施。明确人性尊严的基本价值。扩大对人性尊严主体范围的界定。人权保障是宪法的核心内容,而人性尊严又是人权的基础与核心内容。科技的发展必须具备合宪性的基础。基因科技如果超越人伦底线,就有可能会毁灭人类文明;基因科技的发展要从尊重人的生命、尊重宪法的价值、尊重人的尊严出发,不能将人客体化、手段化、工具化。

在民法层面,应在《民法典》中对基因歧视等新型社会风险进行直接规定,确认人类的基因平等权、基因知情权、基因财产权等,形成受试者或参与者权利保护和损害救济的规范基础。

在行政法层面,专门规定人类胚胎基因编辑许可和监管制度。随着基因科技的发展,基因编辑带来侵犯人性尊严与人权的风险,必须在源头上设立专门的许可和监管制度。强化基因编辑活动行政处罚力度。

在刑法层面,应禁止以增强为目的的基因编辑。以增强为目的的基因编辑就是通过基因编辑使个体在体魄或心智等方面功能更强大,这种通过基因编辑技术逆天改命的行为应为刑法所禁止。明确基因编辑犯罪的"情节严重"的认定标准;增加单位犯罪主体与增设基因编辑犯罪的罪名;补充行为类型与调整体系结构;调整涉及基因编辑犯罪法定刑。

其他相关法律法规层面,完善《生物安全法》《网络安全法》《人类遗传资源管理条例》等。在《生物安全法》中增加对基因安全的相关规章制度,主要包括:增加对基因编辑技术的专章规定;健全有效监管体系及细化责任追究制度;健全资源共享惠益体系。在《网络安全法》中对于群体遗传信息的采集和使用,应制定相关的基本原则和规定,包括:①网络运营商应严格保密其采集的群体遗传信息,建立完善的遗传信息保护体系;②网络运营者对群体遗传信息的收集和使用应当符合法律法规的要求,对群体遗传信息的处理应当符合法律法规的要求等。完善《人类遗传资源管理条例》,在条例中应当建立专项人类遗传资源应急预案审评和申报制度;完善基因编辑技术医疗应用规制的技术规范;完善《医疗机构管理条例实施细则》等。

其次,条件成熟的时候制定新的"基因安全法"。就我国而言,对传统的法律进行一些修正是必要的,但专门立法有利于满足不断变化的立法需求。在我国制定专门的"基因安全法",有利于促进基因技术良性运用和基因资源的良好保护,以保障我国的基因安全。"基因安全法"是规定和调整基因安全的法律规范,是基因安全领域的专门法。"基因安全法"的调整对象是基因安全,是通过对从事基因科技的人或科研机构的活动或行为进行规范,进而保障基因安全,避免人体基因处于人类不当活动干扰、侵害、威胁的状态。基因安全主要依靠技术与资源,当前世界基因争夺战主要也是集中在技术和资源两个方面。"基因安全法"的调整范围,通过立法保护基因资源,规范基因资源的开发、利用、研究与管理,规范基因技术的利用,保护基因专利,最终达到保障基因安全的目的。"基因安全法"的主要特点有:科学技术性、综合性、国际性等。"基因安全法"需要重点规范的制度有:知情同意制度、成果分享制度、基因进出口审批制度、基因开发控制制度、国家监管与授权许可证制度、禁止滥用制度、基因安全风险评估制度等。

(2)完善基因安全风险规制的法治实施体系

基因安全风险规制法律实施机制的完善主要有执法层面、司法层面和守法层面。基因安全风险规制的法律实施机制的完善,有利于完善中国特色社会主义法治体系,推动全面依法治国。

(3)完善基因安全风险规制法治监督体系

建立完善备案审查制度;明确各个部门监管职责、提升监管效能;实行基因安全风险领域的公益诉讼。通过以上方式可以保护我国的基因资源,规范基因技术使之良性发展,保证我国生物产业经济的健康发展,规制基因安全风险,最终达到保障人权与国家安全的目的。

第三节　研究的思路与方法

一、研究的思路

以问题为导向,沿着如下思路展开研究:(1)理论诠释。通过对基因安全、基因技术、基因资源、基因专利、国家安全、基因安全风险、风险规制等概念的阐释,厘清基因安全与总体国家安全,基因安全与基因技术、基因资源、基因专利的关系;论述基因安全在于基因科技的良性运用与基因资源、基因专利的良好保护,且基因安全事关国家的安全和民族的存亡。(2)问题导向。通过分析基因安全风险的来源与法理依据以及梳理我国现有的基因安全风险规制的宪法与法律依据,分析我国基因安全风险规制中存在的不足与需要完善之处。(3)域外经验。考察域外基因安全风险规制方面的经验。国际上一些关于生物安全、人权保障以及禁止生物武器等公约是我国制定基因安全风险规制措施的国际法上的依据。美国、英国、德国、法国等相关的风险规制的经验以及关于基因权利保护方面的措施对于我国基因安全风险规制来说具有借鉴意义。(4)完善对策。针对我国基因安全风险规制立法中的不足,在立足我国国情基础上,借鉴别国的经验,提出完善我国基因安全风险规制法治体系的对策。

二、研究的方法

一是规范分析方法。对基因安全等概念进行界定,为认识我国基因安全风险状况与研究基因安全风险规制的对策奠定基础。

二是文献资料分析方法。本课题在研究中充分运用文献资料分析方法。本人所在高校有法学一级学科硕士点,有非常丰富的图书、期刊、电子数据库等课题研究所需要的资源。收集到的资料主要包括国内外上百部专著、几百篇论文、几篇调研报告等,这些资料主要集中在国家安全、生物安全、基因技术、基因编辑、基因权利、风险社会、风险规制、公众参与、科技立法等领域。通过对收集到的资料分析整理,提炼出自己的研究框架。

三是跨学科整合的研究方法。本课题在研究方法和学科取向上,坚持多学科的研究取向并进行交叉研究。本课题的研究对象是基因安全,而基因安全的研究与基因技术、生物安全、医学、伦理、法学等学科和领域密切相关。基于此,基因安全风险规制的研究是跨学科的、多层次、多方向的、多维度的综合研究。

四是法律文本分析方法。法律文本分析方法就是对法律文本进行分析,它是课题进一步研究的基础。通过该方法的运用,梳理我国基因安全风险现有的宪法和法律依据并分析需要完善之处,梳理国外立法与风险规制的相关经验并找出可供我国参考借鉴之处,并在此基础上提出完善我国基因安全风险规制法治体系的路径。

五是类型化的研究方法。类型化的研究方法就是对基因安全风险进行归纳分类,研究我国基因安全风险的具体类型,以便于更好地有针对性地制定基因安全风险规制的对策。基因安全风险包括三大类:其一,国家基因安全风险,即非法制造基因武器的风险。其二,集体基因安全风险,指基因资源流失与基因技术研发与运用以及基因专利保护不当给集体带来的风险。此种类型的风险主要体现在群体基因信息泄露的风险以及基因编辑技术有破坏人类基因库的风险上。其三,个人基因安全风险,即侵犯人性尊严与人权的风险。将基因编辑技术直接运用于人体进行基因编辑,是将人当作工具和手段,否定了人的主体性,侵犯了人的尊严。基因编辑技术的不当运用会威胁并破坏基因多样性。该技术的应用不仅可能侵犯人的基本权利,包括基因知情权、基因平等权,甚至侵犯下代人的权利;而且该技术的运用还可能带来新的贫富差距,因为基因编辑技术本身的费用比较高,只有富人才能用得起,由此造成新的贫富差距,带来社会不公。

六是比较分析方法。比较分析方法是在法学研究中用得比较多的研究方法。该方法的核心是通过对国内外的相关立法与制度进行梳理,在此基础上进行对比分析找出我国的薄弱之处与他国的先进之处。分析国外可供我国借鉴的地方。具体在本课题的研究上,通过对我国的基因安全风险规制措施的不足的分析整理以及对国外在风险规制与生物安全方面的立法经验进行梳理,找出可供我国参考借鉴之处,以期完善我国基因安全风险规制的法治体系。

七是判例分析方法。判例分析方法比较直观、形象。本书通过对国内外发生的基因安全案例的剖析,使得基因安全的概念更明确,使人们感受到对基因安全的保障更为迫切。

小　结

基因科技给人们带来了巨大的影响。随着基因检测、基因治疗、基因克隆等基因技术的发展与应用,医学上的许多问题得以解决;但是,基因技术也可能造成基因信息泄露、克隆人、基因武器等风险。基因资源流失与基因科技背后隐藏的风险,以及带来的安全风险事件也随之进入国家、社会与公众的视野。基因技术带来的基因安全风险成为不容忽视的问题,规制基因安全风险以保障国家安全成为非常重要且迫切的课题。目前国内对基因安全风险规制的直接研究几乎没有,但与本课题相关的研究有一些。该研究集中在如下方面:风险规制法律问题研究;生物安全风险防控及法律规制研究;基因安全的研究;基因技术风险规制的研究。国外相关的研究时间相对较长。根据目前掌握的资料,与本课题相关的研究始于20世纪七八十年代,内容主要集中在风险规制的研究、基因资源保护与基因技术法律规制的研究、基因编辑的公众参与研究、基因伦理的研究。国内外的相关研究为本课题研究提供了基础。但目前的研究并不充分。具体而言,现有研究还存在以下不足:第一,现有的研究没有对基因安全进行明确的界定。第二,现有的关于基因安全的研究主要集中在基因技术、基因伦理等领域,对基因安全风险规制法律问题的研究几乎没有。第三,对我国基因安全风险规制状况及保障基因安全的对策措施鲜有关注。由此,本书的研究主要集中在以下三个方面:第一,明确界定基因安全、基因安全风险等概念,并厘清基因安全与国家总体安全的关系。第二,从风险规制理论视角探究保障我国基因安全的法律之道。第三,通过对我国基因安全风险具体类型、基因安全风险规制的法律原则、我国基因安全风险规制的宪法和法律依据及不足的研究,借鉴国外基因安全风险规制经验,提出完善我国基因安全风险规制法治体系的对策。

第一章　基因安全及相关概念辨析

当我们享受于科技带来的生活上的便利与舒适时，难免也须承担其所附带的风险。基因技术出现以后，由此引起的安全问题就一直伴随着它的发展而存在。自20世纪80年代基因科技产生以来，基因科技给人类带来了诸多福利的同时，也带来了一些负面影响，如基因武器、基因恐怖主义、人类遗传资源被盗等；这些问题关系国家政局的稳定、人民的健康、经济的发展甚至是一个民族与国家的存亡。一般而言，基因安全风险事故与人类相伴，而基因安全风险甚至比化学武器与有毒有害物质带来的风险更隐蔽、更危险、涉及的范围更广；因此如何应对基因安全风险以及如何预防与控制基因安全风险，成为法学领域要解决的当务之急。而要对此进行研究，首先要厘清相关概念，具体包括基因安全、基因技术、基因资源、基因专利、风险、基因安全风险等。

第一节 基因安全

一、基因安全概念

(一)安全

安全是人类发展过程中首要的需要;离开了安全,其他各种实践活动都不可能进行。孟德斯鸠在《论法的精神》中说道:人的安全是非常重要的,是至高无上的。[①] 功利主义学者边沁也认为:快乐与安全构成一个国家人们个人的幸福,这也是国家立法的唯一目的。[②] 安全是法律所追求的重要价值之一。正如庞德所言,"在法律史的各个经典时期,无论是在古代和近代世界里,对价值准则的认证,批判或者合乎逻辑的适用,都曾是法学家们的主要活动"。[③] 从词源上来说,安全一词是由"安"与"全"构成的。"安"是指安静,安定。[④]"全",完也。一般而言安全指完美、完备,不受损害之意。根据中国安全生产科学研究院所编著的《安全生产常用名词术语释义研究报告》,安全是指没有危险、不受威胁和不出事故的状态。自人类诞生以来,所从事的各项活动都离不开安全。联合国1948年通过的《世界人权

---

① [法]孟德斯鸠:《论法的精神》,许明龙译,商务印书馆2011年版,第627页。

② [英]边沁:《道德与立法原理导论》,商务印书馆2000年版,第81页。

③ [美]庞德:《通过法律的社会控制——法律的任务》,沈宗灵、董世忠译,商务印书馆1984年版,第55页。

④ 古书的相关解释有:"安,定也。"——《尔雅》;"共给之为安。"——《庄子·天地》;"好和不争曰安。"——《周书·谥法》。

宣言》指出:“人人有权享有生命、自由和人身安全”,应把安全作为人的一项基本权利来维护。安全的概念是安全理论分析的起点,也是构建各种安全理论体系的根基。

(二)基因安全

随着基因科技的发展,“基因编辑婴儿”事件的发生,人们认识到了自己对基因技术的不了解以及产生了对该技术运用所带来的负面影响的恐惧,由此对于基因安全的诉求越来越强烈。基因安全已经成为世界各国国家安全的重要内容,并且成为国际社会高度关注的安全领域和国际战略博弈的新领域。具体而言,基因安全是指人体基因处于不受人类不当活动干扰、侵害、威胁的正常状态。① 它是基于人的需要而产生的;由于基因技术的不确定性和无法掌控,人们难免具有不安全感。基因安全作为生物安全内容已成为总体国家安全观中不容忽视的重要组成部分。通过法律实现安全的价值,核心在于将法律中涉及各类安全的制度规范和法律条文,演化成现实社会中的具体社会现实,成为公民生活、生产等活动的基本准则。② 个人的基因关系到国家的利益和安全,基因科技的发展给人类带来福音的同时也有遭受滥用的危险。我国拥有丰富的基因资源但也有遭到其他国家掠夺的危险,这些甚至会威胁国家安全与民族存亡。由此,基因安全成为非常重要且迫切的议题。基因安全的关键

---

① 张小罗:《制定我国〈基因安全法〉的重点与难点》,载《政治与法律》2018年第11期。

② 王建平:《公民安全、社会安全与国家安全》,四川大学出版社2018年版,第32页。

在于基因科技的良性运用与基因资源、基因专利的良好保护。

1. 基因科技

基因科技是生物科技的一种。生物科技是指利用生物本身的特性来达到某种目的,或利用人为方式改变生物特性或表现的技术。凡是用来认识、解读、操纵、改造基因,以达成一定目的的技术,就是基因科技。基因科技的出现,突破了以往生物科技的限制,可以从基因及其表现更精确地解读与预测生物的生理或病理机制,还可以大幅缩短人为改变生物性状所需的时间,并使得跨物种基因组合成为可能。基因科技发展具有多样性,具体包括基因检测与基因筛检、基因治疗、基因转移、基因复制等。基因检测是一种检验人体 DNA 有无基因失序的技术,借由此种技术可以判定有无罹患基因疾病倾向或可能性。基因筛检是指为了搜寻有某种基因缺陷或有遗传疾病的高危险人群而检验特定范围的基因。基因治疗是指运用基因技术对人们的遗传缺陷作修正。具体操作方法是用基因改正细胞,替换或者补充受到损害的细胞。基因转移是用重组 DNA 技术将基因从一种引入他种之中。基因复制是指创造与原生物具有相同基因组的后裔的过程。① 2000 年人类基因图谱的公布是生物医学界极大的成功与贡献,它带给了病患们极大的福音与无限的希望。然而我们须理性认识到,基因科技运用过程中也存在负面的效应:可能造成基因信息泄露、克隆人、基因武器、基于基因科技的恐怖主义行为等。基因科技的发展给人类的生活和发展带来有利的

① 参见张小罗:《宪法上的基因权利及其保护机制研究》,中国政法大学出版社 2017 年版,第 24 ~33 页。

一面是毋庸置疑的，但它也有可能导致无法预知的安全风险和隐患。

2. 基因资源

基因资源是指宇宙中全部基因的总和，它包括人类的基因与动植物的基因。本书研究的主要是人体基因安全；因而基因资源主要指人体基因资源，其主要是人类遗传资源。人类遗传资源包括人类遗传资源材料和人类遗传资源信息。人类遗传资源材料是指含有人体基因组、基因等遗传物质的器官、组织、细胞等遗传材料。人类遗传资源信息是指利用人类遗传资源材料产生的数据等信息资料。基因资源是人们了解和认识疾病的产生发展以及如何分布的基础性资料；运用基因资源的相关资料可研究疾病控制的策略，达到预防疾病的目的。基因资源同时是一种保障公民身体健康与生命健康的资源。

基因资源具有复合性。具体而言，基因资源具有实体材料与无形信息的复合性。基因资源不仅强调有形的基因材料载体而且强调这些载体上存在的、无形的基因信息。由此基因资源的利用只需要提取少量的样本就可以了。基因资源还具有不可再生性：倘若作为基因资源载体的生物消失的话，那么失去的基因资源不能再次获得。① 基因资源的价值具有潜在性。由于世界各国的生物技术研发能力与水平不同，现阶段一些国家无法研发的基因资源，另一些国家的技术水平可能能够研发和利用。现阶段不能利用的资源可能在若干年以后便可以利用，正因为

① 周莳文：《基因和基因资源专利保护战略研究》，知识产权出版社 2012 年版，第 11 页。

基因资源的这种价值潜在性才会出现新的围绕着遗传资源的“圈地运动”。无论是从公民个人基因信息保护的角度来看，还是从本国的基因科技与生物医学科技发展的角度来说，基因资源都是所有国家非常看重的资源；大多数国家都把它提到战略性的高度，用立法与其他的一些措施来保障基因资源。英国的“十万人基因组计划”（100,000 Genomes Project）于2012年12月率先启动，旨在对英国国民医疗服务体系（NHS）的10万名患者进行测序，重点放在罕见病和癌症患者。该计划的目标包括将基因组测序纳入常规护理，让英国成为这一行业的领军者，以及加速对癌症和罕见病的了解，促进疾病的诊断和精准治疗。在人类基因组研究领域，我国实施的第一个国家计划是“十万人基因组计划”，[①]这也是我国实施“十三五”规划的众多举措之一。美国国立卫生研究院（NIH）于2018年启动了一项大型的研究行动。其名为“我们所有人”（All of Us）的研究计划旨在从100万人或更多的美国人那里收集健康和保健数据。澳大利亚也启动了一项基因组研究计划——澳大利亚基因组学健康未来使命（Australian Genomics Health Futures Mission）。这项计划旨在促进和资助新的科学研究、临床试验和技术，通过扩大基因组学知识和技术的使用，帮助澳大利亚人延长寿命并享有更

---

①　我国的“十万人基因组计划”于2017年12月启动，是我国在人类基因组研究领域实施的首个重大国家计划。这也是我国实施“十三五”规划的众多举措之一，它将基因组学确定为最值得投资的领域。该项目将绘制中国人精细基因组图谱，研究疾病健康和基因遗传的关系。它的覆盖地域包含我国主要地区，涉及人群除汉族外，还将选择人口数量在500万人以上的壮族、回族等9个少数民族。参见魏丽惠：《探讨大数据下的科研思路》，载《中国实用妇科与产科杂志》2018年第1期。

高质量的生活。日本罕见病和未确诊疾病计划(IRUD)成立于2015年,是一个全国性的医学研究联盟,到2016年12月已有2000多名未确诊的患者参与。这个联盟旨在让基层保健诊所与400多家医院合作,包括34个IRUD临床中心,其中复杂病例可由医学专家和临床遗传学家组成的多学科IRUD诊断委员会进行会诊。[①]

基因资源正在成为新时期国际关系的一个焦点问题。维护基因资源安全有非常重大的意义。目前世界各国在高科技领域的竞争越来越激烈,基因资源成为很多国家争夺与博弈的焦点。通常地,一个国家的人口越多,那么该国就更有可能具备一些独有的疾病基因;这些疾病基因具有科研与战略价值,成为各国之间争抢的目标。科研人员通过研究一个国家或者民族所特有的基因信息,可以研制出相关药物与治疗手段,也能推动生物医学领域科学技术的发展。一旦一个国家的特有基因被别有用心的国家用来研制针对该国家的基因武器,那后果不堪设想。因此,保护一个国家的基因资源防止其流失是非常重要的。

3. 基因专利

(1)基因专利概念

一般而言,专利是指专利权人的发明创造,具体内容包括发明、实用新型和外观设计。广义的基因专利泛指基因及相关技术专利。[②] 基因专利具体是指一段新发现的脱氧核糖核苷酸序

① 《各国的大规模基因组计划盘点》,载《生物通》,http://www.ebiotrade.com/newsf/2018-9/2018921171112764.htm。

② 王震:《基因专利研究》,知识产权出版社2008年版,第1页。

列且得到了确定功能，同时与已经公布的序列不相同或不近似，发现者可以对此段序列本身及其新发现的功能申请专利；如果采取了独特的生物制备方法，也可以对此方法申请专利。① 本书所称基因专利是指在基因技术研究中，与特定核苷酸序列及其功能、制备方法等有关的专利，主要是指人体基因及相关技术专利。基因专利要求具备实质要件上的三性，即新颖性、创造性和实用性。具体而言，专利的新颖性是指该发明或者实用新型专利在现有的技术名录里没有，也没有个人或单位就此向专利相关部门提出过专利申请。现有技术指申请日前为国内外公众所知的技术，不包括保密状态的技术。基因专利的新颖性主要体现在三个方面：第一，编码基因具有新颖性；第二，排除重组蛋白具有新颖性；第三，排除单克隆抗体的新颖性。基因专利的创造性要求基因的相关发明相较于既存的技术方法或者物质产品，具备突出的实质特点和显著的进步。判断基因专利的创造性标准通常为以下三个方面：一是确定是否最接近现有基因技术；二是确定发明的区别特征和实际能解决的基因技术问题；三是确定所申请的专利对于基因技术人员来说是否是显而易见的。② 基因专利的实用性是指该项基因专利不仅能够充分运用到基因产业上，而且还能产生积极有效的成果。

基因专利包括诊断性基因专利、基因本身物质专利和功能使用的基因专利。③ 诊断性基因专利是指通过比对疾病患者基

---

① 李昭：《基因专利申请与审查问题研究》，载《黑龙江科学》2020 年第 8 期。

② 参见李晓秋：《析商业方法的可专利性》，载《政法论坛》2011 年第 2 期。

③ 曹丽荣：《基因专利的保护范围及其限制研究》，法律出版社 2015 年版，第 57 页。

因和正常人体的基因,找出致病基因的特征,从而将特殊状态的突变基因和特殊疾病相关联,通过基因测试诊断患者病症。这类通过基因诊断的治疗行为可以申请为基因专利。基因本身物质专利是指对自然界中存在的基因通过基因技术进行分离、提纯、重组,从而形成一个具体的基因产品,这一过程只在自然存在的基因物质内开展,这类行为也能够申请基因专利。功能使用的基因专利是指通过对可能影响基因的药物、治疗手段等要素进行管制,以此保护和强化特定单一基因的已知功能,以达到健康安全的目的。功能使用的基因专利要求保护某个特定基因的使用功能,是涉及基因的一系列行为而非个别行为,这类行为能够申请基因专利。基因专利的重点不在于其形式如何,而在于其本质上是否具备专利要求的特性。

(2)基因安全与基因专利保护的关系

第一,基因安全是基因专利保护的价值追求。全球化背景下安全问题更加复杂与严峻,基因安全事关国家的安全和发展。构建基因专利的保护制度,最终的目标是达到国家基因安全的理想状态。基因安全是最终目的,而对基因专利进行法律层面的保护与规制则是达到最终目的的一条重要途径。基因安全是基因专利制度始终的价值追求。基因专利保护的目标在于保障基因安全。作为基因专利保护的法律价值,在应然意义上,基因安全对于基因专利来说具有目标的意义:它指引着人们在基因专利保护制度下的奋斗目标和努力方向,激励着人们为实现安全的价值而不懈进取。作为一种社会关系的现实状态,基因安全又是具体的、实在的。人们在制定基因专利保护法律的时候,需要考虑是否有利于基因安全、是否实现了基因安全、执法与司法活动是否促进了基因安全。

第二,基因专利保护是基因安全实现的手段。正如谈家桢院士所言,倘若我们自己的基因专利被其他国家所抢占,那对我国的基因产业将是毁灭性的打击,将会像当年的"北洋水师"那样溃不成军。[①] 发达国家的基因海盗行为与基因"圈地运动"导致我国人体基因资源大量流失,带来潜在的基因安全问题。由此必须采取强有力的措施保障基因资源安全。一旦基因资源获得基因专利的保护,即便基因海盗国家获取这种资源也没有意义;这防止了基因资源流失,保障了基因安全。获取基因专利是保障基因安全的重要手段,具体而言,基因专利能够从两个维度对基因安全进行保护。一方面,基因作为组成人体最基本的单位,与之相关的一切科学活动的材料都来源于个人,技术研究和实验的过程也离不开个人,最终技术也应用于个人。基因技术研究和发展的过程中,始终由人承担风险,也由人享受技术所带来的红利;基因专利作为实现基因安全的规制手段,首先体现了以人为本、尊重人、保障人权的法律精神。另一方面,专利制度是一项比较成熟的法律制度,将相对成熟的法律制度有机适用到新兴的基因科技领域,能够在节约立法资源的同时快速构建起保障我国基因资源的专利壁垒;并且专利制度能够与国际接轨,为抗击基因海盗行为提供有力的法律依据和保障。基因专利制度能对可能侵犯基因专利的行为进行规制,因此基因专利

① 韩小兵、柴进:《试论中国人体基因资源安全及法律保护》,载《中央民族大学学报》2003 年第 5 期。

保护是实现基因安全的手段。

二、总体国家安全观中的基因安全

(一)总体国家安全观

2014年4月15日,习近平总书记在中央国家安全委员会第一次会议中创造性地提出了“总体国家安全观”,深刻阐述了我国新时代的国家安全工作指导思想。此后,总体国家安全观就成为国家安全工作总的指导思想。它为我国国家安全工作提供行动指南,是我国国家安全工作必须遵循的根本原则。习近平总书记指出:“要准确把握国家安全形势变化新特点新趋势,坚持总体国家安全观,走出一条中国特色国家安全道路。”①总体国家安全观包含十六个领域。② 总体国家安全观是一个系统完整、逻辑严密、相互贯通的科学理论体系。其内涵是:坚持以人民安全为宗旨、以政治安全为根本、以经济安全为基础、以军事科技文化社会安全为保障、以促进国际安全为依托,统筹外部安全和内部安全、国土安全和国民安全、传统安全和非传统安全、自身安全和共同安全,统筹维护和塑造国家安全,夯实国家安全和社会稳定基层基础,完善参与全球安全治理机制,建设更高水平的平安中国,以新安全格局保障新发展格局。

---

① 韩承鹏:《习近平总体国家安全观的哲学基础》,载《求索》2018年第6期。

② 总体国家安全观包含十六个领域,分别为政治安全、国土安全、军事安全、经济安全、文化安全、社会安全、科技安全、网络安全、生态安全、资源安全、核安全、海外利益安全、极地安全、太空安全、深海安全、生物安全。

(二)生物安全

习近平总书记指出:“要从保护人民健康、保障国家安全、维护国家长治久安的高度,把生物安全纳入国家安全体系,系统规划国家生物安全风险防控和治理体系建设,全面提高国家生物安全治理能力。”在总体国家安全观的十六个领域中,生物安全是国家安全的一个重要内容。2020 年 2 月 14 日,习近平在中央全面深化改革委员会第十二次会议中强调,要从保护人民健康、保障国家安全、维护国家长治久安的高度,把生物安全纳入国家安全体系,系统规划国家生物安全风险防控和治理体系建设,全面提高国家生物安全治理能力。要尽快推动出台生物安全法,加快构建国家生物安全法律法规体系、制度保障体系。2020 年 10 月 17 日,十三届全国人大常委会第二十二次会议表决并通过了《生物安全法》,该法自 2021 年 4 月 15 日起实施并于 2024 年修正;其成为贯彻总体国家安全观,维护国家生物安全领域的基础性、综合性、系统性、统领性法律。

从概念的本身意义来说,生物安全是指生物本身的安全,是一种免于危险的状态,也就是生物不受其他因素威胁与损害的状态。从专业术语上来说,生物安全是指地球上的生物包括自然物种和人类,在其存续和发展过程中,不受生物技术与生物技术产品的威胁,免于危险的状态。鉴于人类的生存和发展都离不开生物,生物安全对于人类来说是非常重要的,是人类生存和发展的基础与必要条件,是国家安全的重要组成部分。生物安全对人们的身体健康、社会的发展与稳定、民族与种族的存亡以及国家的安全有重要的作用。因而,生物安全是国家总体安全中重要的一环。为了保障我国的生物安全,在国家与政府治理能力层面,需要提高生物安全的治理能力。在法律制度与政策规范方面,需要建立规范生物安全风险的预防体系、法律规制体系以及制度保障体系。关注和重视生物安全、普及生物安全常识,是贯彻总体国家安全观的必然要求,而基因安全是生物安全的一部分。

(三)总体国家安全与基因安全的关系

1. 总体国家安全为基因安全提供良好的环境和条件

在基因技术发展过程中,既要重视基因技术的发展问题也要重视基因安全问题,既要重视人民个人安全也要将基因安全纳入国家治理体系之中,在总体国家安全观的大局中,为基因安全的研究造就良好的环境和顺利开展的条件。基因安全不仅丰富了国家安全体系,也完善了国家发展建设安全治理体系,是新时代新形势下局部与整体的相互强化,充分体现了维护国家安全与创新社会治理的有机统一。

总体国家安全观对基因安全的现实意义主要有:第一,总体国家安全观为基因安全的发展提供了新的思维方式,主要表现在底线思维、辩证思维和系统思维三个方面。首先,就底线思维而言,在分析国内外基因安全风险形势时,重点分析对我国不利的因素,做好预防工作,制定应对措施,将基因安全风险控制在可接受的底线上。要维护和保障国家安全,必须先坚守底线。其次,辩证思维表现在总体国家安全观的“五对关系”上。这

"五对关系"紧密结合，是共同驱动双轮的关系，体现了习近平总体国家安全观的辩证思维。最后，就系统思维而言，就是将国家安全系统化。在国家安全系统中，总体国家安全观对每一个方面的安全进行指导，每一个方面的安全都对国家安全产生影响；这充分展现出国家总体安全体系与各个子系统之间的层次关系。具体在基因安全方面要坚持总体国家安全观的指导。概言之，总体国家安全观理论，一方面为保障国家安全包括基因安全提供了战略思想，另一方面为保障基因安全的发展提供了新的思维方式。

第二，总体国家安全观为基因安全的研究提供了坚实的理论基础和理论指导。在总体国家安全观理论的指引下，我们可以很好地掌握目前国内和国际的形势，对国内基因安全的状况进行准确的分析、判断，对于认识基因安全的风险问题以及解决路径具有一定的理论价值。

第三，总体国家安全观为基因安全的发展创造了良好的发展环境。习近平总书记在 2014 年的亚信峰会上提出共同、综合、合作以及可持续的亚洲新安全观。2017 年 1 月，习近平总书记在以"共同构建人类命运共同体"为主题的演讲中，明确提出"构建人类命运共同体，实现共赢共享"的中国方案。为营造良好的发展环境，我国坚持与周边国家形成命运共同体的共识，树立共同安全的目标，推动各国互利互惠，减少对抗，增加合作。这不仅仅是为了维护本国的国家安全和利益，也是为了保证本国的稳定和发展；同时，也为我国基因技术良性发展与保障基因安全提供了良好的环境。

2. 基因安全影响总体国家安全

基因安全是国家安全的内容之一,维护基因安全归根结底是维护人的安全和国家的安全。基因安全直接关系到国家安全。“在当代,国家安全被赋予了越来越广泛的内容,既包括主权安全、领土安全、政治安全、军事安全,又包括在当代日显重要的经济安全、科技安全、文化安全等。”①保护基因安全在一定意义上就是保障国家安全。基因资源所有权归属于国家主权,1992 年在里约热内卢召开的地球峰会签订的《生物多样性公约》规定各国对自己的基因资源拥有主权。发达国家为了保持生物技术的优势地位,不断加强国外基因资源的探寻与利用;我们通过立法对基因资源的控制,其实也是保护国家主权,维护民族安全。中国人特有基因资源的发掘与国家安全、人们的生存紧密相连。国际上研究与开发基因武器的潜在威胁与我国已出现的民族基因信息流失于国外的现象应引起高度重视。

个人的基因安全关系国家的安全。随着基因科技的发展,个人的基因信息不断地被运用于临床疾病的诊断以及药物研究等,具有较大的学术价值、商业价值与社会价值。然而随着基因技术的逐渐普及,基因检测市场门槛的降低,市场上出现了很多基因检测的产品;有些检测公司甚至推出广告可以给客户检测网瘾、抗雾霾体质、早恋,还有根据基因匹配职业的检测以及个人天赋及技能的检测,寻找祖先的检测等等。这些检测引发基因数据安全的问题是不能忽视的。表面上看我们只是把头发、唾液和血液之类的基因组织交给基因检测公司就能得知自己神

① 李竹:《国家安全立法研究》,北京大学出版社 2006 年版,第 15 页。

秘的检测结果;但是基因检测公司通过这些被检测的基因组织轻而易举地就知道了承载我们生命密码的基因信息,如果这些基因信息被它们泄露或者被恶意利用,难以想象将会出现什么样的后果。由此,包含个人基因信息的基因数据关系着国家的安全与国家利益。

基因安全对人类安全来说是一个重要的问题。我们必须从总体国家安全观的角度来认识基因安全;这是维护国家自身安全的需要,也是维护所有国家共同安全的需要。基因安全是重要的国家安全问题,是总体国家安全体系中不可分割的构成部分。

第二节　基因安全风险

众所周知,所有科技应用都或多或少会带来风险,而新科技的快速发展往往蕴含着更多科学难以评估的风险。科技风险的存在无疑是现代社会的本质,由此今日社会被称为“风险社会”。新兴科技尤其是基因科技给人类带来便利的同时也会产生一些不确定的风险,而其中的一些风险超越了人们的掌控能力,导致人们的恐慌。基因科技的发展及运用,为人类日常生活带来诸多机会及利益,但不可讳言的是其同时亦隐含诸多不可预期的风险。①

① Bundesregierung, Gesetzesentwurf zur Regelung der Fragen der Gentechnik, 1989, BT - Drucks. 11/5622, S. 19; Bundesverfassungsgericht, Entscheidungen des Bundesverfassungsgerichts, Band 128, 1, 2008, Rn. 3; Bohne, S. 3 (Fn. 5).

一、风险

基因科技的发展让人们享受舒适与便捷的同时，也带来了不可避免的副产品——风险。正如英国学者亨利·罗斯坦所言，“作为社会转型所必须伴随的牺牲品，风险从上帝的心灵走出来，直接进入了行动者掌控自身命运的社会之中”。① 我们已经生活在一个充满着风险的社会之中，即使是上帝也只能眼睁睁地看着人们身处风险之中而爱莫能助。

（一）风险概念

“风险”（risk）一词，最早可以追溯至古波斯语“rizq”（取决于上帝和命运的生计），并从中发展出了西班牙文的“riesgo”（风险或危险）、意大利文中的“rischio”（危险、冒险行为）。在法文中，“risqué”与意大利语中的“rischio”含义相同，均有“冒险”的含义。正如德国学者格哈德·班塞所言，“如果要寻找与当今对‘西方’社会中的风险的观念及风险的地位有关的思考和活动起源，那么需要追溯到中世纪的结束和文艺复兴的开始。风险意识、对风险情形的理解及发展风险行为的策略与宗教改革和启蒙运动中的世界观和生活环境的改变密不可分，且和市民社会的出现紧密联系”。② 具体来说，“风险”概念最初在近代

---

① Henry Rothstein, Michael Huber & George Gaskell, *A Theory of Risk Colonization: The Spiralling Regulatory Logics of Societal and Institutional Risk*, Economy and Society, Vol. 35:1, p. 99(2006).

② ［德］格哈德·班塞：《风险研究的缘由和目标》，陈霄、刘刚译，载刘刚编译：《风险规制：德国的理论与实践》，法律出版社2012年版，第12页。

西方出现和兴起，与15世纪、16世纪的西欧在重商主义思潮影响下航海贸易的迅速发展有着密切的关联。英国社会学家吉登斯在考察风险概念的起源时便指出，在16世纪至17世纪，风险这个概念似乎已经有了，西方探险家们在开始他们的全世界航海时，第一次创造了这个概念。第二次世界大战后，在现代科技迅速发展的同时，种种不利后果也逐渐增多；此时，"风险"一词被用来指称现代科技发展所带来的环境污染、核能威胁等诸多负面后果。伴随着现代技术发展，与现代西方工业文明和西方现代性密切相关的"风险"概念也逐渐受到社会学家的高度关注，并促成了现代社会"风险话语"的勃兴。从20世纪中叶开始，"风险"概念逐渐成为社会学者反思传统工业文明和现代性的一个重要话语，贝克的风险社会理论和自反性现代化理论便构筑在现代风险概念之上。此时，风险概念也随之从经济和技术领域延伸至社会学研究领域，并成为一个常见的科学话语。[①]现代社会是风险社会，是"文明之上的火山"，成为人们的共识。

当然，也有人认为风险起源于渔民捕鱼过程中。远古时代出海捕鱼是一个充满凶险的劳动，但为了生存需要，渔民们出海捕鱼之前都会进行祈祷。他们祈祷的内容就是希望风平浪静、平安归来与收获满满。在多次的出海经历中，他们逐渐认识到并体会出大海上的"风"会给他们带来未知的危险。"风"就意味着"险"，因此就有了风险一词。还有学者认为，风险（risk）一词最初起源于拉丁文（risicare），意思是在"山崖中航行"，它的

---

① 张恩典：《风险规制正当程序研究：以合作治理模式为视角》，苏州大学2017年博士学位论文，第25～26页。

含义是“有危险的可能性”。

虽然人们对于风险一词的来源有不同的认识,但风险的基本含义是确定的。风险是指特定时间内某种特定危害发生的可能性或者某种行为引发特定危害的可能性,①也即未来的结果的不确定性或者损失的可能性。随着社会的发展,风险的概念得到进一步的发展;它扩展到自然、生理、社会现象上,主要包括这种现象是否会发生、发生的概率有多大、发生之后会给人带来多大的损失及损失的不确定性等。贝克提出风险社会理论,认为风险是一种应对现代化本身诱致和带来的灾难和不安全的系统方法。② 风险本身是看不见的,风险的爆发也是不确定的;这使得现代社会成为“风险社会”。③ 风险社会是指该社会的成员在生活的各个方面所承受的、复杂的、无法事先预测的风险的一种状态。

当我们将风险与社会这两个概念相连之后,风险社会便显现出人类社会中风险存在之必然性,以及随之而来的管理迫切性,还有如何对风险进行分配之讨论。某种程度上,人类社会中的风险是人类自己在追求某些生活便利性的同时,所不断为自己制造出的不确定性,因此风险就是人类追求便利的代价。现在棘手的问题是,国家应该如何拟定一套管理风险的措施,使其

---

① See Robert Baldwin eds, *Law and Uncertainty*: *Risks and Legal Processes*, Kluwer Law International, 1997, p. 1 – 2.

② [德]乌尔里希·贝克:《风险社会》,何博闻译,译林出版社 2004 年版,第 21 页。

③ 林森、乔世明:《试论环境风险的法律规制》,载《西北民族大学学报(哲学社会科学版)》2015 年第 3 期。

人民在追求便利性的同时，可以将风险控制在一个可容许的范围内，也就是风险的可治理性（governmentality）。①

（二）风险的属性

风险是不确定性对目标的影响，是对损失可能性与损失后果的综合衡量程度。② 一般而言，风险包括三大属性：第一，概率，亦即危害后果发生的可能性。Von Bortkiewicz 在 19 世纪就将概率理论应用于风险问题，这是将概率理论应用于风险问题的最早尝试之一。③ 如果我们可以计算发生概率，就可计算风险，得到的数值至少可提供一个判断的依据。可是，现代社会面对的科技风险往往是一种不可计算的风险（incomputable risks）。例如，我们并不知道一个特定后果发生的概率，虽可推测它可能造成什么样的损害，但有时我们连会发生什么样的损害后果都不知道，因此更不可能知道其发生概率。我们把前一种风险称作发生概率的无知（ignorance of occurring probability），而后一种风险称作后果（与发生率）的无知（ignorance of consequence）。④

---

① Wee - Kiat Lim, *Understanding Risk Governance: Introducing Sociological Neoinstitutionalism and Foucauldian Governmentality for Further Theorizing*, Disaster Risk Science, Vol. 2:3, p. 11, 16 - 17(2011).

② International Organization for Standardization (ISO), *Risk Management Guidelines*, 2018, ISO 31010:2018, p. 4.

③ See Campbell J., *Accident Statistics and Significance*, Safety Accident Compensation Commission, 1980.

④ 陈瑞麟：《科技风险与伦理评价：以科技风险伦理来评估台湾基改生物与人工智能的社会争议》，载《科技、医疗与社会》2020 年第 30 期。

第二,不确定性。一切风险都具有不确定性;风险的本质属性不在于它正在发生,而是在于它可能会发生,具有不确定性。在某种程度上不确定性是因为我们并不知道什么是我们知道的而产生的不确定性。[①] 不确定性是风险的内核;风险不是指那些在现实中已经发生的损害或者是危险,而是一种作为自然世界和人类活动的结果而发生的可能性。如果没有不确定性,也就不存在风险。风险是在一定的时空条件下某种行为与影响的耦合体。风险是必定存在不确定性的。不确定性是风险最本质的特征,正是因为风险的不确定性使得风险规制是决策于未知之中。不确定性主要表现在风险是否存在、风险具体有多大、风险应该如何控制以及在什么程度上控制。所有这些都会面临着不确定性与不确定的信息及其评价。在新技术产生与发展的过程中,风险与未来的行为相关,而未来的行为是不可预测的,这造成了风险在科学上的不确定性。

第三,未来性。风险具有可控制性。风险控制是针对制造风险的行为;因为风险多数是看不见的,是不确定的。什么时候发生风险是不确定的,所以只能对制造风险的行为进行控制。同时风险具有未来性,也就是可能当下看不到风险也看不到风险带来的损害;这样就使得风险既是真实的,也是不真实的。[②] 科学技术的发展将给我们带来怎样的结果是不确定的,因而我

① 参见[英]伊丽莎白·费雪:《风险规制与行政宪政主义》,沈岿译,法律出版社 2012 年版,第 8 页。

② 姜涛:《生物安全风险的刑法规制》,载《中国刑事法杂志》2020 年第 4 期。

们也很难预测未来的发展方向。[①] 正如卢曼所言,“风险是一个社会用来描述其未来的一般形式的理念,所以风险是时间问题,正确地说是未来的问题”。[②]

二、安全与风险

事实上,无论古今中外,人类最关心的问题,首推生命安全的维护;这种本能也是恐惧和焦虑的来源,并深深影响了人类的行为模式。德国社会学者伊里亚斯(Norbert Elias)的“文明化”(process of civilization)理论,试图说明人类不断地进行自我控制,而国家也日益禁止民间的械斗,使国家成为唯一合法使用暴力的单位。这些文明化的进程意味着个人内化了社会规范,表现在如个人卫生习惯等行为的改变上。当来自战争的、自然灾害的、身体暴力的种种胁迫逐渐减低时,新的现代风险反而成为人们最大的恐惧来源。因为各种个人自由的扩增,使个人要面对许多新形态的或强度不断提高的风险。安全一词不再只涉及身体或生命的危险,更包括各种社会风险,以及对于行使自由的结构性危害。

安全与风险是一体两面,徒安全不足以自行,人们对于安全的感觉一定是建立在实际发生的风险的基础上。人们感觉到安全,是因为解决了风险问题,克服了风险难题。只有通过风险的解决才能真正体现安全的价值。通过对风险的防控与规制,达

---

① [英]卡鲁姆·蔡斯:《经济奇点:人工智能时代,我们将如何谋生?》,任小红译,机械工业出版社2017年版,第234页。

② Luhmann N., *Risk: A Sociological Theory* (*1st ed.*), Routledge (Oct. 25, 2017), https://doi.org/10.4324/9781315128665.

到安全的效果。进言之,作为一种实然价值的安全是相对风险而言的,没有风险就没有安全。① 为了实现安全,必须面对风险、防范风险、克服风险,只有这样才能真正实现安全价值。

人们对于安全与风险的认识经历了四个发展阶段:第一个阶段是自发认识阶段,原始社会与奴隶社会时期属于此阶段。这个时期因为生产力水平低下,人口流动量少,属于自给自足的自然经济时期。人们对于安全虽然有了基本的认识,但是抵御风险能力比较弱,风险超越了人们的掌控范围,人们是在理想状态下追求安全。第二个阶段是局部认识阶段,封建社会与资本主义的初期属于这个阶段。随着生产力的不断提高,人类的基本生存需求能够得到满足,逐渐产生了对安全的要求。同时,人们对风险的认识也不断加深,甚至开始尝试对风险加以控制。但随着先进生产工具的运用与科技的发展,也渐渐出现了一些人为的风险。第三个阶段是系统认识阶段,从资本主义初级阶段到成熟资本主义阶段属于这个时期。此时随着生产工具的不断改进、科学技术的发展以及城市化的进程,产生的风险与传统的风险不同,人为的风险已经超过了自然风险成为主要的风险。人们认识到安全的具体存在,安全成为社会重点问题,甚至构建了安全学。但是,人们依然还是把安全与风险看作对立的两面。第四个阶段是本质预防阶段,后工业时代属于这个阶段。随着科学技术的发展、信息时代的到来,人们已经全面认识到风险,并且接受了安全与风险并存的原则,并将预防主义作为保障安

① 王恩博:《论法律的安全价值:基于风险社会的研究》,甘肃政法大学 2022 年硕士学位论文,第 16 页。

全的基本原则。[1]

三、基因安全风险

(一)基因安全风险的概念

基因安全风险是指不确定性对基因安全的影响,是基因利益受到内外部威胁的可能性和严重后果。带来基因安全风险的原因有很多,主要有:基因资源流失;基因技术研发与运用尤其是基因技术的滥用;基因科技人员本身的职业素养不高;国家立法不完善;政府监管不力等等。对此,我们应该有相应的对策来保护基因资源,以防其流失;规范基因技术的研发与运用,使之在正确的轨道上良性地运行;保护基因专利,以防专利被抢注带来的风险;提高基因科技从业人员的职业素养,进行职业道德与职业操守教育;规范基因科技研究的边界;完善基因安全风险规制的立法;加强政府对基因科技领域的监管。最终达到规范基因安全风险,保障基因安全与国家安全,保护人们的基因权利的目的。

(二)基因安全风险的特征

基因安全风险除了具有一般社会风险的共性包括不确定性、未来性、概率等属性以外,还具有其自身的个性。具体而言,有以下特征:

1. 基因安全风险的不确定性。与其他风险一样,基因安全

---

① 王恩博:《论法律的安全价值:基于风险社会的研究》,甘肃政法大学 2022 年硕士学位论文,第 17~19 页。

风险具有不确定性。即使是专业生物技术领域的科学家也很难确定基因安全风险的存在、表现与是否可控等问题。基因安全风险的不确定性主要源于人为的不确定。基因安全风险危害后果不确定性主要源于以下几个方面的原因：首先是因为基因领域科学家无法预知下一步他们将发明什么基因科技产品；对普通人而言，就更不清楚基因科技的发明与应用究竟会对人类产生何种影响，只能在影响发生之后才会知晓。正如有学者所言，"当发展着的科技生产力忽略、脱离开民众精神力的时候，就会丧失它受人控制并为人服务的真正本质，而变成与人对立的、人的异化力量"。[①] 其次是因为基因科技发展的速度已经远远超出人们的预测。无论是社会理念还是人们的行为都只能是跟在科技后面追赶。最后，高度的不确定性本身就意味着高度的风险性。对于人们感到恐惧而又希望得到更多相关信息的基因安全风险而言，当权威机关无法提供准确的相关信息或者行政决策于未知的时候，这本身就是在制造不安与忧虑。

在基因技术不断创新和发展的同时，基因安全风险也在不断地发展变化，持续不断地出现新的基因安全风险。在基因技术层面上，因为它高度发展的速度以及复杂程度，让人们觉得其越来越超出自己的掌控范围，基因技术究竟将给人类带来怎样的影响是不确定的。这毫无疑问会给人带来恐惧与不安。正如贝克所言，"由现代科学技术飞速发展所带来的各种可能风险——如化学污染、核辐射、转基因等在一定程度上已经超越了

① [美]凯文·凯利：《科技想要什么》，熊祥译，电子工业出版社2016年版，第300~301页。

人类思维所能达到的范围,对这些风险的防范和治理已经具备了人类意识所无法企及的特征”。[1] 因为风险的不确定性,加上随着科技的发展出现了很多新型的闻所未闻的风险,对于风险所产生的影响也是很难预测和控制的,要准确地把握与掌控基因科技所带来的风险不是一件容易的事情。我们要正确地对待不确定性,不能因为它是不确定的就置之不理。不确定性在某种程度上也是我们未来的希望之源。我们应该采取怎样的态度来认真对待并接受这种不确定的风险才是最重要的。导致基因安全风险产生的原因是多种多样的,而基因安全风险的处理不能在造成后果之后再进行,必须在风险给人带来损害之前发现并阻止危害后果的产生。基因安全风险的这种不确定性使得我们对基因安全风险规制具有很高的要求。

2. 基因安全风险的突发性。正是基因安全风险的不确定性使得基因安全风险显现的时候具备突然性,基因安全风险的发生并非有预兆的,而是突发的;它的这种突发性使得人们很难在短时间内做出反应,这就可能会导致损害的情况比较严重。基因安全风险的突发性要求我们在风险发生之前找出预防的对策以减少风险发生带来的损失。

3. 基因安全风险影响的全球性。从范围和规模来看,基因安全风险的影响已超出传统风险所波及的范围。鉴于基因技术是无国界的,它所带来的风险会超越国界成为遍及全球性的风险。一旦出现风险可能会全面扩散,并平均化地影响到所有的

---

① Ulrich Beck, *Risk Society: Towards a New Modernity*, London Sage Publications, 1992, p. 112.

人,包括风险的制造者与受害者。基因安全风险一旦发生,后果会相当严重,不仅可能波及全球,甚至还会危及下一代。

4. 基因安全风险潜在后果的极端性。如果从损害后果的程度上来分析,基因安全风险的潜在后果是难以估量的,甚至会超出传统上人们对于风险的想象力,甚至可能会危害人类的基本生存与发展。一旦增强性的基因编辑运用于人体,其所带来的风险的规模和范围将不可估量。因而,基因安全风险具有潜在后果的极端性。

5. 技术层面的复杂性。传统的风险如水灾、旱灾、饥荒等灾害,是单一的、简单的,甚至是人的身体可以感知到的,而基因安全风险是复杂的。与一般的风险不同,它与基因技术紧密相连,它不是能通过感觉就能够得知风险的存在,普通人很难直接通过身体感知到基因安全风险的存在。一般情况下,通过两种方式感知基因安全风险:一种是在基因安全风险真正发生的时候,人们才会知道;另一种需要通过基因技术专家的介绍或者解说人们才能了解基因安全风险。由此,基因安全风险具有技术层面的复杂性。只有具备了基因技术的专业知识才有可能了解基因安全风险,并做出行之有效的应对策略。

6. 危害后果的延伸性。基因安全风险不仅仅会对人的生存造成威胁和损害,可能还会引起一些连锁的反应。它的危害结果可能会拓展至政治、经济与社会的层面。尤其值得注意的是,由于现代的计算机产业与网络技术的飞速发展,信息的传播速度可以用飞速来形容。由基因安全风险所带来的人们对基因技术的恐惧与不安会很快传播到全国甚至全球,可能引发社会的不安与动荡，由此可能造成经济、政治、社会危机等。

小 结

随着基因科技的发展，基因安全已经成为世界各国国家安全的重要内容。国安才能国治，治国必先治安。“基因编辑婴儿”事件等重大社会事件的发生，使基因技术带来的基因安全风险成为不容忽视的问题，规制基因安全风险以保障基因安全成为非常重要且迫切的课题。基因安全是指人体基因处于不受人类不当活动干扰、侵害、威胁的正常状态，其关键在于基因科技的良性运用与基因资源、基因专利的良好保护。基因安全是总体国家安全的一部分，总体国家安全为基因安全提供良好的环境和条件，基因安全影响国家安全。基因安全风险是指不确定性对基因安全的影响，是基因利益受到内外部威胁的可能性和严重后果。基因安全风险之所以会受到学界的高度关切，并不在于基因科技的运用，而在于其潜在的高科技风险与因此而衍生的社会性忧虑。基因安全风险的本质，在于基因科技运用所可能引发的问题不在现今科学知识或医疗技术的完全掌控下。这是基因安全风险给人们带来恐惧与忧虑的原因，也是我们需要制定相应的对策规制基因安全风险的理由。本章分析了基因安全风险及相关概念，为规制基因安全风险的对策研究奠定了基础。

第二章　基因安全风险的来源及类型

基因安全风险是一个复杂的问题:它既是一个科学问题,也是一个社会问题。就科学问题而言,基因安全风险与科学技术的发展紧密相关。绝大部分的风险都是随基因技术发展而来的伴随物。就社会问题而言,基因安全风险给社会带来风险,给人们造成不安与恐惧,是一个急需解决的问题。而要解决这个问题,先要对基因安全风险有充分的了解。基因安全风险是从何而来?带来基因安全风险的最初源头是什么?这是我们在制定基因安全风险规制措施的时候首先要面对和解决的问题。同时,为了更好地了解基因安全风险,需要对基因安全风险的分类进行研究。充分了解已有的风险类型以及确认是否存在没有被我们认知的风险,进而有针对性地规制风险。

第一节　基因安全风险的来源

基因安全风险的来源主要包括:基因资源的流失是基因安全风险的最初源头;基因技术的研发与运用是基因安全风险的主要来源;基因专利保护不力是基因安全风险的重要来源。

一、基因资源流失带来风险

基因资源的流失是基因安全风险的最初源头。多数基因安全风险的产生是由基因资源保护不力、基因资源流失造成的。倘若一国的基因资源能得到良好的保护，使别国无法获取，纵使别有用心的国家拥有高超的基因技术，只要他们无法获得他国的基因资源那也将无计可施。

基因资源是科学研究和相关药物研发的基础；它不仅承载着个人信息、涉及公民个人利益的保护，还承载着社会公共利益甚至是国家安全的保障问题。基因资源同其他自然资源一样，是一国的宝贵财富。国际上已经将基因资源的占有情况作为判断与区分一个国家国力的重要指标之一。基因资源的科学研究意义与经济价值使得国家之间展开了对基因资源的争夺，而拥有疾病家系、人群患者基因资源的发展中国家成为基因争夺的战场。从基因资源角度来说，我国可谓是世界首富。我国是一个有着56个民族、14多亿人口的大国，多元的民族、辽阔的地域与复杂的气候和地形等条件使我国拥有丰富的民族遗传和疾病遗传基因资源，具备非常多的特殊生态环境人群，以及疾病核心家系、地理环境隔离人群等基因资源。我国拥有的这些稀缺的基因资源是生物医学科技研发与创新的保障。但正因为拥有世界上最令人垂涎的"遗传信息宝库"，吸引了大量发达国家的基因研究者来到我国施行"基因海盗"和"生物殖民主义"行为，这导致我国基因资源流失颇多。[①] 一位发展中国家的科学家曾愤怒地说："你们已经抢走了我们的黄金和钻石，现在又来抢我们的基因！"[②]而基因资源流失存在潜在的危险：人们已经掌握了基因信息所包含的人类根源与种族的奥秘，在利用基因技术救死扶伤做善事的同时，也会有人利用基因技术以及基因信息作恶，对不同人的不同基因信息展开研究，研制毁灭性的基因武器。一旦国外敌对势力利用我国丰富的基因资源研制出针对我国的基因武器，对我国展开生物基因战，将给中华民族的生存与繁衍带来极为严重的后果甚至是亡国灭种的危险。这种担忧不只是我们国家有，其他国家也同样存在。例如，2017 年俄罗斯总统普京曾提到，发现了采集俄罗斯人生物信息资料的刻意行为。俄罗斯的专家也呼吁：基因安全关系到国家安全与民族安

---

① 我国的基因资源流失不少；这主要是因为 20 世纪我国的基因技术水平还不够发达，人们对基因技术也不是很了解，容易遭遇"基因海盗"。美国基因殖民者在我国多个地方用不法的手段获取国人的基因样本。1997 年，美国《科学》杂志确认，美国某公司获取了中国某山村哮喘病家族的致病基因，属于人类遗传资源被窃取事件。参见马肃平：《"基因泄密"：我们的遗传资源还安全吗？》，载《南方周末》2018 年 11 月 8 日。美国某公司曾以研究"膳食、生活方式与慢性消耗性疾病的关系"为借口，与中国预防医学科学院合作，在我国采集 50 万人的血样和个体体检及临床数据。参见刘磊：《可能影响我国基因安全的若干问题及对策》，载《国际技术经济研究》2003 年第 2 期。美国西奎纳生物技术公司在我国浙江象山地区获取了一个四代患哮喘并有 150 人的大家族的基因样本。参见高文：《我国的基因资源及其开发、利用和保护状况》，载《临沂师范学院学报》2000 年第 6 期。2017 年，生物学预印本服务网站"bioRxiv"和 *Science data* 分别发表了一篇文章，均基于目前规模最大的汉人基因组数据，对中国人群的遗传及进化特征进行了分析。然而，在这两篇文章中，中国学者并不是主要研究人员，甚至不在作者之列。参见高原：《基因安全之患》，载《法治周末》2018 年 11 月 14 日。

② 张猛：《基因资源争夺：一场没有硝烟的战争》，载《瞭望新闻周刊》2001 年第 13 期。

全,国家必须提前防备不法分子通过盗取基因资源获得基因信息来制造基因武器的行为。

基因资源流失带来的后果是严重的:一方面,我国的民族基因资源尤其是那些具有典型疾病的遗传资源,可以用来研发对相关疾病有针对性、靶向治疗的药物,外国研究者利用我们的基因资源申请基因专利,我们自己要用该技术需花高价钱购买;另一方面,利用我们的基因资源研究对付我国的基因武器。因此,基因资源若流失到国外,相对而言较轻的后果是给国外制药公司研发靶向治疗药物独占市场提供帮助;而更为严重的后果是给国家安全带来危险,一旦被别有用心的国家用来制造基因武器,甚至可能带来亡国的危险。为了从源头上控制基因安全风险的发生,我们必须采取有力的规制措施保护基因资源、防止其流失。

二、基因技术研发与运用带来风险

基因技术的研发与运用是基因安全风险的主要来源。在现代社会,风险往往与科学技术的发展紧密相关,在某种程度上风险已经成了一种科学技术发展的内在特征。基因科技的研发与运用已经成为基因安全风险产生的主要来源。具体而言,基因技术带来的风险主要有:基因技术研发带来的风险;基因技术合理运用带来的风险;基因技术滥用带来的风险。

(一)基因技术研发带来风险

1. 基因技术本身的风险。该风险是指在人类基因技术创新的过程中,由于影响基因技术方面的因素如政治、经济、文化、历史条件、政策等各种因素的不确定性而导致的技术创新失败的可能性。基因技术本身就具有不确定性与不可逆转性,一些相关的技术尤其是基因编辑技术在临床上风险很高,盲目地使用可能带来不确定的、不可逆转的风险。

2. 基因技术本身的伦理风险。人类基因编辑技术就是对人性尊严的挑战。如果我们使用基因编辑技术按照既定的要求创制出新的生命,在成功的同时也使得人的生命失去意义;基因编辑婴儿技术将人当作物,贬低了人,破坏了个人的唯一性。

3. 基因技术研发人员带来的风险。这主要有:基因技术研发人员的科研能力有限,对基因技术的掌握程度或驾驭能力的不确定性导致基因技术有创新失败的可能性;研发人员本身的科技伦理素质带来的风险,例如,研发人员利用自己掌握的技术进行超越伦理底线的研究——制造怪物、基因编辑婴儿等;不按规范进行操作所带来的风险,利用人类基因编辑技术时很容易有不按规范进行操作的行为,由此产生的风险是不可预估的。

(二)基因技术合理运用带来风险

基因技术本身具有不确定性并且人类还远未完全掌握基因技术,在某些相关技术方面还是处于未知的或不可控的状态,因此,即使是合理利用基因技术也会带来一些风险:

1. 脱靶突变等问题。在基因科技的合理运用当中,例如基因治疗方面,此项技术虽然拥有巨大的优势,但是我国目前的基因编辑技术还远未达到成熟的程度，因此在实验过程中很容易出现以下问题：脱靶突变问题，即在该技术运用过程中，核酸酶的靶向定位并不能做到十分精确，可能导致核酸酶在切割的时候没有切中特定的靶点，而是切到了与特定靶点相似或相近的非靶点，这将造成不可控制的基因突变；镶嵌性问题，是指在基因编辑靶向过程中，有些细胞未得到预计的编辑；传递风险问题，病毒载体常常会被当作联系体内与体外的工具，并通过它来传递风险，引起插入突变的问题。① 在基因编辑过程中如果出现脱靶的话，可能会造成其他的健康风险和带来其他的遗传疾病。而由此带来的遗传疾病会世代流传下去，此种失误还可能带来种群与其他潜在的风险。

2. 贫富差距问题。基因技术的合理使用可能带来贫富差距，造成人类新的不平等。基因编辑技术即使合理地运用于治疗疾病也有可能会带来社会的不公；因为基因编辑技术并未普及，其使用的成本是巨大的，一般人难以承担。因而此种治疗方法可能只对富人有用，甚至会变成富人的专利；由此将带来贫富差距与鸿沟，产生社会问题。

3. 基因权利遭到侵犯问题。基因技术的合理运用可能带来基因权利被侵犯的风险。如基因检测技术运用，可能导致个人的基因信息被揭露，将带来基因歧视，使人类的基因隐私权与基因平等权有被侵犯的风险。

---

① 石佳友、刘忠炫：《基因编辑技术的风险应对：伦理治理与法律规制》，载《法治研究》2023 年第 1 期。

(三)基因技术滥用带来风险

基因科技的运用可以预防和治疗疾病,但毫无疑问,基因技术的滥用将给人类带来严重的风险:

1. 克隆人。利用基因技术克隆人,带来生命伦理与人性尊严问题。克隆人,就是把人当作“物”和“客体”,人的生命意义与人性尊严就不复存在。

2. 制造基因武器。“基因海盗”行为导致基因资源流失,而别有用心的国家利用基因制造的基因武器,可能使得一些国家有亡国灭种的危险;恐怖分子利用基因武器制造恐怖活动,将给全世界的安全带来威胁,这远远超过传统武器以及核武器带来的威胁。一旦使用基因武器对全世界都将是毁灭性的打击。

3. 代际公平问题。基因技术的滥用,如将基因编辑技术应用于人体,可能造成某些特有基因的消失,使人类基因多样性以及基因库完整性被破坏。增强性的基因编辑会引起社会不公与代际风险。增强性的基因编辑所花的费用是非常大的,是穷人所不敢想象的。这毫无疑问会带来更大的贫富差距问题,引发社会的不公,甚至这种不公平会延续到下一代。而且也可以用这种技术来达到基因的改变,甚至可以制造出定制婴儿。虽然一方面定制婴儿可以使得优势基因得以延续,但另一方面被编辑过的基因会逐代改变,最后遗传的家族基因将消失。

4. 基因信息泄露。基因检测行业不规范导致基因信息有泄露的危险。基因检测行业缺乏规范和监管，基因数据资源在采集、应用、保存、公开等环节，如果缺乏安全保障措施很容易导致个人基因信息的泄露，甚至连带子孙后代的基因信息也可能会遭到泄露。

基因科技的运用是一把双刃剑：该项技术既可能把人们带入天堂，也可能让人坠入地狱。所有新兴的科技成果自产生之日起对世界的影响不会局限在科技领域，而会超出科技领域。其影响涉及社会、政治、法律、道德以及社会心理等领域。我们应该理性地对待基因科技：既不能忽视它在治病救人方面的作用，也不能过分夸大它的作用，对其可能产生的负面影响与风险应该制定相应的法律进行规范。[①]

三、基因专利保护不力带来风险

基因是有限的和不可再生的资源，谁先发现基因谁就可以通过申请专利得到法律保护。专利制度是通过规范发明人、所有人与使用人三者的权利义务，使三者之间的关系协调与平衡的法律制度。[②] 该制度的目的是调动人们从事发明创造活动的积极性，推动科技与经济发展。专利保护是推动科技发展与创新驱动的关键，谁获得了基因专利谁就拥有了基因市场。基因资源所蕴含的价值不仅仅是基因技术的开发，更包括基因产业的经济市场。基因技术需要专利保护。若基因技术得不到专利

---

① 吴学安：《国际法律框架中的基因技术应用》，载《检察风云》2008 年第 2 期。

② 王忠华：《平行进口的法律问题研究》，大连海事大学 2004 年硕士学位论文，第 53 ~ 54 页。

保护,人们就不会有研发的动力,或者有些可用于治疗疾病的基因技术即使研究出来了,研发者因得不到回报而不愿公开,最后损害的是公共利益。基因专利是对以基因为基础的相关疾病的预防、诊断、治疗药物和仪器生产方法与技术(包括生物芯片所涉及的基因技术与产品)的一种垄断性保护。[①] 基因专利是研发基因相关产品的基础,未来拥有较多基因专利的国家将在基因药物、基因诊断、基因治疗等基因开发领域占有先机。一条基因就可产生一个产业,与疾病相关的基因资源的开发和知识产权的拥有,对我国经济的发展与卫生健康事业尤为重要。我国基因产业与国外相比还有很大的差距:规模小、产品种类少、支撑技术落后、产业人才缺乏等,整体环境有待完善。

基因专利保护不力是基因安全风险的重要来源。国内基因技术得不到专利保护,可能使得国外机构有机可乘,致使我国的基因资源和技术流失到国外,甚至在国外被申请专利保护,损害我们的国家利益。我国的基因专利一旦被外国所抢注将会带来不可弥补的风险:某项技术成了外国的专利,我国的基因资源和技术流失到了国外,如果我国要运用这项技术,还需要到外国人手里去购买,这不只是经济损失,更会给基因产业的发展带来不可估量的影响。鉴于此,我国需要进一步完善相关法律来规范和保护基因专利。[②]

---

① 参见封展旗、杨同卫:《"基因争夺战"透析》,载《山东医科大学学报(社会科学版)》2000年第4期。

② 张小罗:《制定我国〈基因安全法〉的重点与难点》,载《政治与法律》2018年第11期。

第二节　基因安全风险的类型

只有真正地识别各种不同类型的基因安全风险,才能对基因安全风险进行有效的规制,了解是否存在没有被我们认知的风险,进而针对性地将那些可怕的风险转化为能预见和控制的风险。基因安全风险的具体类型为规制风险树立了明确的目标。基因安全风险从不同的角度可以分为不同的类型,如可从造成基因风险的源头上分类,从基因安全风险带来的后果分类等。从主体的角度进行的分类应该是最典型的,是集中了基因安全风险所有特征的分类。从基因资源流失、基因技术研发与运用以及基因专利不当保护将会给哪些主体带来风险的角度可以将基因安全风险分为以下类型:个人基因安全风险、集体基因安全风险、国家基因安全风险。

一、个人基因安全风险

所谓个人基因安全风险是指基因资源流失、基因技术研发与运用以及基因专利保护不当给个人带来的风险,主要体现在人性尊严遭受侵犯、基因权利遭到侵犯、后代人权利遭受侵犯以及基因编辑技术脱靶给人体带来的损害。

(一)人体基因编辑有侵犯人性尊严的风险

人性尊严是人之为人应该享有的尊严,保护人性尊严是法律的基本宗旨。将基因编辑技术直接应用于人体进行基因编辑,是否定人作为人的主体性,侵犯人的尊严,将人当作工具和手段。随着我国基因科技快速发展,人体基因遗传信息可以被支配与编辑,使自然人成了科学家手中的“技术人”。科学技术代替了自然进化,人变成了被技术支配的对象,被降格为物。而人是主体,是认识世界和改造世界的主体。作为主体性的人是目的不是手段;而功利主义下的基因编辑技术行为侵犯了人类的主体性和自主性,威胁到生命的神圣性和人格尊严。

(二)基因资源的流失与基因技术的运用有侵犯基因权利风险

1. 侵犯基因信息权与基因隐私权。基因信息权是指人类基于基因信息上拥有的权利。基因隐私权是指自然人独自享有的对其个体的基因信息、基因组信息、与其基因或基因组有关的其他遗传材料信息拥有绝对支配性的具体人格权。[①] 基因信息是与生俱来的,生而有之,同时它也是一种潜在的、非运用技术手段不能获取的承载着生命秘密的私人数据。基因信息具有以下特殊性:第一,易取性。可以从毛发、唾液、血液、牙齿等组织分析出人体基因的信息,个人的基因信息在目前的生物技术条件下几乎唾手可得。也正因为其具有易取性而经常在未经同意的情况下遭到不当使用。第二,未来性。基因的研究结果通常会给我们带来个人的健康状态在什么条件下可能产生怎样的改变的信息,它是具有预测性的未来讯息。第三,家族相关性。个人

① 参见滕丽、王刚:《我国基因隐私权立法探索》,载《沈阳师范学院学报(社会科学版)》2002 年第 5 期。

的基因信息不可避免地携有家族基因信息，其研究成果可能会揭露家族成员之隐私信息，其具有群体相关性，可能造成污名化、种族歧视等问题。第四，不确定性。随着科技的不断发展，基因本身所携带的潜在信息将不断被发掘、应用。[①] 大多数情况下人们并不知道自己的基因隐私是什么；这是由于基因是看不见、看不懂的，只有在高科技手段介入的情况下才能检测出基因信息。但是由于毛发、血液等承载基因信息的载体容易获得，个人可能在毫无察觉的情况下被他人获取了基因隐私。[②]

利用基因检测技术识别一个独特的人，只需通过特定个数的独立的单核苷酸多态性位点就能实现。当基因检测技术检测到的数据与任何病理数据相匹配，具体到某一个体的具体数据时，就很容易引发侵犯个人隐私的行为。同时，伴随着基因技术的不断发展，再加上目前国内使用进口设备的基因检测机构比较多，患者相关基因数据面临更大的外流风险；这导致基因信息权与基因隐私权遭侵犯的可能性增大。

2. 侵犯基因知情权。所谓基因知情权是指基因提供者了解自己的基因并决定是否准许他人利用其基因以及对侵犯其基因信息的行为寻求法律保护的权利。[③] 基因信息的知情权主要包括两种情况：一种是个体作为受试者亦即研究过程中的权利，另

① 参见林瑞珠、梁宗宪：《医学研究之发展对告知同意原则的冲击》，载倪正茂、刘长秋主编：《生命法学论要：2007 年"生命科技发展与法制建设"国际研讨论文集》，黑龙江人民出版社 2008 年版，第 196 页。

② 张小罗：《基因权利研究》，武汉大学 2010 年博士学位论文，第 77～78 页。

③ 参见刘长秋、刘迎霜：《基因技术法研究》，法律出版社 2005 年版，第 21 页。

一种是在基因诊断、基因治疗过程中作为患者的知情权。[①] 告知同意应该包括以下内容：检验的步骤、实验性质和研究目的、检验对个人和家庭带来的不便和风险；为何邀请此人在自愿的前提下接受检验、对实验受试者身份保密、对他人和科学的好处、检验结果的不确定性、检验过程中伤害事故的承担者与解决途径、个人和家庭检验中和检验后享受医疗服务的权利、个人撤回的权利。[②] 这些在基因技术研发与运用过程中是很容易被忽视的问题，相关主体一旦没有履行相应的步骤就有可能带来侵犯个人基因知情权的风险。

3. 侵犯基因平等权。“基因平等权是一项与基因科技相关的人类权利，是指非正常基因携带者应当在学习、就业等社会生活中享有与正常人同等的、不应受到任何歧视的权利。基因平等权是一项基本权利，是一项信息平等权，是一项社会平等权，是人权中平等权概念在基因时代的新发展。”[③]基因平等权主要内容是禁止基因歧视。[④] 2009 年底，中国发生了基因歧视第一案，[⑤]唤醒了人们对基因平等权的诉求。使用基因编辑技

---

① 张小罗：《基因权利研究》，武汉大学 2010 年博士学位论文，第 98 页。

② 参见谈大正：《生命法学导论》，上海人民出版社 2005 年版，第 69 页。

③ 刘长秋、刘迎霜：《基因技术法研究》，法律出版社 2005 年版，第 35 页。

④ 张小罗：《基因权利研究》，武汉大学 2010 年博士学位论文，第 85 页。

⑤ 2009 年 4 月，小谢、小周、小唐通过了佛山市的公务员考试。在之后的体检中，他们被认定为“地中海贫血”基因携带者，因而体检不合格被拒录。2009 年 12 月 29 日，小谢等 3 名参加当年公务员考试的考生向佛山市禅城区人民法院递交诉状，起诉佛山市人力资源和社会保障局。2010 年 1 月 5 日，法院正式立案。因基因而引发的诉讼，这在中国尚属首例。此案成为中国基因歧视第一案。熟悉相关领域的专家，对此表现出深切的关注和担忧——歧视患者可能扩展为歧视致病基因携带者，这将是社会难承之重。

术可能带来基因歧视的风险,对人类基因平等权造成侵害。基因增强是基因编辑技术中一项重要的技术,通过基因增强技术使得婴儿因为基因被改变而获得在身高、智力等方面天然的优势,这些在后天的努力过程中很难得到改善和弥补。这极大地冲击了人类的平等,打破了传统的平等观念。另外,基因编辑技术还可能给人类带来新的不平等,使用该技术需要花费巨大的成本,一般会为富人所独享,这将不可避免地导致社会的不平等与分化。如果基因编辑可以被允许的话,那么会从技术上把人类型化,就会存在替代自然筛选的人为干预。这样基因编辑技术的运用就会使得人从"出生不平等"转变为"胚胎不平等"。再加上基因编辑技术需要花费巨额的费用,最后可能导致富人及其后代占有更多的资源与财富,而穷人及其后代的生存空间越来越小,社会的两极化将愈演愈烈。基因成了划分贫富与阶层的标准,基因歧视也会因此而产生。[①] 此外,基因技术的发展使基因识别诊断和基因检测变得触手可及,通过这些技术很容易就能够发现致病基因,但同时造成携带有致病基因的人可能遭到歧视的风险。

(三)基因技术的不当运用有侵犯后代人权利的风险

最早明确提出"后代人权利"概念的是美国著名哲学家约尔·范伯格,其在 1971 年出版的著作《动物与未来世代的权利》(The Rights of Animals and Future Generations)一文中提出

---

① 杨杰:《基因编辑的社会风险规制》,载《科技与法律》2019 年第 3 期。

"后代人权利"。[①]"后代人"是与当代人相对而言的概念,它是指未出生的"场外者"。后代人权利指尚未出生的但一定会出生的"场外者"应该享有的权利。我们应该尊重和保障后代人的权利。

基因编辑技术还会涉及后代人权利问题,就是代际身份的问题。正如有学者所言,"在法律允许的范围内,活出自我,需要尊重个体的不同,每个人都有不受制于人的权利"。[②] 哈贝马斯也认为:每个人都应该成为他们自己生活的唯一作者。"如何能征得胚胎同意,进而编辑操作胚胎呢?"[③]这就有可能出现胚胎提供者把自己的意愿强加于后代的现象,这严重侵犯了后代人的权利。使用不当的基因编辑技术,还可能给后世造成风险。在基因治疗中,基因技术的不当运用带来的严重后果可能不是由我们而是由我们的后代来承担。倘若错误植入基因造成的混乱延续到了下一代,对人类后代而言,其后果将是灭顶之灾。我们也将无法面对因基因编辑给子子孙孙带来的不可预测的风险,这是对后代不尊重、不负责任的表现。这是一场以牺牲子孙幸福生活为代价、违背世代正义、剥夺子孙理应享有的健康生存权的不负责任的科技行为,是对后代人的不公。

---

① 刘卫先:《后代人权利理论批判》,载《法学研究》2010 年第 6 期。

② 张新庆:《基因治疗之伦理审视》,中国社会科学出版社 2014 年版,第 163 页。

③ J. Habermas, *The Future of Human Nature*, Trans. Hella Beister and William Rehg. Polity Press, 2003. p. 79.

(四)基因编辑技术脱靶给个人带来的损害

基因编辑是指通过修改基因组指定目标,编辑目标基因及其转录产物(定向改造),从而改变目的基因序列或调控元件、表达量或功能的基因工程技术,达到增加、删除、缺失、替换特定DNA碱基等目的DNA片段的目标。基因编辑技术起源于将短细菌DNA序列和相关蛋白(CAS)结合在一起,不仅能使细菌识别并破坏病毒,还能实现免疫系统细菌组对特定基因的删除。基因编辑技术被人们称为基因魔剪。如果我们把基因当作字符的话,那么基因组就是一本写满遗传密码的手册。基因编辑技术就像是一把分子剪刀,可以在这本基因手册内插入、删除甚至是改变单个字符。[①] 随着基因编辑技术的不断发展与日趋完善,该技术被频繁地运用于医学治疗领域。但在医疗领域该技术也是一把双刃剑,可以治病救人,也可能给人类带来风险。

基因编辑技术主要是以CRISPR－CAS9蛋白为简化工具,但CAS9蛋白本身的风险也比较大。具体表现在:该技术无法实现对任何基因的精确修改与删除,也就是可能导致基因编辑脱靶。基因编辑脱靶是指非预期的编辑,其原因是精确度不够。[②] 所谓脱靶风险,通俗点说就是基因编辑“子弹”未中,却将一系列无法控制的风险击伤在其他基因的身上。人们在医学领域运用基因编辑技术想要达到的最好状态可以描述为:风险必

---

① 邱仁宗:《基因编辑如何扮演上帝之手》,载《大众健康》2019年第1期。

② 马党库、姚万勤:《基因编辑技术的医学应用:立场共识、风险透视与未来完善》,载《中国卫生事业管理》2020年第10期。

须最小化，而利益是最大化，不会增加新的风险。在医学临床中，可以利用基因技术对病灶进行切除，但目前我国的技术水平还远未达到能精确切除病灶的目标。一旦偏离切除目标，则有可能带来更大的风险。人类的基因组织有可能会发生次序紊乱与基因突变，而这些风险是目前的基因编辑技术所不能解决的。但其造成的后果我们还没有很明确地掌握，在进行基因编辑的时候，可能因为删除了某些基因而造成了其他的疾病。① 这使人们认识到，在精细繁复的基因编辑技术切割过程中，基因治疗可能会带来各种难以控制的负面效应。稍有风吹草动，就可能招来蝴蝶效应，后果严重。②

这种脱靶效应早在2013年的相关研究报告中就已指出，其带来的潜在脱靶效应约为40%。尽管在过去几年中不断改进技术，但仍不能忽视脱靶风险。这种脱靶事件在临床试验上时有发生。例如，中山大学黄军在其团队进行的一项将地中海贫血基因靶向人类胚胎的基因编辑技术即贫血基因实验中，就发现了大量的基因脱靶突变。③ 鉴于基因编辑技术的复杂性，人类目前的技术水平还远远未达到能控制基因编辑全过程的程

---

① 例如，在20世纪90年代的美国，为了治疗11位患有先天性缺陷的孩子，就通过基因编辑技术对其进行基因干预，但是治疗几年后，其中七八个孩子得了白血病，人们这才意识到基因治疗可能会带来各种无法掌控的负面影响，在精细又繁复的基因编辑技术的切割过程中，任何一点小小的变化都有可能带来蝴蝶效应。参见马党库、姚万勤：《基因编辑技术的医学应用：立场共识、风险透视与未来完善》，载《中国卫生事业管理》2020年第10期。

② 张苗：《基因库伦理委员会委员：基因编辑技术或误伤好的基因》，载《钱江晚报》2018年11月27日，第3版。

③ 梁普平、黄军就：《推开人类胚胎基因研究的神秘大门》，载《生命科学》2016年第4期。

度。关于基因与基因之间的联系以及基因组合功能等技术和问题,还存在很多的未知领域。在这种情形下,如果使用基因编辑技术出现失误,就会造成手术失败,使患者失去生命,基因脱靶造成的危害结果可能不可逆转,无法补救,而因基因编辑产生的遗传缺陷可能会代代流传下去。

二、集体基因安全风险

所谓集体基因安全风险是指基因资源流失、基因技术研发与运用以及基因专利保护不当给集体带来的风险。此种类型的风险主要体现在群体基因信息泄露的风险以及基因编辑技术有破坏人类基因库的风险上。

(一)群体基因信息泄露有形成族群伤害的风险

为了真正了解基因与疾病或者特定基因型与表现型之间的关联,科学家们找出家族中患有特定疾病的一群病人,比较该家族中病人所共同拥有的但其他健康者却没有的基因变异,并尝试确定该基因变异与疾病之间是否具有关联性。这类研究通常以同一家族中的病人的 DNA 样本加上病人的家族族谱资料,再配合家族中健康者的 DNA 样本为研究对象,以发现与疾病有关的基因变异之所在。这种研究也可能会导致群体基因信息的泄露。因为一些特殊基因只存在于某一群人之中,他们都具有共同的特征,这就会产生一种标识化的状况,从而导致这个族群被伤害或被歧视,可能因为他们携带有某种特殊基因而遭到另眼相看,甚至直接影响到他们的就业、保险与受教育权利。

(二)基因编辑技术有破坏人类基因库的风险

正是基因编辑技术的运用使得人为选择基因成为可能,这样会导致基因自然进化遭到破坏,影响人类基因的多样性甚至会改变整个人类基因库,对人类基因库带来不可控的风险。[①]例如,增强性的基因编辑,也许人们最初研究该技术的目的是好的,是为了治病救人;但在目前的条件下,增强性的基因编辑可能使得强者更强,使已有的公平秩序遭到破坏,使得人和人之间的不平等加剧,而且增强性的基因编辑会带来人类自然选择机会的减少与基因多样性的减少。这甚至会造成人类生存的问题。[②] 也正是在这个意义上,以增强性为目的的基因编辑技术是被禁止的,是被认为有害公共利益的,具有危害社会基因安全的风险。这种风险还体现在对后代的影响上,因为经过编辑得来的基因将会产生怎样的效应是很难预估的。这种基因编辑会对当代的个体产生不可控的影响,对后代产生的影响更加不可预测,这样可能会人为地增加相关人类遗传问题的风险。

三、国家基因安全风险

所谓国家基因安全风险是指基因资源流失、基因技术研发与运用以及基因专利保护不当给国家带来的风险。此种类型的

---

① 王慧媛、李鹏飞等:《基因编辑技术伦理治理探讨》,载《中国科学院院刊》2021 年第 11 期。

② 陶应时、罗成翼:《人类胚胎基因编辑的伦理悖论及其化解之道》,载《自然辩证法通讯》2018 第 2 期。

风险主要体现为非法制造基因武器的风险。人类遗传资源的流失关系到国家的基因安全，一定数量特定人群的基因信息丢失可能威胁到国家安全。一些居心叵测的国家利用人类的基因资源制造基因武器已经成为笼罩在人类头上的新阴影。①

依据《军事大辞海》的界定，基因武器是指运用遗传工程学，人为地改变致病微生物的遗传基因，培养出新的危害性更大的生物战剂。② 这种技术方法可以通过改变非致病微生物的遗传物质，使某种具有抗药性的致病细菌或病毒仅对那些具有特定基因特征的人种产生致病作用，从而利用人种之间的基因差异，有的放矢地将对方的有生力量消灭掉。基因武器可以对特定人群进行选择性攻击，而且基因武器几乎不会受到任何形式的限制，它的作用可以肆意地扩散到空气中、水里、土壤里。如果说，在核武器面前，人类可以采取相对有效的防范体系，但对付基因武器，却防不胜防。我国丰富的基因资源引起了基因海盗和基因殖民者的注意，他们对我国进行了基因掠夺，导致我国基因资源严重流失，给国家安全埋下了深深的隐患：敌对势力一旦通过流失的基因资源研制出针对我国人民的基因武器，后果不堪设想。为防止事态朝不利于我国的方向发展，保护国家安全，国家必须重点关注基因安全问题，通过法律为维护国家民族

① 谭雪平、杨宇：《基因战争，笼罩人类的新阴影》，载《中国国防报》2018 年 11 月 8 日，第 3 版。

② 熊武一、周家法、卓名信等主编：《军事大辞海（下）》，长城出版社 2000 年版，第 2671 页。

安全筑起一道保护墙。[①] 基因武器带来的风险有以下几个：

(一)基因武器有破坏平民豁免原则与人道主义原则的风险

平民豁免原则是建立在人道主义原则基础上的。在战争中不能对平民进行攻击,理由就是平民没有武装力量,不具备威胁性,他们也无须对战争负责。因而,在战争中对平民进行攻击超出了自卫的范围。出于人道主义的考虑,在战争中平民是可豁免的。此原则要求在战争中严格区分平民与战斗者,不得把平民当作攻击的对象与目标。平民豁免原则是战争中的基本原则,但使用基因武器将破坏此原则。基因武器无法区分平民与战斗者,无法区分年龄、性别、人种,甚至都不能区分是敌方还是我方。只要具有相同的特定遗传密码的所有人都将无一例外地成为基因武器攻击的对象。

人道主义的核心是人性、人道、文明;人道主义原则是维护人的尊严,尊重人的价值,坚持以人为本的基本原则。基因武器的使用将使得战争的手段变得非常不人道。基因武器具有杀人于无形的、隐蔽的特征,它可以远距离地攻击敌人。战争的形式不再是军人们面对面地浴血奋战,而是在基因实验室里面操作就可以轻易地杀死数千里之外敌人的血肉之躯。比如,美国曾研制出名为“热毒素”的超级基因武器,仅 20 克就能让全球 60

---

① 何蓉:《中华人种基因安全保护战略研究》,载《中国发明与专利》2017 年第 12 期。

亿人死于非命。[①] 这样就把生命简化为抽象的冰冷的数字，对人没有任何的同情和怜悯可言。另外，要制造基因武器还需要进行人体实验，在这个实验中研究者不会顾及受试者的生死安危与人性尊严，也不会顾及受试者将承受的直接的、间接的或者是长期的不良后果，包括身体出现的智障、患上传染病、丧失生活能力甚至死亡这种不可挽回的损失。而每个人都应该是享有基本的人性尊严的，都不应该以牺牲健康甚至生命为代价来成为基因武器制作的实验品。如果对这种实验不进行规范的话，将可能造成人类毁灭的严重后果。

（二）基因武器有造成种族灭亡的风险

基因武器可以针对拥有特定基因的人群进行有选择性、有目的的攻击，这使得基因武器的危害性是巨大的、恐怖的，有人将之称为末日武器。正因为这种武器可以针对特定的种族或者人群进行攻击，基因武器从产生开始就具有种族战争的色彩。基因武器可能导致某个种族的灭亡，这种恐怖的结果是不可逆转的。因此必须从源头上控制基因武器的制造与使用，国家应该采取措施保护基因资源防止其流失。

（三）基因武器有破坏人与自然和平相处的风险

众所周知，良好的环境是人类生存和发展的基本条件。因此人要与自然和平相处才能得到好的生存环境与获得更好的发

---

① 陶应时、曾慧平等：《基因武器的伦理困境及其防范路径》，载《科技导报》2021 年第 9 期。

展空间。人类一旦发动战争使用武器,将不可避免地对人类的生存环境造成影响。传统的武器对生态环境的破坏具有可修复性,只需要休养生息一段时间,生态环境就可恢复到原来的状态。可是人类一旦使用禁用武器,其造成的损失、破坏的生态系统是难以修复的。[①] 人类使用基因武器首先会破坏自然状态下的生态系统。在自然状态下,生态系统的内部处于和谐稳定的状态。各部分之间是相互联系、相互补偿、相互协调的关系。生态系统内部的食物链、种群种类数量是相协调的。基因武器携有致病性的细菌、真菌、病毒等具有强大毒性的基因元件。这些元件经过重新设计和编辑改造会破坏动植物的基因结构,引发基因的碱基序列或是复制能力的变化,这样会造成严重的、长期的、永久的伤害甚至使得动植物灭绝。基因武器还会对土壤系统产生破坏,影响整个土壤环境。土壤环境一旦遭到破坏,要想修复不是短时间可以做到的。基因武器对人类生存的自然环境的影响和破坏是巨大的,它造成人类生存环境的生态功能的衰退、生态结构的不协调。更可怕的是基因武器具有的强大复制功能使得它可能无止境地消耗地球资源,最终可能导致全球生态系统的崩溃,造成不可逆转的生态灾难。简言之,基因武器破坏生态环境,有破坏人与自然和平相处的风险。

小　　结

目前,在一些发达国家争夺基因资源的过程中,我国基因资

① 刘松涛:《纳米武器的伦理反思》,载《自然辩证法研究》2016 年第 5 期。

源已经大量流失，一旦有国外敌对势力通过获取我国基因资源研制出对付我国的基因武器，进而对我国进行生物基因战，将会对中华民族的生存和繁衍产生严重的威胁。我国的基因资源面临着巨大的威胁，这种后果是非常可怕的；为了避免这些恐怖状态的发生，我们必须采取应对措施。要制定行之有效的规范基因安全风险的措施，需要对风险的源头与具体类型进行分析，本章主要作了这方面的努力。基因安全风险的来源主要有基因资源的流失、基因技术的运用与基因专利保护不力等。基因安全风险的类型主要有个人基因安全风险、集体基因安全风险、国家基因安全风险。这些为我们有的放矢地制定基因安全风险规制的措施打下了基础，提供了努力的方向。

第三章　基因安全风险规制的内涵及法理基础

维护安全是国家的重要目的,也是国家的基本任务。基因安全风险作为损害发生的可能性,它影响着人类生活,已经成为现代社会不可回避的问题。正如乌尔里希·贝克所言,风险社会所触发的运动可以表达为“我怕!”共同的焦虑取代了共同的需求。[①] 在一个缺乏安全保障的社会,人们要取得充分的发展是不可能的。[②] 面对基因安全风险的共同焦虑,我们的法律必须行动起来,对无限扩大的基因技术的冲动作出合理的约束,就像阿弗雷德·阿德勒所说的那样,为了追求全人类的福祉,我们必须直面现实,拿出魄力,定下正确的答案。[③] 风险的法律规制是指用法律来规范指导人们的行为,以达到尽量减少或者消除风险的目的。既然风险已成为现代社会最基本的构成要素,那

---

① [德]乌尔里希·贝克:《风险社会:新的现代性之路》,张文杰、何博闻译,译林出版社 2022 年版,第 52 页。

② 刘平:《立法原理、程序与技术》,学林出版社 2017 年版,第 38 页。

③ [奥地利]阿弗雷德·阿德勒:《自卑与超越:自卑感是个人从平凡走向卓越的原动力》,语娴编译,内蒙古出版集团远方出版社 2016 年版,第 4 页。

么控制风险便成为现代社会治理的必然要求；而要对基因安全风险进行规制则必须先了解其内涵及法理基础。

第一节 基因安全风险规制的内涵

一、基因安全风险规制的概念

诚如贝克所言，现代社会是一个“风险社会”，随着科技的不断发展，生活在现代社会中就犹如生活在文明的火山上。[①] 基因在现代文明中扮演着非凡的角色，它不仅关涉一国的种族安全，更影响着一国的国家安全。基因安全风险是客观存在的，为了保障国家安全与人们的基因权利，需要对基因安全风险进行规制。

（一）风险规制界定

风险规制是指相关的主体为了避免或者减少发生不利后果，或者消除不利后果产生的可能性，而采取的各种措施。具体而言，它是包括行政机关在内的公共机构基于分散和减少风险的目的，综合运用各种措施对风险进行预测、评估、评价和管理的一系列活动的总和。[②] “风险规制是一个典型的于未知之中进行决策的领域，对于风险规制所需的科学信息而言，从概念、

---

① ［德］乌尔里希·贝克：《世界风险社会》，吴英姿、孙淑敏译，南京大学出版社 2004 年版，第 100 页。

② 张恩典：《风险规制正当程序研究：以合作治理模式为视角》，苏州大学 2017 年博士学位论文，第 33 页。

度量、取样方法到数学模型以及因果关系的推论等多方面都存在着不确定性。"[①]技术风险无所不在，而这种风险转化为巨大灾难的可能性很大。由此，由国家、国际组织、个人等组成的复合式的风险治理体系成为必然的选择。风险规制是寻求安全的活动，但在一个社会关系异常复杂的社会，这样的活动也异常的复杂，大量的问题困扰着政府和公众：风险有多大？安全不可能是绝对的，那么到底多安全才算是安全？我们愿意为安全忍受多少不便？我们愿意付出多少自由与财富的代价？这些问题的回答既需要借助科学的知识，也需要进行政治的考量。对于风险的干预，不仅仅要考虑风险的概率以及可能带来的伤害，还要考虑干预所带来的政治、社会和经济的成本。因此，法律对于风险规制活动的规范必须容纳理性的精神与民主的抉择，以妥善地回答现代风险社会给制度安排提出的一系列问题。[②]

（二）基因安全风险规制界定

基因安全风险规制是指国家和政府为了避免或者减少因基因资源流失、基因技术运用等对基因安全产生的不利后果，或者为了消除不利后果产生的可能性，而采取的各种措施。具体而言，它是包括行政机关在内的公共机构基于分散和减少基因安全风险的目的，综合运用各种措施对基因安全风险进行预测、评估、评价和管理的一系列活动的总和。

---

① Vern R. Walker, *Risk Regulation and the "Faces" of Uncertainty*, Risk: Health, Safety & Environment (1990 - 2002), Vol. 9: 1, p. 29 - 34 (1998).

② 赵鹏：《风险规制的行政法问题：以突发事件预防为中心》，中国政法大学2009年博士学位论文，第110页。

二、基因安全风险规制的特征

基因安全风险规制具有如下特征:第一,要进行规制的基因安全风险必须是产生不利影响的风险。主要有:基因技术给人类带来的不利影响的风险;克隆人给人类带来的人性尊严与人权被侵犯风险;以增强为目的的基因编辑给人类带来的基因权利被侵犯风险;基因武器的使用给国家和民族带来的亡国灭种的风险等。第二,要进行规制的基因安全风险必须是人们被迫承受的风险,而不是自愿承受的风险。如人们进行风险投资时所承受的风险是人们经过主观判断后自愿承担的,不属于风险规制的范围。在基因安全风险中,一般的情形是人们在知情并同意的情况下自愿承担风险;反之,如果未被告知,没有履行知情同意程序则属于被迫承担风险。当然也有例外,因为基因技术本身的不确定性,掌握基因技术的科学家也很难精确地预见基因技术将带来的风险,因此即使在一些情况下人们履行了知情同意原则,但依然会带来意想不到的风险,这虽属于例外的情形,也应该是基因安全规制的风险范围。第三,法律是规制基因安全风险的主要手段。基因安全风险规制是运用规范,尤其是法律规范规制风险的活动的总称。第四,基因安全风险规制具有很强的技术性与专业性。对基因安全风险进行规制必须对基因领域内的相关知识有所了解,才能提出正确的规制措施,故而对规制主体提出更高的要求。

三、基因安全风险规制的方法

从古至今,风险规制的方法是人们讨论得很多的问题,到目前为止,风险规制的方案或者机制有:保险、法律、政府干预与私域自我规制。

1. 保险。保险是处理风险最古老的方法之一,其渊源可以追溯到美索不达米亚地区设定利率的早期努力。据记载,公元前3000年之前,一些农民将多余的产品出借以换取一定的回报,这样利率的差异很快就出现了:从原本熟人之间借贷的零利率,到适用于被认为风险高很多的农业借贷的33%利率。利率反映了借贷的风险,这代表了量化风险的最早尝试。真正的保险是与交易相伴而生的,这可以追溯到古代的巴比伦。巴比伦尼亚是古希腊时期的世界经济交易中心,商人们在交易中面临着无数的风险,包括自然灾害、恶棍海盗等。商人们常常会因为借款将其财产全部抵押,如果遭遇不幸将是灭顶之灾,在这种情况下交易日渐衰落了。直到约公元前1750年《汉谟拉比法典》的颁布才使交易复兴,该法典立足于保险的制度化,并规定了几项风险管理的原则。当时的船舶抵押借贷很快扩展到整个古代世界,其代表了以系统的定量方式处理风险的最古老尝试之一。到约公元前750年,船舶抵押借贷获得了高度发展。但随着古希腊文明的衰落,保险制度在西方世界也衰落了。到罗马帝国灭亡以后,保险在西方世界几乎消失了。但是从17世纪起,保险业在英国繁荣昌盛,诞生了火灾保险、人寿保险、失业保险等,而后有了现在发达的保险业。

2. 法律。法律由国家制定并由国家强制力做保障,兼具强制性和指引性,明确了社会成员之间的权利和义务。人类安全与法律权利的冲突日益影响着人们的生活,并使整个人类生存危机四伏;若想使科学技术能够发展得更加长远,必须通过积极的法律手段进行风险规制以避害就利。法律以强制的手段对妨害安全的行为进行禁止性约束,以使人们不偏离正确的轨道。法律在如下意义上进行风险管理:人们必须遵守某种合理的行为标准,否则将面临责任追究或损害赔偿之诉。因此,法律可以发挥两种风险管理的功能:赔偿和劝阻。

3. 政府干预。保障公民的安全是政府的首要任务与责任。对威胁生命、健康、财产的因素予以排除也是政府的基本任务。[①] 政府机构的干预从很早以前就有,一般是以直接介入来减少、降低或者控制风险。正如有学者所指出的,保护市民免于那些他们难以自我防卫的危险,长期以来就是政府的职能,因而就有了警察、消防部、陆军和海军。[②]

4. 私域自我规制。这种方法一直在风险管理中起着很重要的作用。一般而言,人们都会存在着强烈的愿望想要去消除风险,最主要的原因可能是道德和利他的规范及价值,也可能是单纯的自利,如担心自己金钱的损失、可能的诉讼、政府处罚,以及限制性的行为主要包括对个人的规制、许可等。[③]

以上方法都可以运用到安全风险规制之中,在四种方法中,对于基因安全风险来说最好的规制方法是法律。我们可以建立

---

① [德]汉斯·J. 沃尔夫等:《行政法》(第 1 卷),高家伟译,商务印书馆 2002 年版,第 30~31 页。

② George E. Rejda, I. Pfeffer & D. Klock, *Perspectives on Insurance*, Prentice Hall, 1974.

③ [英]伊丽莎白·费雪:《风险规制与行政宪政主义》,沈岿译,法律出版社 2012 年版,第 2 页。

以法律规制为主要手段,同时由政府干预、监督以及私域自我规制相结合的基因安全风险规制体系。

第二节 基因安全风险规制的法理基础

基因技术的发展与运用,为突破人类医学难题提供了新的解决路径,同时基因技术运用的无序化亦给国家总体安全造成了潜在风险和新的挑战,基因安全风险规制由此进入人们的视野。既然基因安全风险规制势在必行,那么探寻基因安全风险规制的法理基础,为制定基因安全风险规制的对策提供理论支撑与准备是非常必要的。

一、国家安全理论

(一)国家安全概念

众所周知,国安才能国治,治国必先治安。事实上,“安全”与“国家安全”一直作为相沿成习的元概念被不同领域内的学者频繁使用。根据英国学者曼戈尔德(Peter Mangold)的考证,美国一位专栏作家李普曼(Walter Lippmann)1943 年的著作《美国外交政策》中第一次出现“国家安全”的现代用法。[①] 我国的国家安全思想形成较早,但系统性的国家安全理论出现得比较

① 王逸舟主编:《全球化时代的国际安全》,上海人民出版社 1999 年版,第 37 页;李少军:《论安全理论的基本概念》,载《欧洲》1997 年第 1 期。

晚。"国家安全"这一概念第一次在我国使用是1983年,[①]2003年第一本关于国家安全理论的著作问世,2014年习近平总书记首次提出总体国家安全观重大战略思想。[②] 卢梭的社会契约理论认为:一个正当的国家应当考虑成员之间的契约,国家的存在是其内在个体生存与健康发展的保障。[③] 国家安全是一国存在和发展的前提,也是一个国家的人民大众所追求的最基本的目标之一,国家安全即国家不存在危险或不存在对国家的威胁。[④] 随着全球经济日新月异的发展,人类对自身的安全问题的关注越来越紧密。国家安全观念也不再仅仅局限于最早的军事安全与政治安全,其在逐步向更加综合的层次发展。[⑤] 一般而言,国家安全是指维护国家主权统一、保障国家领土完整、不受外来侵略、维护经济可持续发展以及保障人们的利益不受内外威胁的一种安全状态。

(二)国家安全是基因安全风险规制的最终目的

对于一个国家来说,安全问题是最基本、最核心的问题。国

---

① 刘跃进:《中国官方非传统安全观的历史演进与逻辑构成》,载《国际安全研究》2014年第2期。

② 习近平总书记指出:"当前我国国家安全内涵和外延比历史上任何时候都要丰富,时空领域比历史上任何时候都要宽广,内外因素比历史上任何时候都要复杂……"

③ 王锡锌:《利益组织化、公众参与和个体权利保障》,载《东方法学》2008年第4期;谢佑平、江涌:《论权力及其制约》,载《东方法学》2010年第2期。

④ 许门友等:《新时代现代化强国建设研究》,陕西人民出版社2019年版,第236页。

⑤ 杨振姣:《中国海洋生态安全治理的理论与实践》,海洋出版社2016年版,第37页。

家安全是国家政治、经济、文化发展与繁荣稳定的前提,是保障人民幸福生活的基础。如果一国的安全得不到保障,一国的居民没有一个安定的生存环境与空间,那么其他方面包括生产、发展等都是不可能的。维护国家安全是基因安全风险规制的最大目的,对基因安全风险进行规制的最终目的是保障国家安全与人们的个人权利。如前所述,基因安全影响国家安全,是国家安全的内容之一。保护基因安全在一定意义上就是保障国家安全。基因殖民掠夺与基因海盗行为造成了很多国家基因资源的流失,进而可能产生基因武器制造与使用的危险,危害国家基因安全。为了应对此种挑战,防止风险的发生,必须采取措施规制基因安全风险,以法律的形式建立起保障国家安全的防火墙。我们可以通过立法构建相应的基因安全保障制度,实现对基因安全风险的有效规制,对理想的基因安全环境达成共识,构建基因安全领域的人类命运共同体,全方位保障国家安全。

二、基本人权理论

基本人权是指人作为人应该享有的基本权利。基因安全风险规制的首要目标是保障基本人权,尤其是人们的基因权利。科学技术是人类文明的重要支柱,是影响人类生存与发展的最主要和最根本的因素。每一次科技革命都大大推动了生产力的发展,促进了经济和社会的进步,同时也推动了法治的发展,引起了基本权利的变化与发展。

(一)基因权利是基本人权

基因科技的发展会带来人们对于基因权利的诉求。人权意识是人权发展的前提条件。[①] 近代科学技术从精神与文化两方面提升了人的主体观念，唤醒了人的权利意识。诚如恩格斯所言：现在阳光照射出来，从今以后，迷信、偏私、特权和压迫，必将为永恒的真理，为永恒的正义，为基于自然的平等和不可剥夺的人权所排挤。科学技术不断解放人的思想，把人们追求自由与权利的热情推向新的高度。人类历史上每一次科技革命或每一个重大的理论突破，都预示着人权领域的开拓与创新。如互联网的出现与普及，唤醒了人们的参与意识、平等意识，并为自己的参与权与平等权而不断努力。基因权利的诞生同样符合权利发展的一般规律。基因技术的运用产生了诸多社会问题，如基因歧视问题、基因资讯的保密问题、基因的合理利用问题等。在基因技术引起的各种争议中，遗传信息的泄露所带来的人类的不幸有基因隐私的被侵犯、基因歧视等问题。我们可以预见越来越多的"基因诉讼"案件将会一一涌现，包括涉及基因检测的各方面的人身伤害案、侵犯个人隐私权的歧视案件、基因治疗案以及遗传数据、基因库和其他用于法庭的基因技术的诉讼等。很显然"基因权"已衍生为法律问题中最有趣的一环。[②]

基因权利是基于基因之上产生的新的综合性的基本权利。它发轫于科学技术的创新、植根于基因利益的诉求、导源于对人性尊严的保障。从权利属性上讲，基因权利属于基本权利：其一，基因权利具有固有性。基因是人的生命的基础，没有基因就没有生命的诞生与延续。如同人拥有生命权一样，人对基因所

---

① 张小罗：《基因权利研究》，武汉大学 2010 年博士学位论文，第 18 页。

② 参见黄丁全：《医疗法律与生命伦理》，法律出版社 2007 年版，第 11 页。

拥有的权利也可以说是与生俱来的、固有的。也就是说,基因权利自始至终与人相伴且不附带任何条件。基因权利具有不可转让性,让渡基因权利将直接危及人性尊严。其二,基因权利具有母体性。从基因权利中可派生出基因隐私权、基因平等权、基因财产权、基因人格权、基因知情权等。其三,基因权利具有主体的普遍性。任何人不分民族、种族、肤色、性别、语言、宗教、政治信仰或其他身份等任何区别,都应平等地享有基因权利。基因权利的主体是存在着众多差异的普遍主体。①

(二)基因权利是基因安全风险规制的终极目的

虽然基因权利产生于基因科技的发展与创新,但基因技术的运用,将可能产生侵犯人类基因权利的风险。基因检测技术的使用揭露的基因信息有侵犯基因隐私权与基因平等权的风险;基因编辑技术运用于人体带来新的贫富差距与不平等会造成侵犯基因平等权的风险;增强性基因编辑技术运用会侵犯人性尊严与基因人格权、基因平等权、后代人权利等。为了保障人类的基因权利,有必要对基因安全风险进行规制。在基因安全风险规制中对人权的保障成为基因安全风险规制的终极目的。基因技术的发展与运用是不可阻挡的,若基因技术运用的边界模糊,稍有不慎就可能造成对人类权利的侵犯。怎样在基因技术极大运用与人们基因权利保障之间找到平衡,达到规避基因安全风险目的,是一个亟待解决的问题。该问题的解决有赖于基因安全风险规制措施的完善、用法律规范设立基因技术使用

① 张小罗:《基因权利初论》,载《法学评论》2010 年第 3 期。

的边界，对基因安全风险进行规制。

三、科技伦理规范理论

虽然人类对科技知识的追求是开放的、自由的，但是科学家进行科学技术研究的所有行为都受伦理规范的约束。所有与人类有关的决策都应该接受是否符合伦理的基本判断；通常地，从科学技术的角度上是可行的行为，在伦理上并不一定是应该的。

（一）基因科技伦理规范

在基因安全风险中，有一些风险是基因技术研发人员本身的职业伦理素养不高带来的，因而对基因技术研发人员进行伦理规范是非常必要的。对基因科学技术研究的判断在于该技术是否对人类有益；而以人为本，把人当作主体，尊重人是基因科学技术研究中所要遵循的基本伦理原则。如果在基因科学技术的研究中违背这些基本伦理原则，那么这些研究最后可能会给人类带来的只有灾难。正如爱因斯坦所言，科学技术能给人类带来巨大的效益，是一种强大的工具。但是这个工具的使用过程中，既可能给人类带来利益，也有可能给人类带来灾难。这个问题不是取决于科学技术，而是取决于研发和利用科学技术的人。这就像刀具是生活的工具，但也可以用来杀人一样。[①] 新兴的基因科技自产生之日起就具备为善或作恶的最大可能性。基因技术的发展使人类在生命领域拥有了选择自由与空间，将基因编辑技术用于医学治疗可以使正常基因替代异常基因，治

---

① 《爱因斯坦文集》，商务出版社 1979 年版，第 56 页。

疗病患。但这项技术同时也给人类带来了挑战:一旦将基因编辑技术应用于增强性目的,那基因技术就由被人控制的工具变成控制人的存在。在基因科学技术研究行为问题上,为了规范和限制研究人员的放纵,需要有相关的科技伦理原则进行规范。在尊重基因技术研究自由的前提下,需要对基因技术的研究活动设立一些伦理准则与价值规范。基因技术领域的伦理规范使得基因技术的运用能够得到明确的伦理原则的指导,进而降低以邪恶的目的使用基因技术的可能性。

(二)基因科技伦理问题与规范措施

基因科技的发展会带来基因科技伦理问题。基因科技领域有实用主义倾向,包括基因科技工作者在内的一些人只关心这项技术能带来多大的实际效益,而忽视了对基因科技伦理原则的遵循。由此可能带来的基因科技伦理问题有:基因科技的研发与运用会产生很大的经济效益,这将给基因科技工作者带来巨大的诱惑,一旦他们经不住诱惑而铤而走险,就可能滥用基因技术,而滥用基因技术是基因安全风险的主要来源,会带来个人的、集体的、国家的基因安全风险,最终损害国家安全与个人权利。由此我们要对基因科技活动进行必要的伦理规范。

在实践中,对基因科技活动进行伦理规范的具体措施包括以下两个方面:首先是内在方面,基因科技领域的科学家们掌握了普通人无法企及的基因技术的专业知识,他们的行为给国家和社会甚至全人类都会带来深刻的影响。因此他们需要思考、评估并预见他们的行为将会带来的后果,他们有特定的科技领域的道德责任。由此,要加强基因技术的研究人员的职业道德教育,逐步提高基因技术工作者的伦理道德素质与职业责任感;使他们从内心上认同并自觉遵守基因科技工作的伦理规范,不滥用基因科技。其次是外在方面,主要在于基因伦理委员会的评判与监督。这就需要建立和健全各级各类的基因科技伦理委员会。在对基因科技活动进行伦理规范时,除了从内在方面强调科学研究者的自律以外,还需建立和完善科技伦理的审查机构。其主要功能在于监督和评判基因科技领域工作者的科技行为,使基因科技朝着正确的、良性的方向发展,最终造福于人类。基因科技伦理委员会应该制定相应的伦理守则,为基因科技的研发和运用划定明确的边界;制定相应的监管规则与制度,使得基因技术的研发和利用在可控的范围内进行。

四、通过法律的社会控制理论

罗斯科·庞德曾言:“对过去,法是文明的产物;对现在,法是维持文明的工具;对未来,法是增进文明的工具。”[①]基因安全风险规制是一项复杂的系统工程,但毋庸置疑的是,法律规制是其中不可或缺的手段。对于基因科技发展带来的基因安全风险,我们需要积极应对,尤其需要积极的法律应对。“在任何一种情况下,社会控制使其有可能为最大多数人做最多的事情”,“社会控制的主要手段是道德、宗教和法律。今天,社会控制首

① [美]罗斯科·庞德:《法律史解释》,邓正来译,中国法制出版社 2002 年版,第 37 页。

先是国家的职能,并通过法律来行使”。[①] 因此我们先要建立严格的基因安全风险法律体系,在此法律体系之中,应该设定严格的法律程序对基因技术带来的风险进行评估,尽可能地避免基因技术的风险,以保障基因安全乃至国家安全。

1. 通过法律的社会控制。在现代社会中,法律是最重要的规范人们行为和实现社会共同的善的最具效力的机制。社会作为人类的集合体,其体现的是一种秩序,而法律以其特殊的强制手段,能够最有力地维护这种秩序。法律规制是控制社会风险的主要手段,法律履行着排解和调和各种互相冲突和重叠的人类需求的任务,从而维护了社会秩序。[②] 最先使用社会控制概念的是美国早期社会学家 E · A. 罗斯,其在 1901 年出版的著作《社会控制》中使用了社会控制概念。他认为人是具有某些动物本性的,需要通过社会控制来限制人的动物本性。社会控制就是通过限制人们的某些行为来实现对人的动物本性的控制,以避免不利于社会的行为的发生。为了维护社会的秩序,必须采用社会控制的方法对人们的行为进行约束。为了使人们能够在和谐与稳定的社会中生活,可以采取舆论、信仰、法律、宗教、艺术、社会评价等方法来进行社会控制。16 世纪以来,法律是社会控制的主要手段。在科学技术领域发生的风险也可以通过法律的手段进行控制,例如,完善科技领域的立法,将科技领域的开发与应用以及科技人员的准入等都纳入法律规范之中,做

---

① [美]罗斯科 · 庞德:《通过法律的社会控制》,沈宗灵译,商务印书馆 2010 年版,第 11、14、38 ~ 39 页。

② [美]罗斯科 · 庞德:《通过法律的社会控制》,沈宗灵译,商务印书馆 2010 年版,第 34 页。

到科学技术的开发和运用、科技人员的准入等都有法可依；保障科学技术创新与社会系统平衡发展，尽可能地避免科技风险的产生。

随着科技领域的创新与发展，科技成果越来越丰富，人们也越来越重视科技领域的社会控制。人们采用引导的方法对科学技术发展可能带来的不良影响进行控制，这对于防范和治理基因科技安全风险是非常有效的。当然相对于传统的风险而言，由科学技术发展带来的风险具有新的特征和表现形式，相应的其治理的方法以及控制的手段也应该与传统的治理风险的方式不同。例如，由基因技术的开发与运用带来的基因安全风险，不仅具有传统风险的特点，更具有技术复杂性的特点，甚至该风险必须有相关的技术专家才能识别。因此我们应该根据基因安全风险的新型特征来制定应对风险的策略，以规制基因安全风险，防止风险最后变成现实。对基因技术风险的控制不是一个容易的过程，因为它关系到基因技术的发展与风险规制之间平衡的问题。如果过度地控制技术的发展可能会阻碍技术的进步，但如果对技术的发展不加任何的控制，任其恣意发展，又将给社会带来不确定的风险。在这种两难境地中做出一个合理的选择是有一定难度的。但是随着人们理性认识能力的增强、对科技发展带来风险的认识的提高以及人类控制社会的能力的增强，再加上对法律控制手段的使用，人类一定能够在科技发展与风险控制之间做到真正的协调与平衡。

2. 基因安全风险必须用法律手段进行规制。随着基因科技的发展和基因治疗方法的兴起，人类可以预防和治疗某些疾病，基因科技的发展使得人类能够按照自己的想法和标准改变人本身或者设计后代。“技术的发展给人们带来的好处和便利让人们高兴不已。但我们必须理性地看待新技术的运用,因为它在带来好处的同时会带来让人们措手不及的风险。而这种设计和改造不可避免地挑战了人的主体性的自然规律与社会法则,甚至会造成人与人之间的不平等。假如我们想充分利用技术给人类带来的好处,同时还能规避该技术可能带来的风险,那我们需要建立相关的法律制度规范和指引技术的开发与运用,使该技术处于人们的掌控之下。”①因而,此问题的解决之道在于制定基因安全专门法律,完善基因安全风险法律体系,解决基因安全风险问题。对基因安全风险进行法律规制是为了避免“先污染后治理”的尴尬局面,放任基因安全领域的自由发展可能会对国家、社会与个人均造成实际损害。为了有效地规范基因安全风险,必须求助于法律这个现代社会的重要治理方式。法律规制的根本任务在于制定反映社会中多元主体利益需求的规则,并对主体的利益需求做归纳总结,形成特定的法律规范。如前所述,不确定性是风险的最大特性,基因安全风险同样具有不确定性。消极地规避风险或者逃避风险都不是明智的方法,我们只有通过法律的规定,利用立法的确定性去改善基因安全风险的这种不确定性,才能使得基因安全风险得到有效的规制。

---

① [美]詹姆斯·亨德勒、[美]爱丽丝 M. 穆维希尔:《社会机器:即将到来的人工智能、社会网络与人类的碰撞》,王晓等译,机械工业出版社 2018 年版,第 14 页。

小　　结

风险的法律规制是指用法律来规范指导人们的行为，以达到尽量减少或者消除风险的目的。基因安全风险规制是指国家和政府为了避免或者减少因基因资源流失、基因技术运用等在基因安全领域可能产生的不利后果，而采取的各种措施。对基因安全风险进行规制必须对基因领域内的相关知识有所了解，如此才能提出正确的规制措施，故而对规制主体提出了更高的要求。基因科技的不当运用造成的危害结果往往是巨大的，一方面会对他人的生命财产造成巨大的损失；另一方面可能会引发一个民族灭亡的风险。基因技术的发展与运用及其所内含的风险性，使得国家必须对基因技术进行合理的监督和管控，以此来确保基因技术的健康发展与合理运用。而在当今的法治时代，这种监督和管控主要是通过法律来实现的。国家安全理论、基本人权理论、预防优先理论、通过法律的社会控制理论是基因安全风险规制的法理基础。

第四章　基因安全风险规制的法律原则

随着风险成为现代社会的重要特征,风险规制上升为现代政府的一项重要任务。[①] 基因科技的高速发展使人类的生活发生了巨大的改变,科学技术的双刃剑效应也在基因技术中体现。相较于其他科技来说,基因技术所附带的风险和不确定性都要大得多。现代社会每个人都是自己权利的主人,在基因权利范畴内更应如此。尽管基因技术取得了长足的进步,但破解基因密码之路仍然漫长。人们既有享受已掌握的基因技术所带来红利的需求,又有对基因安全状态的长期需要,满足这两大需求需要我们在基因技术的发展过程中平衡技术发展和安全保障。这就使得人们对政府规制风险能力的要求也不断提高。政府需要扮演守夜人的角色,在风险真正降临前承担"守夜"站岗的职责,以预防可能的风险。在立法不完善的情况下,法律原则可以指导政府应对不确定的风险;合理的风险规制原则,有利于从宏观领域指导具体的基因安全风险规制工作。对基因安全风险规

① 金自宁:《风险规制与行政法治》,载《法制与社会发展》2012 年第 4 期。

制法律原则进行研究,有利于丰富和完善基因安全理论体系的基础概念,搭建衔接基因安全风险法律理论基础和规制基因安全风险实践措施的桥梁。

第一节 风险预防原则

即使知道接种疫苗有一定比例的风险,我们还是接种疫苗以预防疾病;就算明了药物可能产生副作用,我们生病时仍然服用药物……在现今我们所处的工业社会中,其实很难找到做一件事情是完全没有风险的,特别是在进行新的尝试时。故有学者称:不冒风险,不可能有安全(There can be no safety without risk)。在科技方面,也通常遵循着如此的经验法则:新科技虽然意味着新风险,但也使我们能对旧风险更好地控制。既然风险在现代生活中无可避免,那么人们所能做的,就是建立防火墙或设定界线,以避免过于严重或不可恢复的情况发生,这也是对预防原则最简单的理解。基因科技的运用具有风险和不确定性,一旦手术脱靶,可能导致病人罹患不治之症;即使基因编辑成功了,被成功编辑的细胞也可能带有其他副作用或携带病毒。[①] 为了减少基因技术给人类带来的伤害,我们必须采用谨慎的态度,思考各种问题的可能性,认真地评估可能产生的风险和不确定性。在风险产生之前,设立预防的规则,尽量减少风

① 朱晓峰:《人类基因编辑研究自由的法律界限与责任》,载《武汉大学学报(哲学社会科学版)》2019 年第 4 期。

险。[1] 风险是未来的风险,但风险也是可以预测的。一方面风险是现实的,虽然未在今天发生,但是在今天会有一些真实的风险迹象或者威胁存在。另一方面风险也是非现实的,我们预测到的风险也只是预期中的未来风险。但是未来的风险,一旦发生,其破坏和损失是巨大的,甚至是不可逆转的。因此,作为将来的危险与预测风险,也同预防行动有着实际的联系,并使之得到了发展。风险意识的核心不在当下,而在未来。[2] 基因安全风险具有不可知性与不确定性,我们应该采取预防原则,将基因安全风险的规制决策于未知之中。

一、风险预防原则概述

(一)风险预防原则概念

风险预防原则是出于防患于未然的理念。预防主义原则最早是在环境法学领域进行适用,主要是为了解决环境污染与损害而使用的概念。1974 年联邦德国议会通过的《空气污染防治法》第一次把预防主义原则作为一项法律原则。[3] 随后预防主义原则在适用的空间和领域方面不断扩大。在空间上,扩展到国际范围如美国、欧盟等一些发达国家和地区。在学科领域上,不仅仅限于环境领域,还会适用于其他的食品、科技等安全风险

---

① 李建军、王添:《人类胚胎基因编辑研究引发的伦理争辩》,载《科学与社会》2016 年第 3 期。

② [德]乌尔里希·贝克:《风险社会:新的现代性之路》,张文杰、何博闻译,译林出版社 2022 年版,第 31 页。

③ 金慧华:《预防原则在国际法中的演进和地位》,载《华东政法学院学报》2005 年第 6 期。

监管领域。国际上首次正式承认并采用预防原则的是 1982 年的《世界自然宪章》,该宪章在一般原则的第 11 条规定,应控制那些可能影响大自然的活动,并应采用能尽量减轻对大自然构成重大危险或其他不利影响的现有最优良技术,特别是:(1)应避免那些可能对大自然造成不可挽回的损害的活动。(2)在进行可能对大自然构成重大危险的活动之前应先彻底调查;这种活动的倡议者必须证明预期的益处超过大自然可能受到的损害;如果不能完全了解可能造成的不利影响,活动即不得进行。(3)在进行可能干扰大自然的活动之前应先估计后果,事先尽早研究发展项目对环境的影响;如确定要进行这些活动,则应周密计划之后再进行,以便最大限度地减低可能造成的不利影响……其后,这样的原则陆续被不同的国际环境保护公约吸纳。预防原则在关于气候、环境、生物多样性和生物安全的国际条约中均有体现,如 1992 年的《里约环境与发展宣言》,该宣言首次明确规定预防主义原则,“为了保护环境,各国应按照本国的能力,广泛适用预防措施。遇有严重或不可逆转损害的威胁时,不得以缺乏科学充分确定证据为理由,延迟采取符合成本效益的防止环境恶化的措施”。1992 年的《联合国气候变化框架公约》规定,“各缔约方应当采取预防措施,预测、防止或尽量减少引起气候变化的原因并缓解其不利影响。当存在造成严重或不可逆转的损害的威胁时,不应当以科学上没有完全的确定性为理由推迟采取这类措施,同时考虑到应对气候变化的政策和措施应当讲求成本效益,确保以尽可能最低的费用获得全球效益”。2000 年的《生物安全议定书》第 1 条规定:“本议定书的目标是依循《关于环境与发展的里约宣言》原则15所订立的预先防范办法，协助确保在安全转移、处理和使用凭借现代生物技术获得的、可能对生物多样性的保护和可持续使用产生不利影响的改性活生物体领域内采取充分的保护措施，同时顾及对人类健康所构成的风险并特别侧重越境转移问题。”

“在我国，预防主义原则也可以被称为风险预防主义原则或者风险防范原则。通常的预防主义原则是指如果一种行为或者事件对人类健康或者环境造成威胁，即使一些原因和结果之间的关系不能得以科学地确定，也应该采取预防措施，防止可能的不测结果的发生。简言之，就是事先保证安全总比事后道歉好。”①预防主义原则最核心的内容在于只要存在着风险发生的可能性，就不能以缺乏科学依据或存在着不确定性为理由，延缓预防措施或者不采取预防措施。亦即当人类的身体健康、人类的生存环境等遭受威胁时，要采取预防优先的原则。② 风险预防主义原则要求人们密切关注科学的不确定性，不确定性是非常复杂而且不是一成不变的。在公共安全问题上，我们的治理模式应该从事后的治理型向事前预防型转变。要在风险和危机形成之前采取措施进行应对防范和化解。我们应对不确定的风险需要防患于未然，“将未来引入现在”③。

---

① 刘银良编著：《生物技术的法律问题研究》，科学出版社2007年版，第256页。

② 参见［英］伊丽莎白·费雪：《风险规制与行政宪政主义》，沈岿译，法律出版社2012年版，第54页。

③ 金自宁：《风险规制与行政法治》，载《法制与社会发展》2012年第4期。

（二）风险预防原则的目的

风险预防原则的重点在于预防。设立该原则的目的在于用预防主义原则指导人们行动。尤其是当人们处在对某种行为会造成何种不利影响不能确定或者缺乏科学专业的知识判断的时候，该原则能给人们提供行动的指导。预防主义原则主要针对的是未来可能发生的不利后果，它所注重的是“安全好过后悔”（better safe than sorry）[①]；它强调的是要根据目前的信息和知识，虽然风险不能完全确定，也要采取预防措施，以降低或者避免风险的发生。凡事预则立，不预则废。尽管在不同的专业领域，对预防原则的定义亦各自相异，然而，这些个别的定义间并不必然抵触。它们之间的共同点是一个基本的概念，即可以采取某种手段以防止对环境或人类健康的损害，即使此损害并没有确定的科学证据。风险预防主义原则的核心要求在于只要是某种行为可能带来不利的后果，即使没有科学证据加以证明，行为与后果之间的因果关系也不明确，也不能因此不采取预防的行动。[②] 预防主义原则不是告诉人们要做什么，而是要告诉人们应该关注什么，关注一些可能是不可知或者不确定的问题或事情。在预防主义原则的指导下，不同领域的风险规制具有相同的地方：规制的对象都是对人们的生命健康与财产可能造成损失的活动与相关的物质。而这种损失是否会造成是具有不确

---

① Roger Pielke, *Better Safe than Sorry*, Nature, Vol. 419, p. 433 – 434 (2002).

② 代海军：《公共安全治理模式转型的法律规制研究》，载《中国法律评论》2023 年第 3 期。

定性的，即仅仅存在可能性。

二、风险预防原则在基因安全风险规制中的运用

风险有时候会处于这样一种状态：人们预估到有风险的存在，但是风险还未实际产生。这种状态体现的是风险在时间上的一种延续性，这表明风险存在着现在和未来的时间跨度。受时间形式约束的风险为现代社会带来了不可控的因素，这对于法律而言曾经是不可想象的。[①] 其原因是，在立法的时间点上，法律规制的是未来将要发生的法律行为，具有“现在的未来”时间指向特征的风险给法律规制带来了不确定性，时间区隔的特征会加剧风险规制措施自身的风险性。[②] 与一般的风险一样，基因安全风险也同样存在着现在和将来的时间跨度。基因安全风险给人类带来的损害有些是不可逆转的与人类无法承受的，如增强性基因编辑用于人类、基因武器的使用带来的风险等。为了避免这些风险的发生，我们必须采取事前预防的措施，而不是等到风险发生之后、损失无法挽回之时再进行事后救济。也就是说应该要在基因安全风险规制的立法中，采用风险预防原则对基因安全风险进行预防性的规定。

（一）风险预防原则是规范基因安全风险的首要原则

在很大程度上，预防优先理论作为消除或减少基因安全风

---

① ［德］尼克拉斯·卢曼：《风险社会学》，孙一洲译，广西人民出版社 2020 年版，代译序第 xiii 页。

② 李忠夏：《风险社会治理中的宪法功能转型》，载《国家检察官学院学报》2020 年第 6 期。

险的主要策略,支配着对基因安全风险合法规制行为的认识,即在未知领域进行人类活动时,不管这种活动是降低风险还是可能引起风险,“本身所要追求的目的”就是风险最小化和避免风险。对于基因安全而言,不确定性不能成为阻碍采取基因安全风险规制行为的理由或者说借口,即使相关科学知识尚不完备,也应当采取预防措施防范可能的基因安全风险。① 不能以充分、确切的科学证据未能证明因果关系之存在为由,作为预防和阻止基因安全损害发生措施的施行理由。风险预防原则跟我国中医理论里面的“治未病”的原则是一致的。治未病包括未病先防和既病防变两个方面,而风险预防原则也是在风险未发生之前或是风险发生状况下都可以开展预防。

风险预防原则应当成为规范基因安全风险法律制度的首要原则。首先,暂时没有科学证据不等于没有风险。科学技术发展的历史表明,由于人类认知能力的局限,暂时缺乏科学证据并不等于某项新技术、新产品不存在着风险。因此,即便现在没有科学证据证明包括基因科技在内的现代高新技术有可能对人类带来危害,但也需要加强风险的评估和管理。其次,基因技术对公众的健康有未知但不能完全否认其存在的风险。鉴于目前人类还没有足够的科学手段和能力全面、及时、准确地评价基因技术可能造成的损害以及该损害可能达到的程度,且尚不能找到并使用最有效的方法来控制和消除相应的损害,那么采用风险

① 赵鹏:《风险、不确定性与风险预防原则:一个行政法视角的考察》,载《行政法论丛》2009 年第 12 卷;金自宁:《风险规制与行政法治》,载《法制与社会发展》2012 年第 4 期;李秋高:《论风险管理法律制度的构建:以预防原则为考察中心》,载《政治与法律》2012 年第 3 期。

预防原则,就可以把重大的或者不可逆转的损害的风险减小到最低。[①] 最后,我们在规范基因安全风险的时候,必须将风险预防原则作为最基本的原则,根据风险预防原则去设计各项法律制度,以防范基因技术的滥用和基因资源的流失带来的安全隐患。基因安全风险规制归根结底要靠法律来保障和巩固。要实现良法善治,我们就不能仅仅停留在社会现象的表述,而应更加注重发挥法律的预防功能,坚持风险预防原则。根据风险预防原则的要求,应在风险发生之前用法律来规范基因安全风险。因此,防患于未然是基因安全风险法律规制的前提,这就要求我们在制定规制基因安全风险的法律时,需要做一个假定,根据基因技术的发展状况设想它将给人类带来哪些风险,然后根据这些风险设置基因安全风险规制的法律制度。我们应该将基因安全风险控制在可控的范围,避免基因安全风险转化为相应的事件或者事故。理想的基因安全风险规制是国家建立完备的法律规范体系,通过预防来应对基因技术发展所带来的风险,在法律规范的适用过程中达到解决基因安全存在的不确定性风险问题,从而达到其保障基因安全的目的。"在科技进步是定量的条件下,就需要法学考量科技允许和禁止的范围。"[②]简言之,预防优先原则应当成为政府以法律的手段回应基因安全风险的首要原则。[③]

---

① 王明远:《转基因生物安全法研究》,北京大学出版社 2010 年版,第 73 页。

② 张如、魏汉涛:《人类基因编辑技术发展的刑法应对:以现代风险治理为视角》,载《学术界》2020 年第 1 期。

③ 参见陈景辉:《捍卫预防原则:科技风险的法律姿态》,载《华东政法大学学报》2018 年第 1 期。

（二）风险预防原则的具体适用方法

风险预防原则要求不能将风险是否发生存在着不确定当作理由或者借口，以妨碍或停止采取风险规制措施，而应该是在科学证据缺乏、相关专业知识不完备、因果关系也无法证明等情况下，依然必须采取相应的规制措施防范与应对基因安全风险。尤其是对于基因科技而言，其本身就是一种科技领域的创新，人们对于基因科技的很多领域还是未知的，还远未达到完全掌控基因技术的程度，其可能产生的影响以及影响的程度有多大是很难准确预估的。在这种情形下稍有风险的可能性都可能造成不可估量与难以承受的后果。在明知此情况时，却依然坚持要证明风险源与危害结果之间的因果关系，以基因安全风险的不确定性为由来否定风险衍生的无法承受的危害，将是对基因科技给社会带来的风险最大程度的无视。为了防止基因技术可能产生的不可逆转的风险，一方面，我们应该对具有风险的基因技术的开发与应用持谨慎许可的态度；另一方面，对于可能带来风险的基因技术的成果也应该设定相应的限制，而非放任自流。具体的方法有：

1. 建立适当的风险管理机制。根据基因安全风险保护水平制定适当的管理机制。例如，完全阻却风险的禁止性规定，在风险与利益中寻求妥协关系的有条件开放，或根据利益需求或社会取向，对于具有风险性的科技产品采取风险认同且非完全开放的规范模式。

2. 采取有效的风险应对措施。规定侵害基因安全的风险行为、责任构成与责任承担,对基因安全风险进行法律上的规范,使基因信息主体有获得救济的权利与途径,保障人们的基因权利。

3. 建立科学的风险防范体系。即使在风险的制造者、风险源与风险结果之间的因果关系都无法确定的情况下,政府也应该对这种情况有事先的预估,建立相应的应对措施,通过风险防范体系,合理预测风险产生以及避免的标准,为可能受影响的法益提供完善的保护。

第二节 人权保障原则

人有获得尊严、自由、利益、荣誉的要求,而这些需要人们自己努力去实现,由此产生了人权保障。有权利必有侵权,权利本身的局限性决定了侵权存在的必然性。侵权行为的存在决定必须保障人权。权利对象的特定性决定了权利有可能被侵犯。任何权利的对象必须是人们可控制或者影响的事物。因此无论是绝对性的权利还是相对性的权利,只要该权利的义务人不履行义务,权利人的权利必然受到侵害。只要不能排除义务人不履行义务的情形,就无法否认侵权的必然存在。事实上义务人不履行义务的情形是不可避免的;而且,权利的冲突必然导致侵权。侵权事实的发生,无论是权利的积极冲突还是消极冲突,都可能导致义务人只履行了部分义务。因此,怎样实现权利不在于如何防止或者消灭侵权的存在,而在于如何保障和救济权利。这就是无救济即无权利,保障和救济权利成为权利本身不可或缺的一部分。[1] 基因权利也是如此，也会遭到侵犯，基因权利遭到侵犯是基因安全风险的一种表现形式。为了使人们的基因权利遭到侵犯的时候能得到有效的救济，必须坚持人权保障原则。

一、人权保障原则概述

（一）人权保障原则概念

人权是人作为人应该享有的基本权利，人权保障也可以称作人权保护。保障人权是我们立宪与立法的基本价值目标。[2] 这主要体现在以下两个方面：第一，人权保障是宪法的核心内容。各国的宪法都会明确地承认人权保障原则是宪法诸多原则中最核心的原则。第二，国家是人权保障的首要和主要的义务主体。国家义务是指国家通过国家机构的良性运作，平衡和协调各种冲突和利益纷争，以期达到保证人民安定、自由、幸福生活的目的。[3] 国家最大的和唯一的目的在于保障公民权利。从国家义务产生的根源上说，国家义务产生于保障公民权利的要求；正是为了满足保障公民权利的目的才会产生国家的权力。概言之，公民权利是国家义务产生的最初来源，亦即权利的存在创设了国家义务，国家义务的存在正是权利需要被满足的必然

---

① 张小罗：《基因权利法律保障研究》，知识产权出版社 2013 年版，第 125～126 页。

② 何建华、张向军：《论人权保障原则在公法中的地位》，载《山西大学学报（哲学社会科学版）》2006 年第 4 期。

③ 张小罗：《基因权利法律保障研究》，知识产权出版社 2013 年版，第 246 页。

逻辑。[①] 一般而言，国家的义务在于最大限度地保障公民权利的实现以及制裁侵犯公民权利的行为。人权保障原则是指以保障个人人权为终极目的的基本准则和基本精神，该原则贯穿公法理论和实践的始终，是一项普适性的原则。正如德沃金所言："这种原则就是规则之外所有可以用来支持个人权利的标准。"[②]

（二）人权保障的实现

第一，立法保障。通过立法使得人权从应然的状态上升到法律权利，使人权法律化、制度化，从而得到有效的保障。立法保障是人权保障中最首要、最基本的方面，它决定了一个国家的公民的基本权利的享有程度和实现程度。正如法国实证主义法学家孔德所言："公共福祉是立法者努力追求的目标。这是没有更好的理由可以推翻的原则。"立法者必须以积极的态度，均衡国家社会的需要，勤于制定法律，以塑造国家客观法秩序，促使人们基本权利最大限度地实现。[③] 立法是法律保障公民权利的第一步，是将公民应有权利转变为法律权利的必要环节。而法律不仅是对已发生社会事件的总结，更是对未来社会生活的预计，需预判可能出现的问题、制定相应的制度。如此一来，法律必须具备一定的前瞻性，而这一点对于基因科技发展领域尤其如此。一项新技术的产生、发展与成熟，促进社会发展的同

---

① 杜承铭：《论基本权利之国家义务：理论基础、结构形式与中国实践》，载《法学评论》2011 年第 2 期。

② 参见张嘉尹：《法律原则、法律体系与法概念论：Robert Alexy 法律原则理论初探》，载《辅仁法学》2002 年第 24 期。

③ 陈新民：《宪法基本权利之基本理论》，台北，元照出版社 2002 年版，第 13 页。

时，也可能给人类带来祸害且不为人所控制。基因科技的发展带来了基因权利的产生，但同时也带来了侵犯权利的手段。但我们并不能因噎废食，不能因为基因科技会造成侵犯权利的问题而拒绝它的发展，二者之间更重要的是平衡，要充分发挥这项技术的正面价值，防范它可能产生侵犯人权的后果。而运用法律手段，是进行防范的最有效措施。①

第二，行政保障。公民权利的实现，仍有赖于行政机关的努力。人们的自由与权利，只有在健全的组织保障下，才能发生实际的作用；没有健全的组织规范，社会或呈无政府状态，使国家或宪法失去附属存在的依据，抑或虽有国家及宪法，而基本人权则名存实亡。因之，一些学者认为，为使基本人权能具有实际效力，就无法将之视为具有超国家或先国家的性质，而应该承认基本人权若非经国家加以承认并予以制度化，以国家权力通过健全的统治机构加以保障，其效力将无从产生。②

第三，司法保障。司法是保障人权的最后一道防线。人权必须具有可司法性，才能得到可行的救济，真正实现人权保障的目的。如何使公民法律上的权利变为真正现实的权利，当公民权利遭到侵犯的时候能够得到司法的救济，是公民权利保障的重要问题。能否通过司法诉讼的方式保障人权是衡量一个国家法治化程度的基本标志之一。司法诉讼是人权保障不可替代的最后救济手段与保护屏障。倘若没有司法救济，无论权利规定

---

① 张小罗：《宪法上的基因权利及其保护机制研究》，中国政法大学出版社2017年版，第84页。

② 李鸿禧：《宪法与人权》，台北，元照出版社1999年版，第216~217页。

得多么完美,最终必将流于形式而沦为空谈。[①]

二、人权保障原则在基因安全风险规制中的运用

基因安全风险规制的目的在于保障人们的基因权利。人们对于自己暴露在充满风险的生活环境里感到忧虑。消极地规避风险或者逃避风险都不是明智的方法,我们只有通过法律的规定利用立法的确定性去改善基因安全风险的这种不确定性,才能使基因安全风险得到有效的规制。人权保障原则是现代法治社会的一个根本原则。解决基因安全风险规制的法律问题在很大程度上在于保障那些受到基因安全风险影响的公众的基本权利。

国家在作风险决策的时候,尤其是在作对公民基本权利侵害的风险决策的时候,应该通过一定的程序设计防止这种侵害的发生,或者是让公民能够得到相应的救济。在基因安全风险社会情境下,公民在面临基因安全风险的时候,应当拥有要求国家进行积极保护与请求救济的权利。这是基本权利保障原则的基本要求。

1997 年上映的美国科幻电影《千钧一发》中描绘了一个令人恐惧的未来世界——在那个世界中基因至上、基因决定命运;经过增强基因的人比自然受孕的人享有更多的优势、好处以及特权。为了避免《千钧一发》中描绘的“基因决定论”、损害人类尊严及价值的社会的到来,我们在制定基因安全风险规则时必须遵循保障基本权利原则。人的尊严在国际宣言和人权文书中

---

① 张小罗:《基因权利法律保障研究》,知识产权出版社 2013 年版,第 147 页。

得到广泛的体现,包括《联合国宪章》《世界人权宣言》《公民权利和政治权利国际公约》《经济社会文化权利国际公约》《世界人类基因组与人权宣言》《国际人类基因数据宣言》《世界生物伦理与人权宣言》等。① 当然,基因科技的运用并不必然违背人性尊严。基因编辑技术包括以治疗为目的的基因编辑与以增强为目的的基因编辑;而其中违背人性尊严的是以增强为目的的

① 人的尊严在国际宣言和人权文书中得到广泛的体现。《联合国宪章》序言则声明:"我联合国人民同兹决心,欲免后世再遭今代人类两度身历惨不堪言之战祸,重申基本人权,人格尊严与价值,以及男女与大小各国平等权利之信念……"《世界人权宣言》第1条宣布:"人人生而自由,在尊严和权利上一律平等。"《公民权利和政治权利国际公约》和《经济社会文化权利国际公约》的序言均声明,人的尊严是世界自由、正义与和平的基础,并且这两项公约所保障的人权源于人的固有尊严。1997年的《世界人类基因组与人权宣言》在序言中就提到了尊严,其第1条规定:"人类基因组意味着人类家庭所有成员在根本上是统一的,也意味着对其固有的尊严和多样性的承认。"第2条a款规定:"无论其遗传特征如何,每个人的尊严和权利都有权得到尊重。"第2条b款规定:"这种尊严要求不能把个人简单地归结为其遗传特征,并要求尊重其独一无二的特点和多样性。"同样的概念在第6条,第10条,第11条,第12条a款,第15条,第21条也有相关的规定。第11条规定:"违背人的尊严的做法,如用克隆技术繁殖人的做法是不允许的。要求各国和各有关国际组织进行合作,以便根据本《宣言》所陈述的原则鉴别这些做法,并在国家或者国际上采取各种必要的措施。"第12条a款规定:"每个人都应本着尊重其尊严和权利的精神,利用生物学、遗传学和医学在人类基因组方面的进步。"2003年《国际人类基因数据宣言》的第1条a款直接表明尊重人的尊严是该宣言的宗旨之一,第7条a款规定,禁止使用遗传数据侵犯人的尊严;第27条规定,禁止违背尊严的行为。2005年《世界生物伦理与人权宣言》第2条规定:"……根据国际人权法的精神,确保尊重人的生命从而促进尊重人的尊严,保护人权和基本自由;强调科学技术的研究和发展必须遵循本宣言所阐述的伦理原则,尊重人的尊严、人权和基本自由,同时承认科研自由的重要性以及科技发展所带来的益处……"第3条第1款宣布应充分尊重人的尊严、人权和基本自由。第2款规定,个人的利益和福祉高于单纯的科学利益或社会利益。第11条规定,不得以任何理由侵犯人的尊严、人权和基本自由。第12条规定,文化多样性和多元化应受到应有的重视。第28条规定,本宣言的任何条款均不得解释为任何国家、任何群体或个人有权参与或作出任何违反人权、基本自由和人的尊严的活动或行为。

基因编辑行为,单纯以治疗为目的的基因编辑不违背人性尊严。跟以治疗为目的的基因编辑比较起来,以增强为目的的基因编辑是无视被增强者的自主意思表示,完全按照父母的喜好对被增强者进行增强的操作。[①] 简言之,被增强者在此项技术中被当作了物,被客体化了,他们被当作工具来实现父母和研究者的目的。这种以增强为目的的基因编辑使某项能力通过技术手段超出正常数值,这破坏了被编辑者的基因完整性,它从根本上威胁到了人的尊严。[②] 甚至在这种以增强为目的的基因编辑中,技术操作者还给被增强者设定了人生轨迹和道路。正如电影《千钧一发》所描绘的那样,被编辑者不再拥有为自己制定人生规划的权利,他们的自尊和尊严感被扭曲,而且这种增强可能在很长的一段时间内只能给予少数有钱人阶层,导致社会阶层分化。正因为这样,我们在进行基因安全风险规制时,一定要遵循保障人的尊严、保障基本人权的原则。

基因安全风险对公民基本权利的威胁与损害有可能是显性,也有可能是隐性的。倘若是显性的问题较容易解决,只需要对这些威胁或损害进行计算并承担即可。但如果是隐性的,那损害就难以估算,特别是当这种威胁和损害不仅仅是针对当代人,还威胁到后代人时。因为后代人又如何主张自己的基本权利？谁又能代表这些后代人来提出诉求呢？我们的法律必须对这些问题进行回应。在这种情况下,我们必须坚持人权保障原

---

① 俞伟:《宪法学视野中的人类基因编辑》,载《福建论坛(人文社会科学版)》2021 年第 3 期。

② 章小杉:《人类胚胎基因编辑的宪法界限:一个基于尊严的分析》,载《大连理工大学学报(社会科学版)》2020 年第 5 期。

则,并结合基因安全风险规制的其他原则,由此提供保障后代人的基本权利的可能性。

第三节　公众参与原则

在基因安全风险规制中,需要坚持公众参与原则。英国上议院在2000年发表了一篇报告书,强调公开对话在科技沟通中的重要性。此报告传达的概念是:民众不该是受教的对象,他们和科学家处于同等的地位,都是科学技术宣传与推广的参与者。他们的加入,不仅使科学家与人民大众之间的双向沟通成为可能,而且反映并展现了民主政治形态。在双向沟通中,公众可以充分表达自己的意见,以此来行使自己的权利与影响政府的决策。在现代社会中,科技推广的沟通尤为重要,因为科技不仅仅给人们带来经济的发展,也有可能带来不可逆转的风险。通过这种双向沟通,尽可能地减少风险,使科学技术朝着人们想要的方向理性地发展。同时也能提高政府在应对风险与风险治理方面的能力。由此,公众参与科技沟通已渐渐成为发展趋势。国外不少学者倡议在科技决策过程中号召公众参与,增加彼此对话的机会。麦克·卡罗兰建议,从个人知觉与实地经验出发,发展开放性、审议式对话,容纳多元声音,可以缩短专家与普通民众在科技议题上关于风险认知的差距,进而产生互动。普通民众也许欠缺清晰的科学逻辑,不过也可能因为其了解现实世界的生态运作，而呈现出一种货真价实的小区实践经验。[①]

一、公众参与原则概述

（一）公众参与原则概念

公众参与是解决社会矛盾的制度性手段。公众参与的概念可以追溯到1960年美国学者阿诺德·考夫曼首次提出的参与式民主（Participatory Democracy），之后该词被广泛运用于基层民主领域。1980年约瑟夫·毕赛特在《协商民主：共和政府的多数原则》中首次提出了协商民主。20世纪80年代末博曼、罗尔斯、哈贝马斯都称自己是协商民主理论的支持者，强调参与式民主所彰显的公民理性、宽容、沟通、参与等价值观。协商民主的核心是强调公民在平等理性基础上通过对话达成共识，形成公共决策和进行治理。[②] 20世纪90年代，中国开始兴起公众参与的概念，之后有一些学者对于公众参与的概念及参与方式等方面进行研究。公众参与指公众直接参与到政府的决策、公共治理以及立法之中。参与的具体方式是：国家和政府在制定公共政策、决定公共事务以及立法时，搭建一个双方沟通的平台，让公众广泛地参与，充分地发表自己的意见。同时，国家和政府机关听取并采纳公众的意见，将公众的意见融入或者纳入公共决策与立法之中。它所强调的是决策者与受决策影响的利益相

---

① 李明颖：《科学民主化下科技议题的风险治理：探讨国光石化厂开发案的科技官僚风险沟通、公众风险感知与公众动员》，载《思与言》2014年第4期。

② 蔡定剑：《公众参与：风险社会的制度建设》，法律出版社2009年版，第1～2页。

关人双向沟通和协商对话，遵循公开互动、包容和尊重民意等基本原则。公众参与对于保障公民的参与权与表达权等权利、监督国家和政府的决策及督促立法保障其正当性有着重要意义。由此公众参与原则在风险规制领域得到广泛的运用，该原则逐渐被人们认可，最后成了一项法律基本原则。公众参与是一种现代民主形式，其核心内涵在于保障公众的知情权和决策参与权，其已作为一种现代兴起的民主形式成为世界各国探索发展民主的生动实践，并呈现出一种蓬勃的景象。[①]

（二）公众参与原则的内在要求

康德认为，只有所有人一致和联合的意志——任何人对所有人并且所有人对任何人决定同样的事情，才能立法，也就是只有普遍联合起来的人民意志才能立法。[②] 哈贝马斯延续了康德的理想，提出法律必须来自公民商谈构成的意见和意志形成过程。[③] 具体而言，公众参与主要有以下四个方面的要求：

1. 公开透明。它是指行政机关对风险规制的过程运行的各个阶段与步骤都应当以行政相对人以及社会公众看得见的方式进行。按照现代民主与法治的基本要求，行政公开的内容应当是全方位的，不仅行政权力的整个运行过程要公开，而且行政权

---

① 蔡定剑：《公众参与：风险社会的制度建设》，法律出版社 2009 年版，第 1 ~ 6 页。

② Immanuel Kant, Die Metaphysik der Sitten, Frankfurt/M/, 1977, S. 432.

③ ［德］哈贝马斯：《在事实与规范之间：关于法律和民主法治国的商谈理论》，童世骏译，生活 · 读书 · 新知三联书店 2003 年版，第 544 页。

力行使主体自身的有关情况也应当公开。[①] 就行政机关规制基因安全风险整个运行过程而言，首先，在收集、处理、传输和利用基因信息前，需向相关基因权利主体告知可能产生的风险，并提供相关的权利救济措施。其次，在采取处罚措施的执法活动中，应当通过互联网、新闻媒体等方式明确公布，确保行政相对人的知情权，同时也能够达到警示公众的效果。最后，提高公民的自我安全保护意识，经常地提醒、教育社会公众了解可能产生的风险，提高公众的自觉性，使其主动参与风险规制。

2. 确保参与。参与的核心是公平听证。所谓听证，即“听取意见”，公众参与包含决策之前的意见征纳、政策决策的制定以及政策制定后的测评。在制定风险规制法律规范时，受到安全风险影响的利害关系人有权参与权力的运行过程、表达自己的观点，并对权力运行结果的形成发挥积极作用。[②] 听证又分为非正式的听证和正式的听证，为确保贯彻公众参与原则，在制定法规时立法机关应当做到广泛听取相关利害关系人及其代表、有专门知识的人或其他人士的意见，在此基础上明确涉及安全风险的具体范围以及风险规制的措施应当在什么情况下、何种范围内实施，并充分保障公众参与立法和行政过程的权利。政府应重视不同社会主体的不同阅历、认知及利益需求，对商谈所构成的意见做到包容，以最大限度地凝聚社会共识。

3. 加强宣传。行政机关为规制风险所制定的各项措施，所

---

① 陈睿：《视频安防监控系统的法律规制原则研究》，载《河北法学》2008 年第 8 期。

② 张小罗：《宪法上的基因权利及其保护机制研究》，中国政法大学出版社 2017 年版，第 127 页。

影响的群体往往非常广，不论是现在或将来，抑或是潜在或显在，可能被规制的公民或团体，都将成为其利害关系人。公众对基因安全的整体认知度不高，尤其对基因安全可能产生的风险了解过少。随着全媒体时代的到来，宣传基因安全风险规制措施时，可通过将不同传播媒体（大众传播、组织传播、人际传播）和传播媒介进行有效组合，并保持传播信息的一致性，使传播效果最大化。① 同时，全面提升宣传途径的权威性，避免政策在宣传过程中出现失真，使群众误解。此外，在宣传的内容中构建积极的价值导向，通过大众传媒不断进行政策价值的正确引导，提高公众对基因安全的重视度与认同感，这不仅有助于提高利害关系人对基因安全风险规制的参与度，促进其与政策产生“共鸣”，还可激发非利害关系人发挥主观能动性，自觉采取社会风险规制措施。

4. 沟通的持续性建构。风险沟通不是一个独立的行为或者单一的事件，而是一个持续不断、循环往复的过程。社会公众对风险的感知和接受度往往与行政机关和专家群体的预判存在差异，因此无论是风险评估阶段还是风险管理阶段，均应当将风险沟通贯穿其中，耐心倾听社会公众的感受、想法和需求，积极作出回应，并且应当依据各个环节的沟通效果对沟通方案进行及时修正。要达成一个理想的沟通效果往往需要各方进行多次沟通，并适时对沟通内容进行动态调整。即使沟通各方针对某种特定风险暂时达成了共识，然而随着技术的发展以及社会观念

① 张博锴、康正、王海鑫等：《黑龙江省基本医疗保险政策宣传的效果评价及策略研究》，载《医学与社会》2022 年第 1 期。

的更新,仍有可能需要对该风险再次进行沟通。只有保持持续的建构性沟通才能真正将社会公众的意见及时吸纳到风险评估和风险管理的环节之中,避免风险沟通流于形式,切实提升风险规制活动的民主性。

(三)公众参与的作用

1. 公众参与有利于实现国家善政。公众可以向决策者提供客观事实,促使决策者从不同的角度来观察和考虑问题。只要决策者认真对待,便可能形成更好的决策。

2. 公众参与有助于监督政府决策的执行。公众了解决策的内容以及决策是如何做出的,可以监督决策是否如期执行及执行状况。如果在一项风险管理政策形成的过程中能够坚持公众参与原则,采用风险沟通,则公民的知情权就可以得到确保,原本信息不对等的情况也可望有所改善。①

3. 公众参与有助于科技风险的解决。贝克指出,想要解决科技的风险问题,我们需要更多参与式的民主,也就是生态民主(ecological democracy),这是风险问题的根本解决之道。社会的发展和科学技术的进步,会产生各种类型的新型风险。政府为了应对不同的风险,减轻风险带来的危害后果,一般会采用规制风险的相关措施。目前风险规制已经成为政府机关新的重要任务。而由于风险规制是决策于未来、防患于未然的事情,因此规制措施在合法性上是有一定困难的。而公众参与恰好可以解

---

① 许耀明、谭伟恩:《风险沟通在食安管理中之必要性:以狂牛症事件为例》,载《交大法学评论》2017 年第 1 期。

决这个难题,公众的广泛参与可以使行政机关在规制风险时集思广益。科技风险治理是应对新兴科技风险的理念建构和制度实践过程,风险治理包含着技术、社会和价值多个维度,所以应该确定风险治理制度的基本模式,从而清晰地划定政府权限并有效应对和化解风险。风险预防原则虽然具有表面上的吸引力,但无法充分灵活地应对生命科技和智能科技等带来的新兴科技风险形态。风险的社会性特质,使得许多不同意见的专家学者都同意科技政策必须是建立在公共讨论的基础上。公众参与成为当代政府科技风险决策过程相当重要的一部分。

二、公众参与原则在基因安全风险法律规制中的运用

在规制基因安全风险的过程中,政府决策也充满着风险,而公众参与决策是化解基因安全风险的重要措施。通过公众参与,使得政府决策更具合法性,坚持公众参与使得政府与人民共同决策,共同承担基因安全风险。

(一)在基因安全风险规制中公众参与原则的必要性

1. 为了使基因安全风险规制措施更容易让人接受的要求。基因安全风险规制的问题,关系着社会公众的切身利益与感受,考验着立法者的智慧。在设计基因安全风险规制的方案时,必须坚持公众参与原则,要让公众参与到基因安全风险规制的立法讨论中,增强基因安全立法的透明度。容易被基因安全风险影响的人,不仅包括当代的人、未来的人,还包括参与其中的科学家、医学家等。基因安全的风险不仅仅关系个人利益,还关涉

下一代人和未来世代的利益。所以必须有充分而广泛的社会讨论，由公众来决定基因科学技术运用到什么程度，由社会公众对基因科技运用可能带来的问题，进行广泛而深入的讨论。使支持者、反对者和持审慎态度者的意见得到充分的展现，然后多方经过磋商研究，最后就基因科技运用可接受的条件达成一定的共识。经过这样的公众参与而制定的基因安全风险的规则就更容易被人们所接受。风险规制措施的确立需要各方通力合作，这需要跨过学科、市民团体、企业行政和政治的鸿沟。[①] 麦加里蒂（Thoms McGarity）教授认为，公众有着多元利益，包括利益相关的个体、地方性利益团体、全国性公益团体、受规制的企业、受规制的企业协会以及受规制主体或企业的竞争者六类。[②] 只有通过公众的广泛参与，公私对话，基因安全风险规制的措施才可能更合理，更容易被人们接受。

2. 保证基因安全风险规制决策正确性的要求。基因安全风险的议题具有复杂性与综合性，各种利益冲突时有发生，决策很难在不确定的情形下贸然进行。引进公众参与原则是为了兼听则明，提升立法的质量与民主的正当性；同时公众参与还有利于保障公民的基本权利。公众参与就是公众借助国家的手，做出正确的基因安全风险规制决策。公众参与能够提升基因安全风险规制决策的正确性，使国家权力的运行能够体现公众的意志；还可以使得公众信赖政府决策，由此接受国家对基因安全风险

---

① ［德］乌尔里希·贝克：《风险社会：新的现代性之路》，张文杰、何博闻译，译林出版社 2018 年版，第 17 页。

② ［美］托马斯·麦加里蒂：《风险规制中的公众参与》，载金自宁编译：《风险规制与行政法》，法律出版社 2012 年版，第 228 ~ 232 页。

的相关行动。我们必须明白：大家所处的时代是一个“群体的时代”[①]，因而在基因安全风险规制中我们需要了解不同人、不同群体的情感观念尤其是他们对基因安全风险的观念、想法与可能行动，基因安全风险社会的构建正是由这种“不为人知的力量”在背后所推动的。这就要求我们在制定基因安全风险规制的规则与制度时，必须执行公众参与的原则。

3. 基因安全风险的复杂性的要求。由于基因安全风险问题涉及人类的健康与安全、与社会公共利益密切相关且具有复杂性，故而公众的参与监督是非常必要的。社会公众的广泛参与不仅可以监督生物科技领域的相关企业遵守法律法规，而且有助于减轻和消除政府决策失误所造成的风险。公众参与原则要求国家培养公众的基因安全意识，使公众重视基因安全问题并积极为相关规制建言献策，同时要求在决策过程中咨询公众的意见，并把结果向公众公布，告知公众如何利用信息交换获得信息等。

4. 合作规制理论的要求。公众参与原则也是合作规制理论的要求。德国学者哈贝马斯认为，只有当所有受影响的主体参与决策，提出各自的论据并进行相互论理时，政府决策才具有合法性。[②] 合作规制理论最早出现在美国的公法学领域，其是以合作参与协商为手段的规制模式的简称。它以解决问题为导向，需要利害关系人与受影响者参与决定过程的所有阶段，并提

---

① ［法］古斯塔夫·勒庞：《乌合之众：大众心理研究》，冯克利译，中央编译出版社2014年版，第2页。

② 戚建刚、易君：《灾难性风险行政法规制的基本原理》，法律出版社2015年版，第231页。

出解决问题的方案。[①] 公众是基因安全风险的直接受众，同时也是国家权力直接作用保障的对象。因此，让公众参与基因安全风险规制策略的制定成为应对风险的必然选择。必须由利害关系人参与到风险决策中来，因为“关于风险，不存在专家”。[②] 无论是谁都不敢声称自己的风险解决方案要比一般民众的风险解决方案更合乎理性。因而如何做出公平正义的符合社会要求的解决风险的决策才是首要问题。这样从公平正义的角度来说，凡是受到风险影响的人都应该有权参与到风险的决策中来。[③]

（二）建立基因安全风险沟通平台

公众参与一个比较现实的做法是让可能受到基因安全风险影响的公民加入到监督与管理中去，从而形成一个完整的监督管理机制。在这个管理机制中参与者主要由基因安全风险的利害关系人、政府机构、基因技术领域的专业人士、从事基因技术研究的学术界人士以及其他社会团体等组成，并由上述人士共同合作研究、协商、探讨规制基因安全风险的解决之道。公众参与的另一个做法是政府在立法和决策时或者是基因科技公司在启动项目时，提前通过多渠道咨询公众的意见和建议，并通过邀

---

① 张哲飞：《科技风险规制过程中的行政法问题研究》，湖北人民出版社2019年版，第54～55页。

② ［德］乌尔里希·贝克：《风险社会》，何博闻译，译林出版社2004年版，第17页。

③ 金自宁：《中国环境风险规制的法理与方法：以环评为中心的考察》，北京大学出版社2022年版，第114页。

请专家对制定的政策、法律和科技研发的内容和意义进行解读并与公众互动，为科技发展、立项提供更广泛的民意基础。[①] 沟通是基因安全风险规制的必要环节。在风险规制过程中，公众能否充分表达自己的意见以及其合理意见能否得到采纳是基因安全风险规制是否民主的决定性因素。只有通过与公众充分的沟通与交流，才能使我们的基因安全风险规制的制度体系与现实需求之间的差距缩小，才能更好地回应公民的基因权利诉求。基因安全风险规制方法的制定要求决策参与者之间进行一定形式的交流。由于任何人都不可能拥有解决基因安全风险问题需要的全部信息和专业领域的知识，故而需要通过交流和对话的方式来确认关于基因安全风险的不同表达与关于基因安全风险可以接受的不同观点。

1. 民众与专家之间的沟通。社会大众对于风险的理解是一种具有主观成分的感受，而不是全然纯粹的科学化客观指标、衡量数据或风险概率估算。鉴于此，风险管理虽然应在科学基础之上，借助专家深入的知识进行分析与评估，但以公众观点为基础的风险认知也同样不可或缺，亦即一个较好的风险管理需要主观和客观的元素并存。[②] 在基因安全风险规制过程中，民众

---

① 石佳友、贾平等：《人类胚胎基因编辑立法研究》，法律出版社 2022 年版，第 50 页。

② Jan M. Gutteling & Oene Wiegman, *Exploring Risk Communication*, Springer Netherlands, 1996, p. 23 – 24.

和专家关于风险的认知可能会相悖或者相反,[①]这是因为他们具有不同的知识背景、掌握的信息和资源不同、思维方式也不同。影响一般公众的基因安全风险认知的因素主要有:对不特定未知风险的恐惧心理;社会经济发展水平;传统社会文化环境;公众的知识背景以及是否有相关利益等等。而决定专家对基因安全风险认知的结果的因素是数据与概率。基因安全风险规制需要专家用知识对基因安全风险相关信息进行解释。具体而言,基因安全风险规制需要的专家知识指的是领域十分广泛的生命科学、医学、法学等专门行业以及有经验的人士的解释或解读。专家习惯在分析基因安全风险的认知过程中,抛弃感情因素与价值取向等主观因素,仅仅通过理性的数据统计与概率计算来认定基因安全风险。正是因为一般民众与专家对基因安全风险的认知存在着比较大的差别,才会使得在基因安全风险规制决策中坚持公众参与原则尤为重要。只有通过专家与一般民众以及其他利害关系人的广泛参与、反复磋商与讨论,才能制定出符合实际的公众能接受的基因安全风险规制制度,真正地消除制度体系与现实需求之间的横沟。[②]

2. 共识会议的沟通模式。风险沟通强调利害关系人之间水平式的对话与信息交换,其目的是使基因安全风险规制措施更

---

① 戚建刚教授认为风险规制过程是公众和专家运用各自所掌握的关于风险的事实或价值知识进行交涉、反思和选择的过程,两者的观点可能出现分歧。参见戚建刚:《风险规制过程合法性之证成:以公众和专家的风险知识运用为视角》,载《法商研究》2009 年第 5 期。

② 张哲飞:《科技风险规制过程中的行政法问题研究》,湖北人民出版社 2019 年版,第 88 页。

为周延。风险沟通能够将大众的真实需求或忧虑融入基因安全的风险管理政策中。此种治理机制符合民主政治对于问责性的要求,让风险承担者知晓在与其自身利害相关的基因安全的风险管理中究竟存有什么风险,以及这些风险可能为自己带来的利弊得失。当制度上利害关系人都能获得充分信息时,其风险承担或风险回避的能力将随之获得提升,此结果对于基因技术的交易秩序将具有正面裨益,亦有益于政府基因安全风险管理目标的实现。公众参与的形式既可以是少数基因、生技、医学、法学等领域的专家之间的讨论,也可以是大规模的公众参与;它既可以采用网络信息传播的方式,也可以经由不同利益集团博弈;甚至还可以是最终结果大于个人偏好的商议讨论。如何将不同利害关系方(有时可能是国家)对于风险的认知进行调和,或将一般大众的风险认知与专家的风险评估结合,以期减少被管理者对伴随新科技、新产品或新法规的恐惧心理、消除其不理性的反抗,是风险沟通最主要的功能,也是风险管理能否成功之关键。①

风险沟通必须能够让决策者知道哪些人的行为会左右风险大小,哪些人是受到影响的可能对象等。此外,风险沟通有一个目的是——通过社会接触(societal engagement)提升风险评估的科学准确性。因为风险评估是在实际伤害尚未发生前的科学预判,难免会有一些争议、不确定性或不被民众完全信任。② 此

① Roger E. Kasperson et al., *The Social Amplification of Risk: A Conceptual Framework*, Risk Analysis, Vol. 8:2, p. 177 - 187(1998).

② Henrik Merkelsen, *Risk Communication and Citizen Engagement: What to Expect from Dialogue*, Journal of Risk Research, Vol. 14:5, p. 631 - 33(2011).

时,风险沟通就要发挥其求同的功能,让最后管理风险的相关政策具有包容性,兼顾最多人的避险需求。这是共识会议的理论基础。共识会议模式的倡议者认为共识会议可以发挥以下功能:第一,由公众来对复杂科技形成书面报告并向决策者提出建议;第二,由于参与者在参与共识会议过程中会经历相当密集的学习过程,从而增加了对讨论主题的适当了解,故能更有效率地进行讨论与表达意见;同时也由于共识会议的过程与结论会通过媒体报道向大众传播,所以共识会议亦可以被视为提供公众信息与教育的手段;第三,共识会议同时也可以用来收集公众在获得充分信息后,对于特定主题所形成的观点与想法;第四,共识会议的过程是由参与者自主决定所欲讨论的问题、选择所欲听取的专家意见以及审议讨论出建议与结论,这样由公众自发自主引领与决定的过程是体现民主理念的。不过应厘清的是,共识会议模式作为一种参与式技术评估模式,旨在帮助决策者或行政官员在政策决策过程中扩大其知识基础并广纳多元观点,是在发挥公众咨询与信息提供的功能,以期让争议政策的决策能因经过多重讨论而更加完善。①

第四节 比 例 原 则

鉴于基因科技相关行为可能引发基因安全风险,将带来相关个人基本权利或其他利益的损害,立法者可以通过法律规范

① 李森堙:《科技政策决策过程导入公众参与模式分析:谈共识会议模式及其局限》,载《农业生技产业季刊》2013 年第 35 期。

规定基因科技相关人员的特定行为义务，以预防或降低风险发生的可能性，并确保相关个人基本权利或保障其他利益的安全。这种风险预防义务的规定，对于从事基因科技相关行为人员而言，可能会对其职业及研究自由等造成限制，因此该规定亦须符合法律的相关规定与原则，尤其是要符合比例原则的要求。

一、比例原则概述

（一）比例原则内涵

"比例"一般是指相称、相协调、相均衡的意思。"比例原则"是属于法学领域的概念，合比例性指对于所选的防护标准要量身定制手段，亦即所设想的手段必须可能达成适当的防护标准。但这些手段不能和所要求的防护标准不成比例。比例原则要求法律有必要对国家干预人民自由的活动划定精确的界线，提供调和自由与安全的机制。只有在具备为了重要的公益理由、限制人民基本权利有助于实现这项宪法上的正当目的，以及该限制是必要且合比例时，国家才能干预人民的自由权利。在进行比例原则检验的范围里，国家干预人民自由的动机必须是宪法上的正当目的，须具备怎样的可能性才算充分要根据一般生活经验来判断。可以确定的是，比例原则要求立法者唯有在疑虑或危险达到特定程度时，才能在法规范里采用严重的基本权利干预措施。比例原则包括三个内涵，即合目的性、适当性、必要性。

1. 合目的性

"一个符合比例原则的公权力措施，必然是合乎目的的、必要的以及未侵犯人民权利的措施。”[1]合目的性是指国家和政府的行政行为合乎正当目的,能够促进法律目的的实现,它是比例原则的内在要求之一。一般而言,行政行为的合目的性并不等于能够促进法律目的的实现,反之亦然。如何做到使行政行为既符合目的,又能促进法律的目的实现是学界经常讨论的问题。在一些案例中,在适用比例原则时,我们首先要考虑的是行为是否具有正当的目的。因为比例原则具有三个方面的作用:其一是可以衡量法律行为的目的是否是正当的;其二是实现法律行为的手段是否是必要的或者说是适当的;其三是法律行为所协调的相关利益是否是均衡的。所以我们可以用比例原则来衡量法律行为是否合宪。就目的的正当性而言,“唯有为公共福祉的利益,而且,唯有为解决足以证明立法者之采取行政系属合理且不抵触基本法价值秩序之客观任务,立法者始得限制职业自由。对于基本权利之干涉,立法者应能以适当与合理之公共福祉考虑作为论据,而不得为违背事实之目的滥用立法权力”[2]。也就是说,符合适当性要求的行政决定必须首先是符合目的性要求的行政决定。在比例原则中,合目的性要求通常包含在适当性要求之中,而不是作为一个独立的标准提出来。[3] 我国学者刘权认为:“目的正当是公权力行为正当的前提,将目的正当

① 参见陈新民:《德国公法学基础理论》,山东人民出版社 2001 年版,第 385 页。

② 参见施启扬:《德国联邦宪法法院裁判选辑》(七),台北,台湾司法机构 1997 年版,第 135 ~ 136 页。

③ 杨登峰:《从合理原则走向统一的比例原则》,载《中国法学》2016 年第 3 期。

性原则纳入比例原则之中,有利于限制立法者、行政者的目的设定裁量,有利于实现实质正义、充分保障人权,还有利于促进民主反思、改善民主质量。法官在个案中首先应当查明立法者、行政者的真实目的,否定明显不正当的目的,然后以适度的司法克制与尊让综合评判目的的正当性。”①

2. 适当性

适当性原则是指行政机关所采取的手段对于达到行政目的是适当的,具有妥当性。这个原则的核心内容在于采取行政手段与达到目的之间的合理性。凡是采取了合理的手段,也达到了相应的目的,那就是适当的,也就符合了比例原则的要求。至于行政目的的正当性与合法性以及行政措施是否越界、是否损害公众利益不在该原则的考虑之内。②

比例原则以“手段”与“目的”之间是否均衡、适度进行考察,即适当性原则要求为干预基本权利所采取的手段必须适合于目的之达成,如果手段的选择与目的无关(如缘木以求鱼),就违反了适当性的要求。③ 当选定风险规制手段之后,还应当将其与预期达成的目的进行权衡,确保该手段对于信息主体所造成的负担不会超过该目的所保护的权益。若有所超过,则违反了适当性原则的要求,就不应当继续使用该手段。具体表现为:其一是基因安全风险规制的干预手段必须与规制风险具有

---

① 刘权:《目的正当性与比例原则的重构》,载《中国法学》2014 年第 4 期。

② 李巍:《比例原则阶层理论的反思与重构——目的正当性审查的引入》,载《宜春学院学报》2020 年第 4 期。

③ 郑晓剑:《比例原则在民法上的适用及展开》,载《中国法学》2016 年第 2 期。

最紧密的关联性,在管控的必要范围之内对基因科技加以制约。其二是手段的适宜性。基因安全风险规制的具体方式和措施,应当为实现目的所必需,不能不择手段地追求目的的实现,否则可能产生阻碍基因科技发展的负面影响。其三是最小损害,即“狭义的比例原则”。“一项对基本权妨碍的牺牲,不得与一般性所欲达成的效益之间不存在任何关联,这项措施对于基本权的权利人,不得产生过度负担,此措施的做出应当对基本权的权利人具有预测可能性。”[①]通过合理有效的风险干预手段,可使基因安全风险损害发生时,能够将该风险导致的损害控制在最小范围之内,同时对社会造成的负面影响控制在最低。

3. 必要性

必要性原则由德国行政法学的奠基人奥托·迈耶首次提出。必要性原则的含义是指在达成行政目的的多种可选手段中,应选择对公众权利损害最小的手段措施,除此之外,无更适当的措施。[②] 必要性原则要求行政行为不得逾越目的的必要范围,即行政权力的行使以达成目的为界,不可对公众权利造成不必要的侵害。[③] 这一原则涵盖三个要素:手段的可选择性、效力相当性以及损害最小性。[④] 在对实现目的的手段进行选择的问题上,必要性原则要求政府机关应该基于以下几点进行选择:第

---

① 赵宏:《疫情防控下个人的权利限缩与边界》,载《比较法研究》2020 年第 2 期。

② 参见城仲模:《行政法之基础理论》,台北,三民书局股份有限公司 1999 年版,第 40 页。

③ 姜昕:《比例原则研究》,法律出版社 2008 年版,第 34 页。

④ 蒋红珍:《比例原则阶层秩序理论之重构——以“牛肉制品进销禁令”为验证适例》,载《上海交通大学学报(哲学社会科学版)》2010 年第 4 期。

一，所选择的手段应该是对公民的基本权利损害最小的手段。第二，所选择的手段一定是行政成本低于行政收益的手段。如果成本超过收益就不符合比例原则。第三，如果可供选择的手段只有一种，那就无须适应比例原则。

比例原则以特有的“目的——手段”之关联性作为分析框架，旨在达成“禁止过度”之效果，以维护法律的实质正义。[①] 比例原则具有广泛的应用空间，通过合目的性、适当性和必要性三个子原则之间的有机协作，保护相关主体的权利和自由不被过度干预，为行政主体提供明确的价值指引，起到保障均衡、缓和绝对的重要作用。

（二）人权保障是比例原则的理论基础

启蒙思想家构建了一个生活不稳定、生命安全受到威胁、权利遭到侵犯的自然状态。人类为了稳定而安全地生活、保全自己的生命，相互之间订立一个契约，让渡自己一部分权利，形成一个强有力的权力，组成了国家。此时，人们的权利受到两层约束，包括来自内部的和外部的制约。内部限制是基于权利性质的本身，即权利在其自身性质上理所应当伴随的、源于权利自身之中的界限——公民权利的行使既不得侵犯他人权利，也不得侵犯公共利益；外部限制是基于一种外部需要，是为了确保公民权利的享有、行使以及保障的实质公平——国家机关可以基于

① 郑晓剑：《比例原则在民法上的适用及展开》，载《中国法学》2016 年第 2 期。

公共利益的需要运用人们所赋予的公权力对公民权利进行限制。① 与公民权利的内部限制不同，外部限制最大的特征是国家积极主动地采取措施，干预和保障公民权利的实现。为了更好地保障人权，我们必须对国家干预公民权利的权力进行限制，以防公民权利遭到国家权力的侵害，由此便产生了比例原则。比例原则的核心内容是对限制公民权利的国家权力的限制，人权保障是比例原则的最终目的，也是比例原则产生的基础。具体而言，作为比例原则思想的萌芽，"十字架山案"涉及的是对限制公民居住权的警察权力的限制；作为比例原则正式完整确立的标志——"药房案"则涉及的是对限制公民职业自由权的许可权力的限制。② 在内涵上，比例原则强调国家在做行政行为时必须在目的与手段之间作出均衡的选择，不能不择手段地追求行政目的的实现。③ 比例原则包含合目的性、适当性、必要性，这三者都是对限制公民权利的国家权力进行规范和限制。虽然国家在一定情况下可以对公民的权利进行一定程度的限制，但是这种限制必须符合比例原则。首先，这种限制应该符合正当的目的，这是合目的性与适当性的要求。其次，国家在对公民权利进行限制的时候，必须谨慎考虑，选择对公民损害最小的手段。而均衡性指国家选择的限制手段所带来的损害与采取的限制措施所达目的之间一定要保持一定的比例，不能为了达到一个小小的目的而采用非常严厉的手段，通俗地说就是"警察

---

① 参见[日]芦部信喜、高桥和之：《宪法》(第六版)，林来梵等译，清华大学出版社2018年版，第74～76页。

② 参见梅扬：《比例原则的适用范围与限度》，载《法学研究》2020年第2期。

③ 张翔：《基本权利的规范建构》，高等教育出版社2008年版，第303页。

不能用炮弹打麻雀”。

二、比例原则在基因安全风险规制中的运用

比例原则是基因安全风险规制的基本原则之一,基因安全风险规制同样要求做到合目的性、适当性、必要性。风险规制的目的在于预防、减少基因安全风险的产生与扩大,当基因安全风险产生时,将风险控制在最小损害之中,同时满足对社会的危害最小的要求。准确把握比例原则的内涵与判断标准,可以为基因信息处理者提供行之有效的规范指引,有利于监管机构和国家更好地规制基因安全风险。

(一)合目的在基因安全风险规制中的运用

对于从事基因科技职业的限制需有充分合理的公益事由,且对于公益目的的达成是适当且必要的,同时利害关系人并未受到无期待可能性的负担,才是合乎宪法的。在公益目的是否充分、合理的判断上,需要认定预防义务规定的立法目的属于充分、合理的公益目的,并肯定预防义务的规定,以及要求遵守专业优良守则,相关人员或装备应具备一定能力或符合一定要求。具体在基因编辑技术运用中,合目的性要求基因编辑处理的目的明确、特定且正当。其一,在收集、处理基因信息时,必须使用清晰和自然的语言,明确告知信息主体收集、使用基因信息的目的,不得隐瞒或虚构目的。其二,基因编辑的目的应当在基因信息收集时予以确定,禁止超出目的范围收集、处理和利用基因信息,或在其他目的变更时需予以明确,不得过度收集。与收集时

目的不一致或未经基因信息主体授权,不得随意对个人基因信息数据进行处理。除此之外,还需要对基因编辑目的进行限制,即该目的必须满足正当性要求,并且符合法定或约定的基因信息处理目的,禁止为了非法或不正当目的进行基因编辑应用。

(二)适当性在基因安全风险规制中的运用

在进行基因安全风险规制立法时,要考虑到该立法所关联的主体有三个:国家、社会以及个人。同时基因科技的相关行为从产生之日起就与医学和家庭伦理道德密切相关,深受伦理道德的影响。因此,规范技术以防范基因安全风险的立法不仅仅是个法律问题,它还与伦理道德相关,也就是在立法中可能要考虑到医学的伦理因素与人文关怀。因而此种立法需在追求法律的理性与医学伦理人文关怀中找到一个平衡点。而要达到此种目标需要在基因安全风险立法中遵循妥当性原则。以基因技术中的基因编辑为例,现阶段我们国家的基因编辑技术还不太成熟,离临床应用还有一定的距离,在这种情形下,究竟该技术会带来怎样的风险也是不可知的,如果贸然进行基因编辑婴儿的临床是不可取的。基因编辑的目的是否具有正当性是实施该技术应该考虑的问题。如果是本着治病救人的目的,则是具有正当性的;但是,基因编辑后续发生的问题如基因编辑脱靶造成对受试者损害的危险,这些可能会导致与实施该技术的初衷相悖,那么其正当性也将会受到质疑。基因编辑的手段是否具有必要性也是需要进行讨论的。如果有其他的选择或者是用其他技术取代人体基因编辑的技术,那么采用人体基因编辑手段就是不必要的。现有的人类基因编辑并非只用于修改体细胞或种系基因组,而是以增强体细胞或种系基因组为行为基点,其必然会导致社会道德正当性和民众可接受度的争议与讨论。[①] 由是观之,适当性原则在基因安全风险规制立法中可以充分地运用,该原则甚至可以像法条似的约束人们的行为,成为人们行为的边界和底线。[②]

(三)法律调控的必要性与均衡性在基因安全风险规制立法中的体现

在进行基因安全风险规制的时候,需要考察规制措施是否具有必要性,论证基因安全风险规制的理论基础,探讨是否会因为规制措施过于严格而妨碍了基因技术的发展。要在基因技术发展与风险控制之间找到协调的平衡点。在基因安全风险规制立法中,牵涉国家利益、社会利益和个人利益三者,怎样处理这三者的关系,使它们之间保持协调与均衡是我们立法的前提,这需要适用均衡原则。在比例原则中,妥适性及必要性阶段的论证虽相当重要,但多数情境起决定性作用的是前两种价值得以平衡的均衡环节。[③] 基因安全风险规制立法需要在追求利益、

---

① 邱仁宗、翟晓梅、雷瑞鹏:《可遗传基因组编辑引起的伦理和治理挑战》,载《医学与哲学》2019 年第 2 期。

② 杨健、刘冠合:《人类胚胎基因编辑的多维风险与立法规制:〈民法典〉的人格权视阈关照》,载《科技与法律》2021 年第 4 期。

③ Grant Huscroft, Bradley W. Miller& Grégoire Webber, *Proportionality and the Rule of Law: Rights, Justification, Reasoning*, Cambridge University Press, 2014, p. 156.

制度的平衡前提下,实现国家、社会、个人利益的一致性。这是比例原则在基因安全风险规制立法中适用的理论基础与必然要求。

小　　结

基因编辑技术的应用潜力使得该技术的推广具有充分的市场优势,但在该技术尚未被完全掌握的情况下,将其应用于人类胚胎编辑是存在着巨大风险的。2018 年贺某团队宣布首例免疫艾滋病的基因编辑婴儿诞生,在世界引起轩然大波,人们认识到,基因编辑技术引发的“内生性风险”大大超出了人们的理解与国家的控制能力。就目前情况来看,以基因技术研究伦理为核心的法律规制早已与基因编辑技术应用的实际情况不相适应,因此完善基因安全风险规制的法律以保障基因安全刻不容缓。我国现行立法尚未给予基因安全明确的界定,有关基因安全风险规制的研究更是寥寥无几。立法的滞后已无法满足国家基因安全法律保护的需要。因此,对基因安全风险的法律规制至关重要。本章所讨论的基本原则,包括风险预防原则、人权保障原则、公众参与原则、比例原则等,这些原则效力贯穿于全部基因安全风险规制适用的法规范之中,能够集中体现相关法律的根本价值和主要矛盾,对基因安全风险规制法律的制定与实施具有普遍指导意义。[①]

① 陈睿:《视频安防监控系统的法律规制原则研究》,载《河北法学》2008 年第 8 期。

第五章　基因安全风险规制的宪法与法律依据及不足

如前所述，基因科技的研发与运用、基因资源的流失与基因专利的保护不力，都可能带来基因安全风险。基因技术上能做到的并不全是应该做的，需要法律对之设立边界，进行规范。如何进行规范才能使基因科技的发展与基因安全的保障之间保持一种动态的平衡，已成为法学面临的重要课题。在基因安全风险规制的措施中，法律规制是主要手段，主要包括立法、行政与司法规制，其中立法规制是首要的方法。目前我国与基因安全风险相关的立法有宪法、部门法以及其他法律法规的规定。从我国对基因安全风险的立法规制情况中可以看出，现有的法律文件虽然涵盖了部分基因安全领域，在保障我国基因安全与规制基因安全风险方面起到一定的作用，但还存在需要完善之处。

第一节 基因安全风险规制的宪法与法律依据

一、宪法的规定

我国《宪法》第 33 条第 3 款规定“国家尊重和保障人权”；第 38 条规定“中华人民共和国公民的人格尊严不受侵犯”，人权和人的尊严从价值升格为实定的宪法原则。① 人格尊严与人权是一个包含复杂内涵的概念。它意味着个人的自主决定，不受其他人或者主体的干涉；它是指所有的生命体在客观重要性上都是一律平等的；它还可以指科学技术的开发和运用主体具有科研自由。从人权与人的尊严之间的关系来说，人权保障是实现人的尊严的基本途径，人的尊严是人权保障的价值目标。②人性尊严是基本权利核心内容，个人基因权利与基因科技人员的科研自由权都是人权的内容。对基因安全风险进行规制，很大程度上就是为了保障人权。

宪法上的基本权利与人权条款已具备确认基因权利部分内涵的功能。为了贯彻实施宪法对基因权利作出的相关规定，其他法律部门在立足于宪法规定的基础之上，按照其自身的不同性质，制定相关的法律规范。

---

① 王晖：《人之尊严的理念与制度化》，载《中国法学》2014 年第 4 期。

② 韩跃红：《国家尊严与人的尊严》，载《昆明理工大学学报（社会科学版）》2014 年第 1 期。

二、民法的规定

《民法典》第1008条对医疗器械或者发展新的预防和治疗方法而需要进行临床试验的活动作出了要求；第1009条规定："从事与人体基因、人体胚胎等有关的医学和科研活动，应当遵守法律、行政法规和国家有关规定，不得危害人体健康，不得违背伦理道德，不得损害公共利益。"第1008条的临床试验条款和第1009条的人体基因规范条款是从事人体基因、人体胚胎等有关基因编辑技术的科学和科研活动时的直接法律规制，其从侧面设定了禁止性规定，对从事基因编辑技术的科研活动进行了"不得危害人体健康""不得违背伦理道德""不得损害公共利益"的"三不得"的规定。该规定不仅保障物质性法益，而且注重维护精神性法益。①

三、刑法的规定

《刑法修正案(九)》规定了侵犯公民个人信息罪，是保障公民基因信息权与隐私权的《刑法》依据。在《刑法修正案(十一)》出台之前，我国并没有将人类基因编辑技术提升到《刑法》的高度，将其纳入刑事处罚的范围，而是主要利用行政监管手

---

① 《民法典》作为全国人大层面制定的基本法律，针对新兴科技和伦理的相关问题规定得最为详尽，这为其他相关部门法树立了榜样。可以说由《民法典》对后续立法进行指引最为合适。例如，《民法典》第990条提及了人格和尊严问题；第1002条提及了生命尊严(自然人享有生命权。自然人的生命安全和生命尊严受法律保护。任何组织或者个人不得侵害他人的生命权。)；第1008条规定了临床试验和知情同意，并提及了伦理委员会。

段,通过部门规章、规范性文件或行政法规对其进行规制。《刑法修正案(十一)》新增了“非法采集人类遗传资源、走私人类遗传资源材料罪”;《刑法修正案(十一)》第39条规定,在《刑法》第336条(非法行医罪)后增加一条,作为第336条之一,增加了“非法植入基因编辑、克隆胚胎罪”,将人类基因编辑行为纳入《刑法》规制框架。① 对将基因编辑、克隆的人类胚胎植入人体内以及将基因编辑、克隆的动物胚胎植入人体内的行为作出了具体刑罚规定。新的《刑法》规定使具体的基因编辑行为有了对应的罪名与刑罚,为基因安全风险规制提供了法律依据。与之前的《刑法》规定相比较,新规定中的罪名更能体现其针对性,在具体条文的表述上更具有可操作性,规制了主要的高风险基因编辑行为,对基因安全风险的法律规制具有较强的现实意义。

四、行政法的规定

《行政许可法》第11条至第59条有关于许可的规定;第60条至第70条有监管的相关规定。其中,第12条中规定了涉及国家安全、公共安全等特定活动,需要按照法定条件予以批准的

---

① 《刑法》第334条之一:违反国家有关规定,非法采集我国人类遗传资源或者非法运送、邮寄、携带我国人类遗传资源材料出境,危害公众健康或者社会公共利益,情节严重的,处三年以下有期徒刑、拘役或者管制,并处或者单处罚金;情节特别严重的,处三年以上七年以下有期徒刑,并处罚金。第336条之一:将基因编辑、克隆的人类胚胎植入人体或者动物体内,或者将基因编辑、克隆的动物胚胎植入人体内,情节严重的,处三年以下有期徒刑或者拘役,并处罚金;情节特别严重的,处三年以上七年以下有期徒刑,并处罚金。

事项。[1] 第 28 条规定了与公共安全等直接相关的设备、产品和物品的检验、测试和检疫要按照专业技术标准与规范组织实施。第 62 条第 2 款规定，对直接涉及公共安全、人身健康、生命财产安全的重要设备和设施要定期检验，检验合格由行政机关下发相应的证明文件。

2015 年制定的《国家安全法》第四章第三节名称即为“风险预防、评估和预警”。2020 年制定的《生物安全法》是我国第一部以生物安全为专题的法律，明确了生命伦理在确定基因科技活动的非法性方面的作用，使生命伦理在立法上具有了归责意义。基因安全关乎国家安全，基因技术活动的开展应当在获得许可后方可进行。其中第六章“人类遗传资源与生物资源安全”第 55 条规定：“采集、保藏、利用、对外提供我国人类遗传资源，应当符合伦理原则，不得危害公众健康、国家安全和社会公共利益。”第九章第 74 条对“从事国家禁止的生物技术研究、开

---

① 《行政许可法》第 12 条规定：下列事项可以设定行政许可：（一）直接涉及国家安全、公共安全、经济宏观调控、生态环境保护以及直接关系人身健康、生命财产安全等特定活动，需要按照法定条件予以批准的事项；（二）有限自然资源开发利用、公共资源配置以及直接关系公共利益的特定行业的市场准入等，需要赋予特定权利的事项；（三）提供公众服务并且直接关系公共利益的职业、行业，需要确定具备特殊信誉、特殊条件或者特殊技能等资格、资质的事项；（四）直接关系公共安全、人身健康、生命财产安全的重要设备、设施、产品、物品，需要按照技术标准、技术规范，通过检验、检测、检疫等方式进行审定的事项；（五）企业或者其他组织的设立等，需要确定主体资格的事项；（六）法律、行政法规规定可以设定行政许可的其他事项。第 28 条规定：对直接关系公共安全、人身健康、生命财产安全的设备、设施、产品、物品的检验、检测、检疫，除法律、行政法规规定由行政机关实施的外，应当逐步由符合法定条件的专业技术组织实施。专业技术组织及其有关人员对所实施的检验、检测、检疫结论承担法律责任。

发与应用活动”的违法后果作出了规定。[①] 以上规定对基因技术产品所可能引发的基因安全风险能起到一定的规制作用，但皆并非针对基因安全所作出的许可与监管的指向性规定。2021年制定的《个人信息保护法》中的第10条、第11条、第28条等有关于个人信息保护、个人信息处理的同意制度、敏感个人信息等的规定。[②]《个人信息保护法》第七章规定了法律责任。2021年制定的《数据安全法》的第三章第21～26条专门规定了数据安全制度。第四章第27～36条规定了数据安全保护义务。[③] 该法是我国人类遗传资源数据保护的重要法律依据。

---

① 《生物安全法》于2024年修正，但对此处表述并未修改。

② 《个人信息保护法》第10条规定：任何组织、个人不得非法收集、使用、加工、传输他人个人信息，不得非法买卖、提供或者公开他人个人信息；不得从事危害国家安全、公共利益的个人信息处理活动。第11条规定：国家建立健全个人信息保护制度，预防和惩治侵害个人信息权益的行为，加强个人信息保护宣传教育，推动形成政府、企业、相关社会组织、公众共同参与个人信息保护的良好环境。第14条第1款规定：基于个人同意处理个人信息的，该同意应当由个人在充分知情的前提下自愿、明确作出。法律、行政法规规定处理个人信息应当取得个人单独同意或者书面同意的，从其规定。第28条规定：敏感个人信息是一旦泄露或者非法使用，容易导致自然人的人格尊严受到侵害或者人身、财产安全受到危害的个人信息，包括生物识别、宗教信仰、特定身份、医疗健康、金融账户、行踪轨迹等信息，以及不满十四周岁未成年人的个人信息。只有在具有特定的目的和充分的必要性，并采取严格保护措施的情形下，个人信息处理者方可处理敏感个人信息。

③ 《数据安全法》第21条第1款、第2款规定：国家建立数据分类分级保护制度，根据数据在经济社会发展中的重要程度，以及一旦遭到篡改、破坏、泄露或者非法获取、非法利用，对国家安全、公共利益或者个人、组织合法权益造成的危害程度，对数据实行分类分级保护。国家数据安全工作协调机制统筹协调有关部门制定重要数据目录，加强对重要数据的保护。关系国家安全、国民经济命脉、重要民生、重大公共利益等数据属于国家核心数据，实行更加严格的管理制度。第27条规定：开展数据处理活动应当依照法律、法规的规定，建立健全全流程数据安全管理制度，组织开展数据安全教育培训，采取相应的技术措施和其他必要措施，保障数据安全。利用互联网等信息网络开展数据处理活动，应当在网络安全等级保护制度的基础上，履行上述数据安全保护义务。重要数据的处理者应当明确数据安全负责人和管理机构，落实数据安全保护责任。

五、其他法律法规的规定

2016 年制定的《网络安全法》第三章规定网络运行安全。该法第 40 ~ 50 条专门规定网络信息安全，第 51 ~ 58 条规定监测预警与应急处置。[①] 该法主要是针对个人的网络信息安全的保护，是个人基因信息安全保护的基础与法律依据。其他相关的还有科技法律，2021 年修订通过的《科学技术进步法》有多个条文包括第 98 条、第 103 条第 1 款、第 107 条[②]等专门对科技伦理治理做出了规定。

在其他法规或部门规章方面，关于人类基因技术应用及人类遗传资源的风险监管与审查的相关规定散见于各部门规章及行政规范性文件中。《基因工程安全管理办法》由原国家科学技术委员会于 1993 年发布，对我国基因安全工作进行监督和管理，同年成立了全国基因工程安全委员会，该委员会有权协调和

---

① 《网络安全法》第 40 条规定：网络运营者应当对其收集的用户信息严格保密，并建立健全用户信息保护制度。第 53 条规定：国家网信部门协调有关部门建立健全网络安全风险评估和应急工作机制，制定网络安全事件应急预案，并定期组织演练。负责关键信息基础设施安全保护工作的部门应当制定本行业、本领域的网络安全事件应急预案，并定期组织演练。网络安全事件应急预案应当按照事件发生后的危害程度、影响范围等因素对网络安全事件进行分级，并规定相应的应急处置措施。

② 《科学技术进步法》第 98 条规定：国家加强科技法治化建设和科研作风学风建设，建立和完善科研诚信制度和科技监督体系，健全科技伦理治理体制，营造良好科技创新环境。第 103 条第 1 款规定：国家建立科技伦理委员会，完善科技伦理制度规范，加强科技伦理教育和研究，健全审查、评估、监管体系。第 107 条规定：禁止危害国家安全、损害社会公共利益、危害人体健康、违背科研诚信和科技伦理的科学技术研究开发和应用活动。从事科学技术活动，应当遵守科学技术活动管理规范。对严重违反科学技术活动管理规范的组织和个人，由科学技术行政等有关部门记入科研诚信严重失信行为数据库。

监管我国的各项基因工程。《人类遗传资源管理暂行办法》于1998年由国务院办公厅转发，该办法主要目的是有效保护和合理、合法使用我国人类遗传资源，在法律框架下加强对人类基因技术的研发与运用。原卫生部2001年颁布的《人类辅助生殖技术管理办法》规定了医疗机构对人类辅助生殖技术应用条件和资质审批，由卫生部对人类辅助生殖技术的研究与应用进行全面管理，由该地区的卫生行政机关对地方医疗机构应用人类辅助生殖技术进行安全性能监管。原卫生部于2003年对该管理办法进行修订发布《人类辅助生殖技术规范》，该规范进一步完善了使用人类辅助生殖技术的审批条件，使其规制更严格。2004年初科学技术部、原卫生部关于《人胚胎干细胞研究伦理指导原则》中详细说明了人胚胎干细胞研究中的伦理限制，明令禁止进行生殖性克隆人的任何研究。原国家卫生和计划生育委员会及原国家食品药品监督管理总局于2015年联合制定的《干细胞临床研究管理办法（试行）》第5条第1款就制定干细胞临床试验政策和宏观管理，建立临床试验管理体制机制和风险控制措施进行了规定。该办法对监管措施的规定比较全面，包括医疗机构的资质要求、项目审查和注册、研究报告制度等，主要用于规范我国干细胞研究和临床试验。2015年7月科学技术部发布了《人类遗传资源采集、收集、买卖、出口、出境审批行政许可事项服务指南》。2016年由原国家卫生和计划生育委员会发布的《涉及人的生物医学研究伦理审查办法》对医学伦理委员会的机构设置、职责分配、审查程序作了更加详细的规定，规定国家卫生和计划生育委员会负责基因编辑技术研究的伦理审查与监督。2017 年科学技术部颁发的《生物技术研究开发安全管理办法》对生物技术研发活动、商业化应用等环节的生物安全风险及安全责任等问题进行了规定。2017 年 12 月，原国家食品药品监督管理总局制定了《细胞治疗产品研究与评价技术指导原则（试行）》。2018 年国家卫生健康委员会公布的《医疗技术临床应用管理办法》规定医疗机构应当建立医疗技术分级管理制度和保障医疗技术临床应用质量、安全的规章制度。2019 年 2 月国家卫生健康委员会制定了《生物医学新技术临床应用管理条例（征求意见稿）》。2019 年国务院发布的《人类遗传资源管理条例》（该条例于 2024 年修订）是对 1998 年通过的《人类遗传资源管理暂行办法》的进一步发展，2023 年技术部制定了《人类遗传资源管理条例实施细则》。

第二节　基因安全风险规制法律依据的不足

如前所述，我国在基因安全风险规制方面有了一些相关的立法。这些立法是目前规制基因安全风险的法律依据，对于保障基因安全规制风险起到了一定的作用，但是这些立法与基因安全保障还有一定的差距，尚未形成完善的基因安全风险规制法治体系。

一、部门法对基因科技中出现的新问题未做出及时回应

基因科技的迅猛发展使人类逐渐掌握生命密码，开始利用技术手段改写和创造生命，给人类带来诸多好处。但同时基因

技术对生命伦理价值与人类社会的基本秩序带来的冲击不言而喻,而法律的回应明显滞后。基因技术运用中产生的问题有:基因权利遭到侵犯;以增强为目的基因编辑行为,引起代际间的利益冲突从而加剧技术的异化,引发对自然秩序的冲击;基因违法犯罪行为包含泄露基因信息、非法进行人胚胎编辑损害胎儿身体健康或人类未来发展、非法从事人体胚胎实验、非法进行基因改良等,这些都给基因安全带来风险,需要相关法律法规做出及时回应。基因科技发展迅速的特点和规律要求与之相应的立法必须具有预测性和前瞻性,正如韩大元教授所指出的:"在科技发展的背景下,我们当然要充分肯定科技发展给人类文明带来的积极作用,但法学的使命不是赞赏科技发展带来辉煌的成就。而是要思考科技可能带来什么样的非理性的后果,如何通过法治降低科技发展可能带来的风险与非理性,如何通过宪法控制科技对人类文明、尊严与未来的威胁。"①具体而言,部门法未及时做出回应体现在以下几个层面:

(一)民法层面

1. 人性尊严的基本价值受到冲击。基因技术能够对人类身体机能和生命自然遗传过程肆意横加干涉,这对人性尊严是一种风险和挑战。基因技术通过人为操作取代"上帝创造",以他人潜在目的性的选择取代人对自身生命潜能的控制,将基因信息随意糅合到作为人的独特的生命载体之中,在不受控制的情

① 韩大元:《当代科技发展的宪法界限》,载《法治现代化研究》2018 年第 5 期。

况下,就会对人的尊严造成冒犯和亵渎。我国有学者指出:“生物技术的发展还引发了另一个更深的危机:人类危机。重要的是,技术作为一个整体在可能被称为客体的领域内运作,将之称为客体操作。但是生物技术却不局限于客体,而是将人作为主要运作对象,形成人之主体操作。主体操作具体来说是一种将主体当作客体的操作,在一定意义上是对主体地位的根本性质疑与威胁。由于生物技术是在微观层次上对人类胚胎、细胞、基因等进行操作干预,这些对象还未具备与胎儿比肩的地位,但它们毕竟有可能成为权利主体,因此我愿将其喻为‘没有脸庞的权利主体’”。[①] 基因科技的运用带来了生命伦理与人性尊严等问题。

2. 基因权利规定不完善。基因支撑着人类生命的基础构造和性能,没有基因就没有生命之说。随着基因技术的发展,产生的基因歧视等问题,侵犯了基因平等权、基因财产权、基因知情权、基因人格权等基因权利。当前,基因技术的发展丰富了人类基因的潜能,也扩展了人类生命的边界,在没有规制约束的情况下,基因安全风险就很有可能威胁基因主体所享有的权利。例如,基因克隆对人格权造成了侵犯;基因歧视使人受到了不平等对待,侵犯了平等权;任意披露个人基因资讯则是对个人隐私权的侵犯等,这些权利需要在相关立法中明确规定,而在民法中还找不到具体的规制依据。这不利于维护基因科技背景下社会秩序的稳定,更不利于对公民基因权利的保护。

3. 与基因相关的侵权行为的救济制度不完善。民法的根本

---

① 颜厥安:《法与实践理性》,中国政法大学出版社 2003 年版,第 322 页。

目的在于为法院处理民事纠纷提供裁判准则和为保护民事主体合法权益提供法律依据。[①] 民法设定抽象的行为禁令，旨在保障公民包括生命权、身体权和健康权在内的人格权，关于人体基因技术应用的相关规定从未在保护公民个人的基因权利的角度作出明确规定，因此很难在现有法律框架下为受害者的法律保护建立明确的规范基础。如《民法典》第1009条设定的“三不得”行为禁令，虽然在民事立法中对由于基因技术应用引起的基因安全风险致使产生的权利保护与责任承担问题作了规定，填补了当前的立法空白。但其中对从事基因编辑活动应遵循的规定内容较为模糊，适用难度较大，难以判断“伦理道德”“公共利益”的特定内涵。另外，《民法典》对于人体基因编辑活动的损害赔偿机制并没有明确规定，这导致受试者遭受医疗损害后，法律无法保障其救济权利的实现。

（二）刑法层面

1. 基因编辑犯罪“情节严重”认定标准不明确。《刑法修正案（十一）》将基因编辑的人类胚胎植入人体内的行为通过“非法植入基因编辑、克隆胚胎罪”进行规制，罪名虽得以确立但所保障的法益并不明晰。该条款仅设以“情节严重”作为该罪的犯罪构成要件，但关于“情节严重”的解释比较模糊，违法行为应达到何种程度才应被认定为“情节严重”，无法通过直接理解获取其基本内涵而需要通过司法机关进行解释和界定。

---

① 钟瑞栋：《民法中的强制性规范：兼论公法与私法“接轨”的立法途径与规范配置技术》，载《法律科学（西北政法大学学报）》2009年第2期。

2.《刑法》未对新型的基因安全方面的犯罪做出及时充分的回应。基因技术研发与运用中产生的以增强为目的的基因编辑行为，引起代际间的利益冲突从而加剧技术的异化，引发对自然秩序的冲击，以及产生的基因违法犯罪行为等，都给基因安全带来风险，需要相关法律法规做出针对性的刑事责任回应，配套相关条款。现行《刑法》罪名的构成要件中没有囊括医学上的滥用基因编辑技术行为，具体包括对体细胞进行体内编辑的基因治疗以及将基因编辑技术用作增强目的的行为。目前虽可以通过《刑法修正案（十一）》第 39 条来进行部分规制，但大多数用作增强目的的人类基因编辑技术在目前的《刑法》框架下得不到有效的规制。另外对生殖系（包括胚胎、受精卵、精子、卵子及配子的前提细胞基因组）的基因编辑行为也是需要《刑法》规制的。[①]

3. 基因编辑犯罪的量刑不太合理。目前我国关于基因编辑犯罪的法定刑有两个类型的档次与幅度，《刑法》第 336 条之一规定，"情节严重的，处三年以下有期徒刑或者拘役，并处罚金；情节特别严重的，处三年以上七年以下有期徒刑，并处罚金"。相对于非法行医罪而言，非法植入基因编辑罪，最高法定刑是七年；而非法行医罪的最高法定刑期为十年以上。非法植入基因编辑罪可能造成的影响、危害后果可能会更严重，非法植入基因编辑罪可能带来遗传的缺陷、受试者患病或者死亡、不利的基因影响后世等，但是最高法定刑却比非法行医罪还低，这样的量刑

① 石佳友、贾平等：《人类胚胎基因编辑立法研究》，法律出版社 2022 年版，第 117 页。

是不合理的。

(三)行政法层面

1. 对基因技术违法行为的行政处罚力度不够。行政处罚在严厉程度上远远不及刑罚制裁,严厉程度的不足不能说明行政法在基因安全风险的法律规制中只能作为刑法的延伸或补充。事实上,行政法能分别通过行政许可、行政监管与行政处罚的方式进行事前审核、事中监管与事后制裁。但在基因技术违法行为中,相关的行政归责缺乏明确细化的规则指引,针对性不强,处罚力度不够,很难对行为人起到威慑作用。

2. 没有针对基因技术活动的许可与监管的规定。从《民法典》第1009条设立的规定可以看出立法者对人体基因编辑技术的处理模式是原则上禁止,但允许有例外的存在。即对于不涉及违法的医学活动或科研活动方面的人体基因编辑可经许可后进行,但即便是在法律的许可下从事基因科技活动也需严格遵守规则,不得做出危害人体健康、违背人伦常理与损害社会公共利益的事情。但《行政许可法》中关于基因技术活动的规定很少,更没有针对基因技术活动的许可与监管的指向性规定。

二、相关法律尚不能对基因安全风险实施严格的规制

目前,相关的《国家安全法》《生物安全法》等还不能对基因安全风险实施严格的规制,相关的法律还存在一些空白与漏洞。

(一)基因安全领域的立法存在优化余地

我国现行关于人体基因资源保护的法律主要是2024年修

订的《人类遗传资源管理条例》(1998 年科技部与原卫生部联合制定了《人类遗传资源管理暂行办法》;2019 年国务院制定了《人类遗传资源管理条例》,该条例于 2024 年修订;2023 年科技部出台了《人类遗传资源管理条例实施细则》),该条例强调用法律的手段对基因资源实行管制,针对人类遗传资源的采集、保藏和利用以及对外提供和用途备案提出了事前审查(须经批准和安全审查)的具体要求,并针对未经审查的情况规定了相应的行政处罚。看似全面的保障体系,实际上与《刑法》存在难以接轨的地方。《刑法》第 334 条之一规定:"违反国家有关规定,非法采集我国人类遗传资源或者非法运送、邮寄、携带我国人类遗传资源材料出境,危害公众健康或者社会公共利益,情节严重的,处三年以下有期徒刑、拘役或者管制,并处或者单处罚金;情节特别严重的,处三年以上七年以下有期徒刑,并处罚金。"第 336 条之一规定:"将基因编辑、克隆的人类胚胎植入人体或者动物体内,或者将基因编辑、克隆的动物胚胎植入人体内,情节严重的,处三年以下有期徒刑或者拘役,并处罚金;情节特别严重的,处三年以上七年以下有期徒刑,并处罚金。"《刑法》并未针对非法保藏、利用和其他违法行为做出规定,这就使得某些法益失去了"最后性"的保护,法律之间未能完成良好的接轨。《刑法》只能借助非法行医等罪名处置类似行为。同时随着基因科技在医学领域的广泛运用,将会出现更多新的法律问题,对此现行的条例难以很好地解决,基因安全领域的法律供不应求。故而,基因安全领域的立法需要进一步优化与完善。

（二）《生物安全法》缺乏针对基因安全风险的专门规定

《生物安全法》是国家生物安全体系建设的一个新的重要里程碑，为完善我国基因安全风险法律规制体系提供了基本遵循，为维护基因安全筑牢了法制基础，但《生物安全法》相关规定没有细化，没有保障基因安全的专门性规定，难以对基因安全风险形成有效规制。

（三）《网络安全法》中未对群体基因信息安全进行规定

群体性基因信息对一个国家、民族、个人都是非常重要的。如果发生群体基因信息泄露的话，可能直接威胁国家的安全、民族的存在以及个人基因信息的安全。目前我们的《网络安全法》没有对群体性基因信息规定具体保护措施。尤其是在数据出境安全评估的制度中未对群体信息进行分级分类，在数据出境的时候一旦出现了安全问题，应该采取什么样的紧急措施未作详细规定。在网络高速发展的今天，这是非常大的安全隐患。

三、法律条款的适用需要进行更深入的研究

我国对基因安全风险的规制，尚未形成系统的、完备的、可操作性强的法律规范体系，不利于适用。例如，针对非法走私人类遗传资源，我国《刑法》仅规制了两种行为：一是在中国境内的非法采集人类遗传资源的行为，二是非法将人类遗传资源运输、邮递出境的行为。此款规定的立法模式，与《刑法》中走私

文物罪、走私贵重金属罪的规定一致，均是仅规制了出口的行为，而没有规制走私进口文物、贵重金属、人类遗传资源的行为。对于是否需要《刑法》规制的问题，需要从法益保护与《刑法》谦抑性的角度进行讨论。法益保护论与《刑法》谦抑性论分别代表了《刑法》规制的积极面与消极面。[①] 法律适用的问题在《行政许可法》范围内有集中体现，《行政许可法》规定过于笼统，在基因安全相关的问题上，不具备可操作性。行政许可属于授益行政行为，许可的方式通常是先审查相关主体是否具备从事特定活动的法定条件与资质，再通过审查、听证、决定等一系列程序性事项予以赋权。基因技术的使用者是复合主体，既有可能是个人主体，也可能是法人、国家机关等，对不同的主体适用基因技术，均有可能对社会产生不同程度的安全风险，因此主体需要被授权。但是，针对不同地域的不同主体，如何进行授权，授权后又如何进行监管、权力期限届满后又如何收回，这一系列问题无法从《行政许可法》中得到回答。

四、相关的规章与条例的不完善

(一)各部门的监管职权交叉

当前规制基因安全风险的规章与条例主要由科技部、国家卫生健康委员会、原国家食品药品监督管理总局牵头制定，其他协作部门配合。虽然各个规定都对各个部门的职权设置明确分工，但运行时即便各部门各司其职也容易造成职权交叉。部门

---

① 余秋莉:《论人体生殖系基因编辑行为的刑法应对》，载《法律适用》2020 年第 4 期。

规章及规范性文件中的部门管理范围存在交叉现象，例如，辅助生殖技术结合基因编辑技术综合应用，在一定的判定标准下，科技部与国家卫生健康委员会对此皆有监管权，但又可以都认为监管权在对方，便极易在形成基因安全损害后果时出现不同部门之间互相推诿责任的现象。又如，国家卫生健康委员会和科技部对人胚胎干细胞的研究进行监管，国家卫生健康委员会和国家药品监督管理局共同对干细胞的临床试验进行监管，但这不适用于申报为医药产品的干细胞的临床试验。科技部主要针对基因技术应用安全履行监管职责，国家卫生健康委员会主要针对涉及人类辅助生殖技术应用以及涉及人的生物医学研究伦理工作履行其监管职责，国家药品监督管理局主要针对检测合格的基因治疗产品履行其职责。从一定程度上来看，通常出现监管职权交叉会被认为是没有对监管对象的边界进行明确划分，或是对具体环节该由哪个部门做牵头部门、哪个部门配合没有明确规划。但由于每个管理部门所涉及的领域皆存在一定的关联性，这样会导致各部门之间职责分工不明确，界限模糊，甚至有时候出现职能重叠的现象，导致某个事情出现既可以属于这个部门管，也可以属于另外一个部门管的多头管理现象，最后可能变成大家都不管。有效监管需要各部门之间相互配合，但是如何在基因安全风险规制中具体操作，如何对各个职权范围不同的机构进行明确具体的分工，分工是否公平合理，在当前法律规范框架下缺乏明确规定。

（二）各部门之间缺乏联动机制

监管权力不明确导致各部门之间的监管缺乏有效的配合，

未形成联动机制,这不利于基因科技研究及其应用过程中受试者的权利保障。如在"基因编辑婴儿"事件中,其单位及有关部门的介入皆"后知后觉",且之后调查组的调查结果显示有关部门并未对相关研究人员进行有效的事前与事中的监管,对相关研究并未按照规定向伦理专家委员会备案,明目张胆地实施法律明令禁止的以生殖为目的的人类胚胎基因编辑活动。这一定程度上暴露出我国在规制人类基因安全风险领域的监管漏洞,即内部管理缺席,各部门之间的监管缺少有效联动,缺乏对基因技术研究活动所引发的基因安全风险的关注和监管意识。除此之外,事后的处罚也不严格,没有法定的机构运用专门的法律规定对此事件作出系统的、专业性的法律评判。综上,不难看出我国部门规章及规范性文件的监管制度存在问题,监管职责不明确导致责任落实不到位,难以对基因安全风险形成有效规制。

小　结

《宪法》上的基本权利与人权条款已具备确认基因权利部分内涵的功能。为了贯彻实施《宪法》中对基因权利作出的相关规定,其他法律部门可在立足于《宪法》规定的基础之上,对基因技术风险作出回应。基因技术对生命的伦理价值以及人类社会的基本秩序带来的冲击不言而喻,而法律的回应明显滞后。例如,当前人们有了基因权利的诉求,基因权利已是鲜活的社会现实,但法律没有基因权利的规定;社会上已经有了基因犯罪行为,但相关罪名并不完善,惩罚措施与法定刑也尚未达到科学的程度等。相关法律尚不能对基因安全风险实施严格的规制;我国对基因安全领域的规制尚未形成系统、完备的、可操作性强的法律规范体系;还存在各部门的监管职权交叉、各部门之间缺乏联动机制等问题。由此,我国现有的基因安全风险规制的法律依据与基因安全保障的要求还存在一定的距离,这些也正是完善我国基因安全风险规制法治体系需要努力的方向。

第六章　基因安全风险规制的域外经验

虽然在域外尚不存在基因安全风险规制方面普遍适用的立法，但是国际上一些关于生物安全、人权保障以及禁止生物武器等的公约是我国制定基因安全风险规制措施的国际法上的依据，一些国家相关的风险规制经验以及关于基因权利保护方面的措施对于我国基因安全风险规制来说都具有借鉴意义。对此，我国需要将域外经验与本土实践相结合，借鉴有益的国际规范与他国立法经验，将现有的立法、技术规范、伦理道德准则进行整合、优化、升级，形成系统性的基因安全风险规制的法律规范体系。①

第一节　国际法律文件与国际共识

相关的国际法律文件与国际共识是我们国家制定基因安全风险规制法律规范的国际法依据。

---

① 王康：《人类基因编辑多维风险的法律规制》，载《求索》2017 年第 11 期。

一、国际法律文件

国际组织关于基因安全的国际法律文件主要有:《国际卫生公约》(1851 年)、《禁止在战争中使用窒息性、毒性或其他气体和细菌作战方法的议定书》(1925 年)、《纽伦堡法典》(1946 年)、《世界人权宣言》(1948 年)、《赫尔辛基宣言》(1964 年)、《禁止生物武器公约》(1972 年)、《贝尔蒙报告》(1979 年)、《禁止或限制使用某些可被认为具有过分伤害力或滥杀滥伤作用的常规武器公约》(1981 年)、《人体生物医学研究国际伦理准则》(1982 年)、《实验室生物技术安全手册》(1983 年)、《职业卫生服务建议》(1985 年)、《与贸易有关的知识产权协定》(1994 年)、《世界人类基因组与人权宣言》(UDHGHR)(1997 年)、《人权与生物医学公约》(《奥维耶多公约》)(1997 年)、《卡塔赫纳生物安全议定书》(2000 年)、《多哈宣言》(2001 年)、《世界生物伦理与人权宣言》(2005 年)、《欧盟基本权利宪章》(2007 年)等。

(一)《世界人权宣言》

《世界人权宣言》于 1948 年在联合国大会上颁布,是人类在全球范围内通过的首部具有人权保障重要意义的历史性文件,它对人类健康和基本人权的保障起到了至关重要的作用。该宣言反映了第二次世界大战后人类坚持和平与民主的意志,并且至今仍为世界所有国家所奉行,成为世界人权保障的基本准则。虽然在《世界人权宣言》制定之初,来自不同国家的人们,因为文化传统、社会制度、历史背景等差异对人权问题有不同的看法,甚至出现了一些冲突,但是,该宣言充分体现了饱受战乱之苦的全世界人民维护自己的权利不被侵害、推动人权发展和人类社会进步的坚定意志,在这一点上,各国秉持着合作的精神,达成了宝贵的共识。《世界人权宣言》中很多条款的内容体现了人权与安全的价值,譬如第1条“人人生而自由,在尊严和权利上一律平等”;第3条“人人有权享有生命、自由和人身安全”;第8条“任何人当宪法或法律所赋予他的基本权利遭受侵害时,有权由合格的国家法庭对这种侵害行为作有效的补救”;第25条“人人有权享受为维持他本人和家属的健康和福利所需的生活水准,包括食物、衣着、住房、医疗和必要的社会服务;在遭到失业、疾病、残废、守寡、衰老或在其他不能控制的情况下丧失谋生能力时,有权享受保障”。这些条款都在不同程度上保障了个人的权利,为其达到安全的状态提供了法律保障。《世界人权宣言》在序言部分,列举了制定宣言的七个主要原因,包括:第一,对全体人类及其家庭所有成员固有的人性尊严和平等权的承认,这是全世界自由、公正与和平的根本;……第五,各联合国国家的人民已经通过《联合国宪章》中的宣言,宣告了人们对于基本人权、人格尊严以及男女平等权利的信念,并且会在今后致力于在更大的自由范围内推动社会的发展和提高生活标准;第六,成员国已宣誓与联合国开展合作,推动各国普遍遵守人权和基本自由;第七,对这些权利和自由的普遍了解对于这个誓愿的充分实现具有很大的重要性。[①]《世界人权宣言》

① 刘杰:《〈世界人权宣言〉的产生过程及其意义》,载《人权》2018年第5期。

是人性尊严与人权保障的基本准则,它为人类基因权利与基因安全保障提供了一种基本的理念和方法。

(二)《世界人类基因组与人权宣言》

《世界人类基因组与人权宣言》于 1997 年在联合国教育、科学与文化组织大会上通过,是专门关于基因科技和人权的国际宣言,并试图在某些新兴领域探索伦理原则,全文都是关于基因技术和人类权利的规定。该宣言在前言部分就提到:“认识到对人类基因组及其应用的研究,为改善个人和整个人类的健康开辟了巨大的进步前景,但强调此类研究应充分尊重人的尊严、自由和人权,并禁止基于遗传特征的一切形式的歧视。”第 6 条规定:“任何人都不应因其遗传特征而受到歧视,因此类歧视的目的或作用均危及他的人权和基本自由以及对其尊严的承认。”体现了该宣言对部分个人因基因特征受到歧视情况的保护。第 10 条规定“任何有关人类基因组及其应用方面的研究,尤其是在生物学、遗传学和医学方面的研究,都必须以尊重个人的或在某种情况下尊重有关群体的人权、基本自由和人的尊严为前提。”体现了既发展基因技术,又保障人类的尊严和基本人权的精神。《世界人类基因组与人权宣言》是一项关于人类基因权利保障的重要文件。

(三)《人权与生物医学公约》

《人权与生物医学公约》于 1997 年由欧洲理事会制定,也称“奥维耶多公约”。是一份具有法律效力的、致力于保护生物医学方面的人权的国际文书,该文书有多个缔约方,同时赋予相关主体特别的权利来创设未来可能出现的新型人权。该公约确立了两个原则,即强调人类尊严和团结互助,对于维护基因安全有重要作用。具体涉及基因技术的研究和应用领域,该公约声明了研究参与者享有的同意撤回权,但最终还是需要通过具体国家的法律规范来为该种权利的享有和行使提供法律依据。该公约第 2 条明确强调人类的利益和福祉必须优先于社会或科学的利益,禁止以"强化"为目的的基因编辑和对人类生殖胚胎的基因编辑,公约还对编辑人类基因的科学研究活动进行严格限制,如第 13 条将"寻求改变人类基因组的操作"限制为仅能出于"预防、诊断或治疗目的",并且其目标在于不能引入任何对后代的基因组所进行的修改。公约第 18 条禁止为研究目的创造人类胚胎的行为,第 21 条禁止利用人体及其组成部分获取商业利益,第 28 条还规定了针对生物和医学问题要进行公共辩论。

(四)《世界生物伦理与人权宣言》

《世界生物伦理与人权宣言》是联合国教科文组织在 2005 年发布的一份国际宣言,该宣言最核心的内容是确立了生物伦理的基本原则——保障"人的尊严与人权"。该原则被确立为生物伦理领域包括生命科学、医学以及相关技术等需要遵守的首要的基本原则。该宣言强调"个人的利益和福祉高于单纯的科学利益或社会利益"。该宣言特别提到了两个原则,分别是知情同意原则和惠益共享原则。宣言第 6 条第 1 款提到,"只有在当事人事先、自愿地作出知情同意后才能实施任何预防性、诊断性或治疗性的医学措施。必要时,应征得特许,当事人可以在任何时候、以任何理由收回其同意的决定而不会因此给自己带来任何不利和受到损害”;第15条提到,“科学研究及其应用所带来的利益应与全社会和在国际社会内共享,特别是要与发展中国家共享。为了实行这一原则,可以采取下述任何一种形式来共享利益:对参与研究的个人和群体给予特殊的、持续的帮助,并向他们表示感谢;提供高质量的医疗服务;提供科研开发的新的诊断方法、治疗方法以及设备和药品;支持卫生事业;利用科学技术知识;研究方面的能力建设设施;符合本宣言阐述之原则的其他任何形式”。

(五)《卡塔赫纳生物安全议定书》

随着生物技术的不断发展,生物技术的安全性已成为世界范围内的一个研究热点。很多发展中国家在应对生物科技与安全问题上都缺乏足够的能力,因此,面对大量的生物技术产品,他们显得十分警惕和忧虑。为了保障国内的生物安全,保护生物多样性,一些国家想通过国际相关法规的帮助来保护国内生物多样性。于是很多国家包括发达国家提议通过一项国际生物安全协议。在此背景下,《生物多样性公约》进行了三次缔约大会。分别是1994年在巴哈马召开的第一次缔约大会;1995年在印度尼西亚的雅加达召开的第二次缔约大会;1996年7月在丹麦奥尔胡斯、1997年5月和10月在加拿大的蒙特利尔召开的第三次缔约大会。在三次会议上,各国政府、利益相关方和非政府组织都对这一协议表现出极大的兴趣，并于 2000 年 1 月达成了《卡塔赫纳生物安全议定书》的最终文本。[①]《卡塔赫纳生物安全议定书》旨在保护生物多样性不受基因技术产物带来的影响，该议定书的核心内容是关于改性活生物体的越境转移问题。改性活生物体一般是通过现代生物技术获得的，这种生物体将会对生物多样性的保护产生消极影响，同时也对可持续发展产生不利影响，因此需要进行风险规范。议定书第 4 条提到："本议定书应适用于可能对生物多样性的保护和可持续使用产生不利影响的所有改性活生物体的越境转移、过境、处理和使用，同时亦顾及对人类健康构成的风险。"《卡塔赫纳生物安全议定书》是在《生物多样性公约》下以保障生物安全和保障人体健康为目的的一项国际性法律文书，该文书主要就转基因产品越境转移的有关事项规定了生物安全的风险评估、风险管理、标识制度、国家主管部门、生物安全信息交换制度、生物安全能力建设、赔偿责任和补救以及财务机制等内容。该协议书最大的贡献，一是将"风险预防原则"纳入了国际环境法律体系，二是明确了转基因产品跨境转移时的事先知情同意制度。

（六）《禁止生物武器公约》

《禁止生物武器公约》是《禁止细菌（生物）及毒素武器的发展、生产及储存以及销毁此类武器的公约》的简称，该公约于 1971 年 12 月 16 日在联合国大会上通过。1975 年 3 月该公约

---

① 王子灿：《生物安全法：对生物技术风险与微生物风险的法律控制》，法律出版社 2015 年版，第 102～106 页。

正式生效,截至 2024 年 7 月,已有 187 个国家先后签署了该公约。该公约要求各缔约国不得开发、制造、贮存或以其他方式获得和拥有微生物战剂、其他生物战剂或生物毒素,以及相应的武器、设备或运载工具,除非能证明是用于预防疾病、保护安全或其他和平目的,而非是为了敌对或武装冲突。公约还规定,在公约生效 9 个月之内,各缔约国应完全销毁该公约所禁止的生物战剂、毒素、武器、装备和运载工具,或转用于和平目的;各个缔约国都不能将公约规定的相关战剂、毒素、武器、装备和相关运载工具转让给任何国家,或者鼓励、诱使相关国家生产或获取;各缔约国还应在本国的《宪法》中规定,禁止和预防在本国境内生产或获取公约所禁止的生物战剂、毒物、武器、装备和运载工具。公约进一步规定,涉及公约的相关争端,各缔约国可以通过协商、合作或通过联合国体系内的国际程序来解决。如果某一缔约国发现另一缔约方违背了公约的条款,则可在具备确凿证据的情况下,提交联合国安全理事会进行申诉。总体看来,公约在打击生化武器上扮演着举足轻重的角色。

二、国际共识

基因安全风险的影响并不限于一个国家,而是会对世界各国构成巨大的挑战。面对基因技术的迅速发展,国际社会也一直保持着高度的关注。规制基因安全风险的相关法律规范从保护人权的角度出发,逐步拓宽所保护权利的范围,保护对象逐渐细化,对基因安全的发展所进行的立法保护呈现愈加全面、公平、规范的趋势。

2015 年,在美国华盛顿举行的“人类基因编辑国际高峰论坛”上,来自世界各地的专家们进行了广泛的沟通与讨论,达成了以下一致意见:第一,在合适的法律法规和伦理道德规范下,对基因编辑技术可以进行初步的临床研究。第二,明确规定以增强为目的的生殖细胞基因编辑技术的应用是一条不可逾越的“红线”,同时还制定出详细具体的指导准则,以正式文件的形式发布具体研究报告。2017 年,人类基因编辑研究理事会发布了一份名为《人类基因组编辑:科学、伦理学和监管》的研究报告,其中明确指出,基因编辑技术的研发和应用必须遵循特定的伦理规则和规范。2018 年召开了第二届人类基因组编辑国际峰会,峰会上达成的共识是禁止任何形式以增强为目的的基因编辑的临床应用。这一次达成的共识是各国家就基因编辑研究应当根据风险的大小采取不同的处理方式。这是一种合理的管制方式,它有助于维持社会的伦理和道德,推动社会的和谐与安定,也能最大程度地保障基因技术研究的合法发展。各国制定基因安全相关政策与法律应当以峰会所形成的共识精神为基石,合理地制定符合本国发展的法律体系,赋予其法律效力。2019 年,世界卫生组织设立了一个专家咨询委员会,这个专家咨询委员会致力于人类基因编辑技术的监督与管理,专门负责对人类基因编辑技术的审查与监督,包括对该技术运用涉及的科学、伦理、法律问题以及其他方面问题的审查与监督。该委员会提出建立一个负责收集和管理基因编辑研究方面信息的在线登记系统,并为该系统制定科学、透明的管理机制等。2021 年,该咨询委员会发布《人类基因编辑管治框架》与《人类基因编辑建议》,针对基因编辑的5个相关领域提出了保障基因安全方面应综合考虑的问题,旨在帮助各国能按照该规范趋势与要求制定符合自己需求的法律以确保基因编辑技术能够被有效且合理地使用,而不会引发基因安全风险。

第二节　其他国家基因安全风险规制的经验

一、美国相对完备的生物安全风险规制法律体系

美国重视生物安全法律体系建设,是当今世界上防范生物安全较为严格的国家之一,引起世界各国广泛关注。美国在生物安全方面已经形成了比较完备的法律制度。美国生物安全法律体系的构建是从20世纪70年代开始的,先后颁布了《生物反恐法案》《公共卫生安全与生物恐怖主义预警应对法案》《公共卫生与医学准备预案》《生物盾牌计划法案》等一系列有关生物安全的法律和法规,为生物安全防范、生物恐怖袭击、生物安全药品研究开发和公共卫生防护等领域提供了法律保障。

(一)生物技术方面的立法

美国于1976年通过了《重组DNA分子研究准则》,该准则是美国国立卫生研究院(National Institutes of Health, NIH)制定的。该准则是世界上首部关于生物科学技术安全性的法规。对于基因编辑,美国采取了一种由联邦政府提供资金支持的模式,并发展出了比较完善的管理制度。美国于1986年建立了关于生物技术的统一管理框架,授予环境保护局(EPA)、美国农业部

(USDA)、食品药品监督管理局(FDA)、职业安全与卫生管理局(OSHA)及国立卫生研究院五个部门,负责生物技术安全的协调管理。[①] 美国并未颁布全国性的基因编辑禁令,而是由美国食品药品监督管理局和美国国立卫生研究院联合监督,从基础研究到临床试验再到治疗产品的研发,都有相对完善的管理制度。美国国立卫生研究院不允许联邦资金资助人类基因编辑的研究活动。美国没有制定法律来禁止基因编辑技术的极端应用场景,而是通过普遍设立于医疗机构之中的"机构内置审查委员会"来进行涉及人的生物医学研究审查。[②] 美国里根政府于1986年6月发布了《生物技术管理协调大纲》,确立了美国生物安全部门内部的工作协调机制,并把基因工程工作纳入现行法律法规的管理对象中,形成了一套完整的法律体系。[③] 1995年《迪基－威克修正案》规定,禁止对"制造或毁坏人体胚胎的研究"进行联邦拨款。2015年,美国国立卫生研究院援引《迪基－威克修正案》,宣称"不得利用人体胚胎进行基因编辑";但美国于2018年发表了一份报道,表示将设立一项联合基金,以支持基因编辑技术研究,从而使相关的基因编辑技术成果能够用于基因治疗活动。美国食品药品监督管理局根据《公共卫生服务

---

① 刘谦、朱鑫泉主编:《生物安全》,科学出版社2001年版,第301～323页。

② Amanda Warren Jones, *Realising New Health Technologies: Problems of Regulating Human Stem Cells in the USA*, Medical Law Review, Vol. 20:4, p. 540－575 (2012). 这种模式为许多国家所移植,关于"机构内置审查委员会"(IRB)在新加坡的发展,参见 Tracy Evans Chan, *Legal and Regulatory Responses to Innovative Treatment*, Medical Law Review, Vol. 21:1, p. 92－130(2013)。

③ 徐友刚:《考察美国生物安全立法情况的报告》,载《科技与法律》2003年第1期。

法》《联邦食品、药品和化妆品法》,颁布了《人类受试者保护条例》《健康保险携带和责任法案》,保护受试者的个人隐私与知情同意权利,并对临床试验伦理规范的相关事项进行了明确规定。在 2022 年 3 月,美国食品药品监督管理局公布了一份关于人体基因编辑的人体基因疗法的草案,其中提到了对人体进行最少 15 年的追踪来监控可能存在的危险。[①]

(二)基因治疗方面的立法

就基因治疗而言,最重要的法规是《公共卫生服务法》(1944 年)和《联邦食品、药品和化妆品法》(1938 年出台,2023 年对部分条文进行修正)。这两部法律将生物技术产品列入管制范畴,并明确指出,基因疗法必须由药物体系管制,并获得国家颁发的许可证方可实施。监管过程中采用的评估准则主要为行政命令和专业规则,包括美国食品药品监督管理局自己制定的“利用重组基因技术制造之新药与生物体制造及测试注意要点”。该文件的主要内容是规定实验性新药测试、产品执照、生产设备执照、所有涉及病毒载具的基因治疗及基因治疗产品都必须符合要求。[②] 美国食品药品监督管理局负责监管基因治疗方案和基因疗法的临床试验。一旦基因治疗方案得到审查委员会的批准,生物制品评价与研究中心将根据《试验新药流程》对该方案进行安全性评估审查,并根据药品、疾病种类和患者数量

---

① 张丽雯等:《基因编辑技术监管现状研究》,载《生命科学》2022 第 10 期。

② “Is the real Demand for the WorldWide Regulation of Gene Therapy?” See H. Ghoi, *Interdisciplinary Approaches to Gene Therapy : Legal, Ethical and Scientific Aspects*, Berlin: Springer, 1997, p. 167.

等因素对该方案的效益风险比例进行评价。① 除了根据科学原理对安全性进行评价外，还包括对受试者的公平保护，也就是告知之后的同意。这一原则规定医疗机构应向患者提供充分的资料，包括研究的性质，风险—收益比率、其他治疗方式、保密性、受伤后的补偿等。②

（三）对胚胎干细胞的研究的立法

美国关于胚胎干细胞的研究的法规经历了一个复杂的发展过程。在 1993 年联邦政府批准一项专用经费，专门用于胚胎组织的研究，即此时是允许胚胎干细胞的研究的。可是 1995 年，美国的国会却通过了一项禁止在美国进行胚胎干细胞的相关研究活动的法案。在克林顿执政期间，关于对体细胞克隆技术的应用和对胚胎干细胞的研究依然是不被允许的、受限制的，这种对技术研究限制的行为直接影响了基因克隆技术的发展。后来随着克隆羊“多利”的诞生，美国就对体细胞克隆技术的应用和对胚胎干细胞的研究是否可行的问题进行了充分的讨论，最后得出的结论是之前的禁止是仅限于胚胎而非胚胎干细胞，因此对胚胎干细胞的研究不应加以限制。由此，2000 年美国公布了准许科学家进行克隆人胚胎的研究的法令，并设立专门的干细

① See A. J. Grant, *Regulation of Genetic Therapy*: *The American Experience*, in H. Ghoi, Interdiscipli - nary Approaches to Gene Therapy: Legal, Ethical and Scientific Aspects, Berlin: Springer, 1997, p. 168.

② SeeA. J. Grant, *Regulation of Genetic Therapy*: *The American Experience*, in H. Ghoi, Interdisciplinary Approaches to Gene Therapy: Legal, Ethicaland Scientific Aspects, Berlin: Springer, 1997, p. 159.

胞检查小组,以证实相关的行为符合道德规范和法律规定,从而使此项研究得以合法化。美国布什政府在2000年选举之后,对胚胎持一种尊重的态度,主张对胚胎的研究应该局限于通过人工繁殖方法产生的剩余胚胎,而不允许进行胚胎干细胞的研究,并中止国立卫生研究院的人类多能性干细胞研究小组的工作。美国总统乔治·布什于2001年8月9日宣布,禁止使用新的胚胎进行胚胎干细胞的研究,并宣布"禁止生产及破坏胚胎的禁令",并且是否制造或破坏胚胎将会成为资助胚胎干细胞研究的重要依据。从这一点可以看出,美国是通过有无联邦资助来规范胚胎干细胞的研究的。布什政府认为,对胚胎干细胞的研究会导致胚胎的毁灭,这违反了前述的立法意旨,所以应该禁止使用国家的资金资助。① 2006年,布什总统签署了一项法案,该法案禁止以研究为目的培养人类胚胎细胞;布什同时否决了《干细胞研究加强法案》,并认为该法案跨越了道德底线。2009年,奥巴马以相反的态度推翻了布什的决定,要求研究院重新制定干细胞研究规范。同年,国立卫生研究院公布了规范草案,其中的重点内容在于——以生殖为目的的胚胎干细胞研究可以获得资金支持,但这不包括以专项研究为目的。

(四)生物武器管制与生物恐怖预防方面的立法

在生物武器管制与生物恐怖预防方面,美国有较多的立法:

---

① See Gregory J. Downing, *A Reseacher's Guide to Federally Funded Human Embryonic Stem Cell Research in the United Stated*, Totowa, NJ: Human a Press Inc., 2003, p. 30.

1979年颁布、2001年修订的《出口管理法》规定，美国企业和个人被严格禁止将其生化武器的相关物品或技术出口到特定国家，防止某些国家的政府或团体研发生物武器。1991年颁布的《化学与生物武器管制与消除战争法》，允许对任何违反国际法使用生物武器的国家以及有意向禁止出口的国家出口双用性物资的公司实施经济、外交制裁及出口管制。联邦法典规定进口致人感染的病原体必须从疾病控制中心取得进口许可证。联邦法典要求某些特定人类与动植物病原体、基因物质及有可能被用作大批量培养的产品的出口商必须得到出口许可。1989年颁布的《生物武器法》规定，（包括协助他人）研发、加工、转移或持有生物战剂都将依照联邦法律被追究刑事责任。2002年的《生物反恐法案》为美国应对生化恐怖主义的攻击提供了一个新的途径，以加强美国在生化恐怖主义方面的防范和反应能力。美国国土安全部在2004年4月颁布的《21世纪的生物防御》中表明，生物武器是美国国家安全的一个重大威胁，其重点是构建生物安全防卫系统，严密防范生化恐怖分子的攻击，并以威胁感知、预防与保护、监视与检测、响应与恢复作为生物防御能力的四大支柱。[①] 2018年9月，美国发布《国家生物安全防御战略》，将生物威胁认为是美国面临的最为严重的威胁，通过加强生物风险管理，明确生物风险防范原则，提议建立一个分层的风险管理方法来应对生物威胁。[②] 这一战略是美国第一个针对生物安

---

① Department of Homeland Security, *Biodefense for the 21st century*, HSDL (April 28, 2004).

② 王雅丽、王利、刘萃波：《美国国门生物安全管理及启示》，载《中国口岸科学技术》2020年第8期。

全威胁的系统策略，它是美国国防部、卫生和人类服务部以及农业部等多部门共同制定和负责实施的，在内容上包含前言、愿景、宗旨、威胁和后果、生物风险管理、假设、治理、目的和目标以及结论九个组成部分。① 此卫生安全战略的核心内容是为了增强全球尤其是美国的伙伴国家的卫生健康能力，呼吁国际社会对全世界的卫生健康提供资金保障与设备保障。美国政府2019年7月宣布，将加大对“生物护盾”项目的投入力度，并加大了对该项目的资金投入。② 美国在生物安全方面相对完备的立法体系有值得我国借鉴之处。

二、英国严格的基因安全风险管理制度

英国关于基因安全风险管理最为典型的就是规定了严格的许可证制度与准入制度。

（一）人体胚胎研究的许可证规定

英国政府高度重视生物安全，20世纪70年代末开始了在生物安全领域的立法工作，把生物安全上升为国家战略，根据国际形势的变化以及生物科技的发展进程及时更新生物安全的立法与管理。英国于1978年通过了《重组DNA分子实验准则》，并于1989年通过了《遗传操作规则》。在欧洲的国家中，英国率先批准了人类胚胎的研究，它在干细胞研究方面走在了世界

---

① Ye Lingling, *The United States Issues National Biodefense Strategy*, Journal of Biosafety and Biosecurity, Vol. 1:1, p. 3 – 4 (2019).

② 王磊、张雪燕、王仲霞：《美国政府加强部署生物盾牌计划》，载《军事医学》2019年第8期。

前列,与此同时,它的研究也是最开放的,除了人类的克隆技术之外,几乎没有任何限制。英国根据1984年沃诺克委员会发布的报告,对使用胚胎的科学研究采用了保护制度。委员会主张,对于胚胎发展成为人类的潜力,应该予以尊重,并且在法律上给予一些保护,然而胚胎不能等同于人类,它跟人类是不一样的,在法律规范上也应该不一样。由此,英国于1990年通过《人类受精与胚胎学法》用来规范关于人工生育和胚胎的研究,对各种胚胎研究和相应的责任进行了详细的界定,而干细胞研究由于不可避免地要用到胚胎,也毫无疑问地受到它的规范。该法第3条第1款明确规定,禁止所有人参与、制造保存或者使用人体胚胎。该条法律在原则上依然是反对人体胚胎研究的,唯有在别无选择的情况下,才能获得开展人体胚胎研究的许可证。同时成立了一个名为“人类受精和胚胎学管理局”的机关,以审批使用人工辅助生殖技术的申请。2008年,英国修订了《人类受精与胚胎学法》,增加了人体胚胎的特殊地位、许可制度、“双方同意”原则等内容。

(二)明确对基因编辑技术应用的监管权与监管机构

对于体细胞和生殖细胞,英国根据不同的分类标准采用不同的规制措施,主要方式是行政监管。针对体细胞基因编辑技术应用活动,监管权由药品和保健品监管署行使,辅之以其他专业机构,包括遗传修饰科学咨询委员会以及基因治疗咨询委员会。临床阶段上,在应用体细胞基因编辑技术作为治疗手段之前,作为前置条件的是获得监管部门的批准,其次是专门机构的支持。2000 年颁布的《遗传修饰生物体条例》是英国的监管部门与专门机构联合发布的技术应用指导纲领，将对体细胞进行基因技术应用所必须满足的条件确定下来，使可能或者必然会危害人类健康安全的遗传修饰微生物体与人类相隔绝。《人类受精与胚胎学法》为保存、使用胚胎行为设置了特别许可，管理局作为主管机构，负责对许可申请的审查、批准，持续不间断地监督医疗机构的服务、发布质量报告、对运营事故及时报告并做出处理。对符合许可条件，被准予进行人类基因编辑技术研究和应用的活动，在相关活动进行过程中，管理局还需继续严格把控制造、持有、使用的配子或者胚胎，使其每一步运行都处在严密的监管之中，甚至可以实现每一个被用于技术研究或者应用的胚胎的命运都能够被追踪到。

（三）治疗性克隆人体胚胎研究人员的许可证制度

英国议会在 2000 年和 2001 年通过《人类受精与胚胎学法》及其修正案，指出要想更好地理解人类的疾病和失能现象，就需要从胚胎研究中获得更多的知识和更好的治疗方法，所以增加了一些可以进行胚胎研究的情况。第一，促进有关胚胎发育方面的研究；第二，增加对主要重大疾病的认知研究；第三，对治疗重大疾病的理论和方法进行应用研究。英国通过这项议案，基本上在法律上认可了治疗性克隆人体胚胎研究，是全球首个以法律形式为“治疗性克隆”开了绿灯的国家。不过根据这条规定，从事研究工作的科研人员，都需要获得国家颁发的许可证。英国政府于 2001 年 11 月 21 日颁布了《人类生殖复制法》。该法第1条第1款清楚地指出,将人工受孕所产生的人体胚胎移植到妇女的子宫内是一种罪行。第1条第2款还指出:“犯有前款罪,情节严重的,判处十年以下有期徒刑。”但是,这项法律并没有阻止科学家们克隆早期的人类胚胎、提取出他们的胚胎干细胞用于研究。[①] 英国在2005年修改了《人类受精与胚胎学法》,规定使用人类胚胎遗传诊断技术时,必须以防止有先天基因缺陷的儿童为目标,而不能将其用作非医学用途(如选择性别)。[②]

(四)从事基因技术的风险意识及安全教育规定

在2016年,人类受精和胚胎学管理局正式批准特定研究部门可以利用第三代基因编辑技术(CRISPR)对人类胚胎进行基因编辑及相关实验。这项试验仅供科研之用,并不会为生殖之用。[③] 2018年7月,英国发布的《英国国家生物安全战略》中详细介绍了英国应对生物安全风险的方法,呼吁将该战略的实施纳入现有的政府机制,并建立一个部际委员会,以协调对生物风险的预防和控制,由每个部委通过行政规则和监管文件监测和管理具体的生物安全问题,并强调英国政府将全力保护英国人民及其利益免受重大生物安全风险的影响。[④] 英国对2020年及以后将要面临和解决的生物风险进行了整理,主要包括以下

---

① 英国颁发了第一份克隆人类胚胎执照。

② Human Fertilisation and Embryology Act (1990).

③ 王康:《人类基因编辑多维风险的法律规制》,载《求索》2017年第11期。

④ 参见陈方、张志强等:《国际生物安全战略态势分析及对我国的建议》,载《中国科学院院刊》2020年第2期。

三个方面：一是自然生物风险，该风险包括抗菌素耐药性的产生与传播以及气候的变化。此风险将会带来病虫害的增加与疾病的传播。二是意外生物风险，随着科学技术的进步与生物技术产业的发展可能会带来人类意想不到的生物风险，如释放有害生物材料带来的风险。三是生物武器风险，伴随着生物技术与基因技术的发展，增加了未来使用生物武器与基因武器的风险。在立法上，英国已建立了一套针对遗传工程的制度体系，而在基因技术相关的管理与保护上，英国则采用了一种非常严密的管制制度，所有参与遗传工程研究的单位，都要先取得内务部颁发的许可证，而从事基因技术研究的毕业生在正式投入工作前，都要经过一段时间的安全教育。英国并未普遍批准或禁止任何一种基因编辑技术的研究与使用，而是在英国人类受精和胚胎学管理局及人体组织管理局等监管机构的不断监督下，针对某一具体事项，以审慎监管的名义应对出于改良目的的生殖细胞基因编辑技术的发展和应用。英国的基因安全风险管理制度包括严格的许可证制度与准入制度以及从事基因技术的安全教育规定等，这些规定值得我们借鉴。

三、德国的基因编辑禁止性规定

（一）德国最早制定了《基因技术法》

在第二次世界大战时期，德国纳粹分子侵犯和践踏人性尊严与人权。他们滥用生物技术，将生物技术直接运用于人体实验。将受试者当作了“客体”和“物”，这是对人性尊严最大的不尊重。鉴于第二次世界大战中德国的所作所为给人类带来的巨大伤害，为避免重蹈覆辙，战后德国对于生物技术与基因技术的使用问题非常重视，而且相关规则与制度的制定也非常严格。德国很早就有了关于干细胞胚胎或基因等领域的立法。德国于1990年制定了《基因科技法》（也有人将其翻译为《基因科技管制法》，该法于1993年、2010年、2019年进行修订）。该法共有七大部分，四十二小节，其对基因科技研究中应该遵守的规范进行了规定。具体包括一般规定、基因设备的技术操作、基因交易、公共规定、义务规定、刑罚和罚款规定以及过渡性的规定等，为其他国家制定基因科技方面的法律提供了参考借鉴的蓝本。1991年德国制定了《胚胎保护法》，该法规定了人类基因编辑的详细内容，规定了改变人类生殖细胞遗传信息行为的刑事责任。

（二）关于基因编辑禁止性规定

1991年颁布了第一部涉及人体生物医学研究领域的《胚胎保护法》，并于之后不断对该法进行修订完善，将该部《胚胎保护法》修改成为能够适应时代发展要求的、规范和引导生命科学研究需要的"最严苛"的法律。《胚胎保护法》对人类体外胚胎使用、涉及人体胚胎的违法行为的刑罚与人类体外胚胎用于科研的情况等问题都作出了规定。例如，该法第2条对人类体外胚胎不当使用的行为作了规定，并明确禁止以买卖手段对人类体外胚胎进行处理的行为；第3条对试图通过基因技术对胎儿性别进行干预选择的行为明令禁止；第3a条对利用基因技术与人类体外胚胎的通力合作进行疾病预防和诊断研究的行为作了规定;第5条对人工干预生殖细胞的行为明令禁止。以上条款都根据不同的情节设置相应的刑罚。[①] 这些规定既为基础的基因科学研究留下了充足的空间,又遏制了人体胚胎被应用于违法临床医疗的鲁莽行为。[②] 值得注意的是,虽然在德国体外胚胎的法律地位一般都低于体内胎儿,[③]但是在临床应用以及适用于人体的生物技术上都采取禁止态度。在《胚胎保护法》的基础之上,另一项关于保护胚胎干细胞的法律《胚胎干细胞保护法》于2002年通过并实施。德国众议院于2002年1月30日作出"原则禁止,例外准许干细胞进口研究"的决议,并于同年4月25日通过《进口与应用人类胚胎干细胞时胚胎之保护法》。根据这项法律,禁止进口和研究胚胎干细胞、禁止使用胚胎干细胞制造胚胎,但是,如果是用于科学目的则允许有例外。在基因编辑问题上,德国不允许以生殖为目的对受精卵或胚胎进行基因编辑,[④]并通过立法进行规制,设置了5~20年监禁的刑事责任。德国是典型的严格限制人类胚胎基因编辑的国家,其主要通过基本法和专门法规制人类胚胎基因编辑的研究和应用。《德国基本法》和《胚胎保护法》明确规定胚胎属于其规定的生命权主体,并给予人类胚胎严格的法律保护,具体包含生殖细胞的基因工程、克隆技术、人兽杂交、治疗目的和研究目的的

---

① 吴桂德:《德国法上人类体外胚胎的法律保护及其借鉴》,载《交大法学》2020年第3期。

② 郑戈:《迈向生命宪制——法律如何回应基因编辑技术应用中的风险》,载《法商研究》2019年第2期。

③ Schmitt, in: Münchner Kommentar, 2015, § 1 Rn. 45.

④ 王康:《〈生物安全法〉立法定位及对基因技术的风险控制》,载《北京航空航天大学学报(社会科学版)》2019年第5期。

人类体外胚胎基因技术、人工辅助生殖技术、利用人类体外胚胎的代孕行为、人类体外胚胎不当使用、商业性买卖人体胚胎、人工干预胎儿性别选择、自然人死后的人工授精等涉及人类胚胎具体应用行为的法律规制，同时明确相应的刑事责任。[①]

四、法国专门的基因权利条款

法国在基因安全风险规制中最大的特点是关于基因权利的保障，在《法国民法典》中设置了专门条款，对完善我国基因权利保障有借鉴意义。

（一）禁止基因歧视的规定

法国历史上曾用所谓"优生学"的方法论证种族优劣，受该事件的影响导致法国对人体基因安全风险的法律规制较为严格，对是否能应用人类基因编辑技术持保守态度。法国将人格尊严的至高无上性写入了法律中，自然人的基因权利通过《法国民法典》得以保障，并强调人类基因编辑技术的研究与应用应始终以人的尊严与自由作为第一衡量标准，进而结合实践与法律价值判断对基因安全风险进行规制，[②]以此对不可用财产作为衡量尺度的人体及其组成部分或胎生之物的完整性形成保护屏障。通过立法对基因编辑行为及人体试验作出规制，允许在对疾病进行治疗的情况下进行人体基因的检查，严格禁止基

---

① 吴桂德：《德国法上人类体外胚胎的法律保护及其借鉴》，载《交大法学》2020 年第 3 期。

② 王康：《基因权的私法规范》，中国法制出版社 2014 年版，第 35 ~ 39 页。

因歧视的行为。除对法律许可之外所进行的犯罪行为处以徒刑与监禁之外,还会对违法行为人在基因技术领域所取得的资格及执照予以撤回或吊销,并禁止其再从事基因技术领域的任何研究与活动。如此既能保证不阻碍基因科技的发明研究,又能对违背基因安全伦理的行为活动进行约束和法律制裁。法国《生物伦理法》对克隆技术的应用方面作出规定,严禁以生殖为目的的克隆,但允许进行胚胎移植前基因诊断(PGD)。[①] 但总的来说,法国在人体基因编辑技术应用领域,即使是以医疗目的的基因编辑行为,其法律监管都处于较为严格的状态。

(二)基因权利专门条款

法国在基因权利方面的规定是体系化的,首先,为了保障基因权利的核心内容即人的尊严,法国制定了《生物伦理法》等单行法。法国于 1994 年 7 月通过了《生物伦理法》,该法案在医疗、生育技术、遗传学和器官移植方面都有规定。法国卫生以及生命科学领域的国家咨询伦理委员会(CCNE)在 1997 年 4 月 22 日发表了 54 号宣言,宣称:"人类的复制,其基因将不是由基因的任意决定,而是由某人的意志决定;任何试图复制人类的行为都会对人类生存和人类其他重要的基本特征的不确定造成极大的威胁",同时呼吁世界各国团结一致,共同对抗生殖性克隆。法国于 2003 年 1 月 21 日颁布一部法令,禁止"治疗性克隆",因为"治疗性克隆"让"克隆人"相关技术得以发展,同时也

① PGD 是指第三代"试管婴儿",主要用于检查胚胎是否携带有遗传缺陷的基因。

为克隆人这一行为开了绿灯。法国于2004年修订了《生物伦理法》,特别禁止人类无性生殖和治疗性克隆。同时对于普通人类胚胎的研究活动进行了一般性规定,即“人类胚胎的研究是被禁止的”,除了以下例外情况:在该法生效后5年之内进行的获得政府特批的研究,以及能够在治疗方面取得显著进展的研究项目,并且要求同时期没有可能获得同样效果的其他研究。不过,在此例外情况下,只有在获得捐赠者同意的情况下,才能进行体外培养。在任何一种情况下,这种研究都必须获得依照该法设立的生物医药组织的核准。其次,为了惩罚侵犯基因权利的犯罪行为,在刑法中规定了相关的犯罪与刑法规则。1994年,《法国刑法典》在第二卷第一章中专门规定了“反人类及人种之重罪”,规定了禁止实施优生政策干涉自然生育的措施;第五卷的第一章,专门设立了“生物医学伦理学中的罪行”,规定了对人类细胞和组织进行非法储存和改造的行为是违反刑法的。最后,《法国民法典》专门规定了基因权利条款,具体包括基因平等权(人体基因不受歧视)、基因隐私权以及基因知情权等权利的保障措施。例如,《法国民法典》第16-3条规定“任何人都不因其基因特征而受歧视;违反本条并符合侵权责任构成要件,则应承担《法国民法典》第1382条规定的民事责任”,在保障基因相关权益时有权利设定也有归责方式,因而其保护框架是全面的、体系化的。①

① Dan Vorhaus, *Is the Genetic Rights Movement Picking Up Steam?*, Genomics Law Report, (2011).

小　结

不同国家对基因安全规制模式的选择,实际上取决于国家立法者对基因技术的价值观。当前,国际社会对于基因安全风险法律规制都持较为谨慎的支持态度,既有特许又有限制,力求在谦抑与开放之间找到最合适的平衡点。我国应该立足本国的国情有针对性地借鉴域外经验,将域外经验合理地融入我国基因安全风险规制法律规范之中。相关的国际法律文件与国际共识是我们国家制定基因安全风险规制法律规范的国际法依据。我国可以:吸收典型国家如美国相对完备的生物安全风险规制法律体系经验,完善我国基因安全风险规制的法律规范体系;借鉴英国严格的基因安全风险管理制度,健全我国基因安全领域的行政许可制度与监管制度;参考德国关于基因编辑禁止性规定,对我国超越底线的违背人伦的增强性人体基因编辑行为严厉禁止并加大刑罚力度;借鉴法国专门的基因权利条款的做法,完善我国民法上的基因权利规定,将基因权利的内容细化,并制定相应的保护措施。当然,由于基因技术发展的全球性,基因安全风险规制问题不是一国的问题,是世界性的问题,需要世界各国合作和全球的共同参与。我们应根据我国的国情及基因技术发展的需求制定法律规范并融入基因安全风险的全球治理中。

第七章　基因安全风险规制法治体系的完善

在风险社会的背景下，基因安全风险成为不容忽视的问题。作为基因安全风险规制的主要手段，法律该如何应对基因安全风险成了一个非常重要的课题。我国目前的法律体系，对如何看待风险社会中存在的各种风险，仍然处于摸索磨合的阶段。风险社会对法律系统的冲击，在新科技所带来的不确定性与未知危害的方面非常明显。基因安全风险企图呈现超越既有生活经验的不确定性时，法律究竟应如何对基因安全风险的不确定性进行预防管制？是否以及如何制裁基因安全风险的制造者？在基因安全风险出现后又应如何弥补受害者的损失是我们必须要解决的问题。[①] 随着基因科技的发展和人们对基因世界认识的加深，使用成熟的基因编辑技术来改造人的身体状况已逐渐成为现实。风险治理是应对新兴科技理论争议的一个社会实践过程，基因安全风险规制的宪法与法律依据仍需进一步完善。

---

① 邱文聪：《如何克服公卫诉讼中因果推论的难题：法律系统面对风险社会的一个挑战》，载《科技、医疗与社会》2012 年第 14 期。

我们要以《宪法》中的基因基本权利、基因人权及国家安全的相关规定为基础,以《国家安全法》的总体国家安全观为依托,在基因安全风险规制上遵循相关的政策与立法规范,完善我国基因安全风险规制的法治体系。具体而言,可以从以下三方面入手:完善法律规范体系、完善法治实施体系与完善法治监督体系。

第一节　基因安全风险规制法律规范体系的完善

基因科技的发展推动了经济的进步与社会的发展,同时也给社会带来了基因安全风险问题,给法治的发展带来了冲击。为了回应基因科技领域面临的法律挑战,既需要调整现有基因安全风险规制法律规范,同时也需要更新风险治理的理念,在条件和时机成熟时制定新的"基因安全法"。

一、已有法律规范的调整

如前所述,在基因安全风险规制方面,我国已有一些宪法和法律依据,但仍存在不完善的地方,要从宪法、民法、刑法、行政法以及其他法律法规等层面完善已有的法律规范。

(一)宪法层面的规范

人们通常认为对基因技术的规制意味着要对其严格限制与管控,而理性地运用基因技术可以治病救人,给人类带来诸多福利。因此不能一味地限制基因技术的发展,必须在鼓励基因技术的发展与对其进行限制中找到协调与平衡的方法,做到既能让基因技术继续发展,也能规范基因技术带来的风险,以防止法律阻碍社会的发展。但是法律的滞后性与科技的前沿性之间的矛盾给基因技术的法律规制带来了巨大的挑战。为了使法律规范能够适时地调整新技术带来的问题,我们在制定法律规范时,需要随着科学技术的发展进行动态的调整,以适应科技发展的需要。然而,仅仅依靠具体的法律规制无法在顶层设计上适应基因技术的发展,因此要用宪法为基因技术的规制划定底线。①

1. 明确人性尊严的基本价值。众所周知,人权是宪法的核心内容,而人性尊严又是人权的基础与核心内容。基因科技的发展,增加了科技使用物化的风险,由此保护人性尊严成为非常重要的宪法问题。人性尊严最大的要求就是人的主体性与目的性的统一。人是主体而不是客体,人是目的而不是手段。随着科学技术的发展,人有被当作工具、手段以及物的可能,这与宪法保障人权的基本价值与基本追求是相冲突的。这可以说是目标或者目的的冲突,换言之,基因技术发展的某些成果让社会的发展在目标、目的层次上脱离了社会现实,违背了宪法价值,技术塑造出了"未来人类的宿命",这其中人本身会是最直接的受害者。② 尽管科技是人类创造的,但是人并未完全驾驭与掌控科技。一旦科技脱离人的掌控恣意发展,它可能会变成给人类带来损害的魔鬼,它将侵犯人的尊严,侵犯人的主体地位。而人

---

① 田野、刘霞:《基因编辑的良法善治:在谦抑与开放之间》,载《深圳大学学报(人文社会科学版)》2018 年第 4 期。

② 韩大元、王贵松:《谈现代科技的发展与宪法(学)的关系》,载《法学论坛》2004 年第 1 期。

的主体地位一旦丧失，人就从目的变成了手段，人的尊严也不复存在了，人在宪法上的地位也变得不确定了。人性尊严作为一种宣誓性的基本权利，其本身所具有的功能可以表现为两个层面，分别是消极防御和积极请求，前者指任何人的尊严都不能受到国家权力的侵害，后者指国家要履行保护公民尊严的义务，在基因科技高速发展的时代，我国宪法中的人格尊严条款同样具有这两种功能。①

科技发展与宪法价值碰撞的缘由之一在于宪法虽然对科研自由进行了保护，但是对科研自由的限制和保障界限存在模糊，在某种程度上，宪法对科研自由的保障规定得并不是很明确。相对的，人性尊严在宪法中处于核心地位。于是这两者的关系显而易见：人性尊严的保障是科研自由的出发点和落脚点，任何势力想改变这一特点，都不会得到合宪性保障。科技的最终目的是要改善人类生活，促进人类的进步与发展，只有科技在合理正当的轨迹发展、贴切宪法的价值、以尊重人性尊严为出发点和落脚点，才能推动人类对美好生活的向往。② 人性尊严与人的价值需要被高度重视，一旦人性尊严和人的价值被忽略，那么任何的救济措施都是于事无补的。基因编辑技术属于宪法规定的科研自由的权利，是公民的基本权利之一，科研自由要在宪法体系下受到相应的限制，科研自由并不是无限制的自由，对其解释要在宪法价值体系框架下进行。

---

① 沈秀芹：《基因科技对人性尊严的挑战及宪法应对》，载《山东大学学报（哲学社会科学版）》2012 年第 6 期。

② 韩大元：《维护人的尊严是文明社会的基本共识》，载《探索与争鸣》2018 年第 12 期。

法学的使命不在于对基因科技取得的成就予以嘉奖，而在于深度审视规制基因科技的发展所带来的不利后果。[①] 当今基因科技的发展具有价值多元化、不确定性两大特点，即便如此，我们也应遵守人性尊严价值和人类共同的价值，我们必须坚持在宪法的规范和指导下发展基因科学技术，基因科学技术的发展要合乎宪法，坚守保障人性尊严与人权的底线。基因科技的发展要从尊重人的生命、尊重宪法的价值、尊重人的尊严出发，不能将人客体化、手段化、工具化，不能践踏人的尊严，否则，科技会将人类社会带向万劫不复之地。因此，宪法要将人性尊严明确宣誓并置于宪法基本权利体系最高端，成为宪法最高价值原则；运用法学方法论，将人性尊严作为宪法未明确指出的其他基本权利形成的依据，或者作为权利列举的理论依据，进一步彰显宪法精神。[②] 目前国外多是将"保护人性尊严"确立为一项基本原则，对条文中的隐私权、名誉权、姓名权等各项人权作列举性规定。但我国可依据实际情况，采用以下解决方法：一是直接将《宪法》第 38 条扩大解释，重新理解人格权内容，由单一的人格尊严维护扩大到对人性尊严的保护；二是宪法中单独增设一个条款，明确国家既要促进人类基因技术发展，更要保护人性尊严。

2. 扩大对人性尊严主体范围的界定。根据文义解释，人性尊严的主体应该是"人"，包括单独个体的"人"和作为整个人类

---

① 韩大元：《当代科技发展的宪法界限》，载《法治现代化研究》2018 年第 5 期。

② 郑旭文：《价值与规范：人格尊严的宪法地位》，载《西安电子科技大学学报(社会科学版)》2011 年第 6 期。

群体统称的“人”。但在基因技术背景下,人作为人性尊严的主体这一毋庸置疑的理论受到了前所未有的挑战,更多的具有争议的“主体”出现,而它们是否应当享有人性尊严,应该在多大程度上受到保护,是法学面临的新课题。

备受争议的当属前胚胎(形成受精卵之后14天以内的胚胎,一般认为此时开始形成意识)。对于前胚胎能否成为人性尊严的主体,学界有两种声音:一种持否定态度,认为前胚胎没有人性尊严,因此以治病救人的名义进行胚胎干细胞研究是被允许的,此观点也同样成为支持治疗性克隆的依据;[①]而持肯定态度的学者认为,从胚胎到出生到成熟衰老是一个人自然发展的过程,而且这个过程是连续的,应该将胚胎等同于其他生命阶段,所以,虽然处于胚胎时期的生命体并不具有感受尊严的能力,但这不等同于它此时不享有尊严。这两种意见针锋相对,其辩论的焦点就在于是否应将胚胎纳入人性尊严的主体范围。我们暂且抛开争论本身,设想下两种意见会引发怎样的结果:对于承认胚胎是人性尊严的主体而言,为了达到保障其尊严的目的,所有以其为对象的科学研究都要被禁止,这明显阻碍了医学与生物学的研究进程。反之,若胚胎不是人性尊严的主体,这就意味着生命体在胚胎阶段就可以被肆意处置,势必会带来难以预知的恐慌。基于此,我们就能够理智地判断,胚胎在基因科技发展条件下应具有怎样的法律地位。结合我国立法的实际情况,我国应确立胚胎能够成为人性尊严主体,与此同时,允许符合道德伦理要求的科学研究,但要对研究的各个环节作出细致严格

---

① 甘绍平:《作为一项权利的人的尊严》,载《哲学研究》2008年第6期。

的规定。此外,人性尊严的主体范围也要向后拓展。基因技术已经可以达到让人“死而复生”:提取死亡人的一个体细胞经过细胞增殖即可培养出一个和死者一模一样的胚胎。此外,人体大脑冷冻手术的实验若能成功,则在几十年后就将重新出现一个与死者相同的生命个体。当这些设想通过基因技术成为现实,无疑会使整个社会陷入混乱。所以,也应该将死亡的人纳入基因安全立法保护的范围,使死去的人同样有尊严。可见,宪法中的主体范围在基因技术背景下需要认真考量、重新界定,既不能侵犯胚胎的尊严,也不应该让尸体成为被随意操纵的客体。

随着基因技术的发展,会产生很多新的问题:基因信息泄露;人类基因权利遭侵犯;以增强为目的的基因编辑行为等,这些都需要相关部门法做出及时的回应。具体而言,可以通过对现行的民法、刑法、行政法等进行修改与完善,使基因安全风险规制的法律规范形成一个有机的整体。

(二)民法层面

应在《民法典》中对基因歧视等新型社会风险进行直接规定,确认人类的基因平等权、基因知情权、基因财产权等,形成受试者或参与者权利保护和损害救济的规范基础等。

1. 人格尊严原则的有效适用。保障公民的基因权利是基因安全风险规制最终的目的。由此从事基因技术研发活动的科研人员也要服从基因权利保障的要求,实现人权保障的价值,不得损害人格尊严与人的主体性。鉴于此,必须重点回应人格尊严的保护问题,将人格尊严作为后续立法的一项重要原则,甚至是首要原则。考虑到我国《宪法》并不能直接作为法院的裁判依据，而《民法典》第109条和第990条等条文都专门规定了人格尊严，故而，民法在规制人体基因编辑活动时，要把人格尊严的贯彻落实作为重中之重。简言之，基于尊严原则，禁止对人的一切形式的"物化"，高度警惕一切有可能将作为主体关系的人贬低为法律关系的客体的活动。

2. 明确规定基因权利。作为最新一代基因编辑技术，人类胚胎基因编辑是基因编辑技术众多应用领域中最具吸引力的一个，但这一领域面临迫切的民法规制需求。[①]"基因编辑婴儿"事件便是侵犯基因知情权和基因平等权的一个典型案例。贺某团队为了个人私欲，伪造伦理审查书，让对一切情况不明的志愿者夫妇（其中一方患有艾滋病）参与基因编辑婴儿实验，最终导致对艾滋病具有天然抗体的基因编辑婴儿诞生，这对基因知情权和人类基因平等权都是严重侵害，会进一步加剧基因歧视。我国可以充分借鉴法国以专门条款规定基因权利的立法模式，在我国《民法典》人格权编中独立地规定有关基因权利的法律条款，对基因权利包括基因隐私权、基因人格权、基因平等权、基因知情同意权等以及反对基因歧视做出详细的规定，确立基因权利保护的原则，在维护人性尊严和人格利益的同时，建立基因权利侵权责任追究机制，明确侵权要件及责任。

3. 确定人体基因技术研究的边界。关于人体基因技术研究的边界问题，下面以基因治疗与基因编辑技术为例来阐明。20

① 朱晓峰：《人类基因编辑研究自由的法律界限与责任》，载《武汉大学学报（哲学社会科学版）》2019年第4期。

世纪70年代,我国医学界首次引入基因治疗这个概念,并将其广泛地运用和推广到了临床医学的研究与实践领域。基因治疗的内容主要包括了以下几个方面:第一,机体缺陷型基因诊断治疗;第二,基因特征筛查——根据不同基因特征对个体可能患有的疾病进行筛查;第三,机体细胞治疗——利用经生物工程改造过的细胞替代受损细胞对患者进行治疗;第四,生殖细胞基因治疗——以正常基因替换有遗传缺陷的生殖细胞促使其能发育为无缺陷的个体。目前,从各个国家对基因技术进行规范的法律来看,法律并未对体细胞的基因治疗领域施加任何限制或提出任何要求。但是由于该领域的科学研究往往会涉及与社会伦理学又或者与法律学科中人权研究领域相关的一系列问题,所以是否应该通过法律规定对其进行限制仍然存在广泛的争议。将生殖系基因编辑应用于临床的先决条件是基因技术具备一定的安全性并且具备一定的成熟度。针对不同的基因技术环节和基因技术研究对象,需确立不同的研究规则,这种规则是社会性的而非单纯的实验规范。对于上游的基础研究,需要以研究对象的体细胞或生殖细胞为标准区分法律规则规制的主要客体,并根据此种区别确立不同的研究规则以进行规制。因为体细胞和生殖细胞这两种类型的研究对人伦道德的侵犯程度是不尽相同的,针对体细胞的研究规制可以相对宽松,因为针对体细胞的研究往往不会改变个人种系,而对生殖细胞的研究须遵循一项原则——不得植入人的子宫用于生育。与此同时,国外针对此项研究的另一限制是针对胚胎的研究期限不得超过十四天。[①] 作为临床应用的前奏，中游的临床试验沟通了应用与基础研究。作为检验基础研究和临床应用有效性的重要环节，其起着非常重要的作用，法律对其进行规制也是非常必要的。我国针对临床试验环节的法律法规在基因技术法律治理的过程中已经产生了良好的实际效果，就以法律确定体细胞临床试验的边界而言，吸收这些规则已足够。至于和人类具有相同地位的生殖细胞，则应当区别于体细胞，对其建立更严格的临床试验规则以确定研究的边界。与此同时应当考虑到，胚胎和人具有相同地位的观点是基于伦理的假设，其在根本上不能和自然人相提并论，不可赋予其与自然人等同的地位。在实验中必须基于临床试验的必要性来制定一些实际可行的规则。

就确立人体基因技术研究的边界而言，“优生”并不能成为支持放宽基因技术研究之规制的借口。此处所谓的“优生”是指采取基因编辑的技术手段使夫妻意图生育的后代在胚胎形成时即带有其父母意图（或期待），使其拥有优良的基因。这种行为不同于将基因技术应用于医疗行为。[②] 针对这类行为，应当区别对待。原因在于，这种以“优生”为借口的基因编辑实际是为了使婴儿的资质满足父母的欲望，这又与定制产品有何区别？

---

① 澳大利亚制定了《禁止人类克隆生殖与人类胚胎研究管理修订法案》和《禁止克隆人法案》，将研究时间限定为十四天。犯罪嫌疑人违反法律的后果是将要面临十五年的有期徒刑。之所以将十四天定为研究期限是因为在十四天左右原条的形成易于被观察到，可以满足一部分的实验需求。人们一般认为胚胎的神经系统将会在胚胎形成后的十七天发育，在此节点之前消灭胚胎即不会使其产生痛觉。

② 石佳友、刘忠炫：《人体基因编辑的多维度治理：以〈民法典〉第 1009 条的解释为出发点》，载《中国应用法学》2021 年第 1 期。

将人作为满足他人欲望之物肆意摆弄在伦理学上是说不通的。与此同时，还有可能带来人与人之间的极不平等，应用此项技术催生的婴儿将具有过人的能力，而有能力“定制婴儿”的又是本就在社会中取得了优势地位的人。这种做法在伦理和法律上都不应当被允许。与之相反的是，将基因技术应用于精准医疗不会产生上述的一系列伦理问题，且这种救治在大众和立法者的价值判断中或许属于对胚胎生命健康应有的事前救济，故而以精准医疗为目的，在保障婴儿父母相关权利（包括生育权、健康权等属于父母的合法权利）的基础上（在此过程中衡量的是父母与胚胎的权利），应当允许并鼓励将基因技术用于遗传性疾病的治疗。

考虑到现实中的多种因素，对基因编辑技术的研究和临床应用进行严格控制是必要的。故而需要通过严格的规范来确定人体基因技术研究的相关边界，在以法律责任之形式确定行为导向的同时，通过加强监管和严肃处理的方式将生物实验严格地置于国家和社会的监管之下，将技术的开发和应用限定在特定领域。

无论是基因编辑技术的发展还是对基因编辑技术的管控，对这些涉及重大伦理问题的事实关系进行调整都需要以法律为依据。根据《宪法》第 47 条的规定，公民有进行科学研究的自由并且国家就有益于人民（放在这里或许可以理解为有利于国家医疗事业发展）的科学研究应当给予帮助，同时这种科学研究（基因编辑）不得侵害国家、社会与人民的合法权利。无论是出于对个人自由的考虑还是出于对国家科学技术等各项事业发展的需要,国家都应该尊重并支持公民进行科学研究。若国家仅出于对新兴技术极其有可能带来的负面影响的担忧就贸然地将一切针对基因技术研究的项目叫停并禁止日后继续研究,那么这无疑是对公民权利的一种侵犯,同时也是对科学技术发展的一种限制。当然,任何事物的发展都要受到限制,任何自由意志的实现都要有其边界。当基因研究及其临床应用的行为对他人或国家于法律或伦理上的利益产生了侵犯时,这种技术就要受到规制。尊重新兴技术并支持其发展并不意味着对其采取放任自由的态度,处于私法自治领域内的民事交易尚且需要受到法律父权主义观念的限制,何况这种具有相当危险性的科学研究。根据《宪法》第 57 条的相关规定,由下位法对基因研究、应用领域内的各项事实关系予以规制是发展基因研究必经的路径之一。

除却《宪法》第 57 条的规定,基因风险规制的各种理念还被各个部门法落实,①其中就包括了确认基因研究边界的内容。《民法典》第 1009 条即对基因研究做出了相关要求,要求从事人体基因、胚胎研究的民事主体遵守相关规范且对其研究做出了人伦道德等方面的限制。② 需要指出的是,《民法典》的相关规定往往会成为行政法和刑法领域内对相关事项进行规制的前提,对于同样的法律关系客体,同样存在行政法和刑法领域内规

---

① 其中还包括了国务院为落实各项法规制定的条例和更下位的行政规范性文件。

② 《民法典》第 1009 条:从事与人体基因、人体胚胎等有关的医学和科研活动,应当遵守法律、行政法规和国家有关规定,不得危害人体健康,不得违背伦理道德,不得损害公共利益。

范。譬如,《生物安全法》第 58 条和第 85 条同时对基因等遗传资源的利用做出了相关规定,要求该行为符合法律法规的规定。[①] 就遗传资源的管理而言,国务院还出台了《人类遗传资源管理条例》对人类遗传资源的采集、管理、利用和对外提供做出了限制。在部门规章层面,行政机关制定了《基因工程安全管理办法》《人类辅助生殖技术规范》《人胚胎干细胞研究伦理指导原则》《涉及人的生物医学研究伦理审查办法》等规章以规范基因研究行为以及确定该行为边界。《刑法》第 336 条之一设定的非法植入基因编辑、克隆胚胎罪,[②]是最后的法益保护手段。

从上述的规范类型来看,关于基因研究的规制手段包括了公法和私法两个方面的内容。基因科技在私法方面涉及了受试者的财产权、身体权、人格权乃至生命健康权,而在公法方面则涉及了国家对公民基因存在的公共利益,包括了国家对公民基因的监管、对实验者的监管、对相关技术应用的限制以及对基因的保存等都属于公法领域内的公共利益。故而对基因研究及其技术应用的行为规制需要各个部门法之间相互配合、通力合作、形成体系。法律的产生与变化主要依赖于社会生活的变化,包括了社会经济条件的变化和社会成员关系的变化。面对此种制

① 《生物安全法》第 58 条第 1 款:采集、保藏、利用、运输出境我国珍贵、濒危、特有物种及其可用于再生或者繁殖传代的个体、器官、组织、细胞、基因等遗传资源,应当遵守有关法律法规。

② 《刑法》第 336 条之一:将基因编辑、克隆的人类胚胎植入人体或者动物体内,或者将基因编辑、克隆的动物胚胎植入人体内,情节严重的,处三年以下有期徒刑或者拘役,并处罚金;情节特别严重的,处三年以上七年以下有期徒刑,并处罚金。

度不健全、不完备的规制现状，立法者们需要从社会事实出发，在满足社会需求的同时回应社会成员的呼声。相关规范的制定需要在广泛了解事物现状和公民要求的基础上进行。首先，需要由相关领域内的专家学者对“人体健康”“基因编辑”等专业名词进行解释；其次，需要由相关行政部门了解基因技术研究和应用的现状；最后，相关国家机关才能在此基础上制定具体规范。除了通常的考虑之外，在制定规范时需要重点考虑基因技术的特殊应用问题，在基因技术可以被用于保护巨大法益时（譬如可以用于极为罕见疾病的特殊治疗等），可以增设特殊条款对生命健康权予以保障保护，这也体现出无论是在公法领域还是在私法领域内，生命权的特殊地位都无法被撼动。从国际法的视角上来看，可以根据世界卫生组织发布的文件①作出例外规定，允许个人或科研机构出于治疗或预防严重疾病的目的，在极其严格的监督之下进行基因研究与基因技术应用。

4. 扩大基因试验中对“人”的概念解释。在民法的体系中，“人”作为民事法律主体的一个下位概念被提及，而在基因试验中涉及的“侵权人”和“被侵权人”的概念应当得到进一步扩张。在基因技术的开发、试验和应用中，尤其是生殖基因编辑的技术应用中，胎儿极有可能因技术操作的不当而产生发育不良、免疫系统崩坏等后果。应当明确此时的胎儿具有以侵权为依据的损害赔偿请求权或者以合同为依据的违约责任请求权。这些利益的实现前提即是明确基因实验中的胎儿具有民事权利能力。将

---

① See World Health Organization, *Genomic Resource Centre*: *Genes and Human Disease*.

胎儿扩张解释为民法中“被侵权人”的概念之下，使其具备独立的民事权益，并且在法典或司法解释中明确这一规定是必要的。因为任何一项胎儿具备的权利（包括生命健康权、身体权等基本权利）都与正常人无异，在基因试验和其权利受损（天生缺陷）具有明确的侵权责任因果关系时，则应当明确基因编辑主体的相关法律责任。与之对应的，“侵权人”的概念范围也应当适当作扩大解释。基因技术的应用中涉及多方法律主体，包括伦理审查委员会、医疗机构、基因制药的药物公司、外审专家等。基于基因技术试验或者应用的目的不同，应该将这些主体纳入“侵权人”这个概念的解释之中。针对其做出的不符合其技术经验和专业知识的决策，应当予以追责，要求其共同承担责任以促进其谨慎决策。当然基因技术的应用也属于高风险的决策，这种高风险或许可以被视为社会发展中的必要风险，对其予以保险规制，将保险公司纳入民事责任承担的对象中也不失为一种可行的做法。

5. 完善基因安全风险的预防与救济制度。基因技术的开发、应用和试验本身存在高风险性的特征，相关科研工作者和立法者或许可以通过建立和遵守相关的预防性制度来将这些行为的风险控制在极小的范围内，从源头上防范行为对民事主体产生危害。预防控制的制度构建是为了将人体基因技术的适用控制在伦理允许的范围内，使医学伦理的历史选择贯穿于整个基因技术开发与应用的过程。按照设想应当将其合理地分为两个部分：一是风险预测。由伦理审查委员会对相关的技术进行风险评估预测，杜绝不合格的项目开展，保障受试人员的自由权利不受到侵害。二是流入控制，对于不同的基因技术应用手段是否能流入制药市场或者手术市场等问题，需要进行严格的风险预判，控制某一技术应用于疾病的范围，从源头上限制技术应用的对象，从而提高医疗和科研的安全性。预防仅仅是规制基因风险的手段之一，低风险不等于零风险，在未能成功规避风险的同时需要明确其侵权救济。就救济方式而言，需要在法律中明确针对基因技术损害的救济。按照我国现行民事法律的规定，民法上存在的多种权利的救济只能选择其一。[①] 基因技术应用后产生的不良后果可以被其中之一的请求权囊括，在提起诉讼上不存在任何问题。关键的问题在于基因技术的应用往往会给受试人带来人格权上的损害，[②]并且此种损害的赔偿额度并无标准。若是通过合同的方式设定了违约责任，其金额往往易于确定，但是关于合同设定的金额合理与否，是否符合交换正义的问题也由此产生。[③] 故而有必要就各类技术的应用问题制定统一的、可参考的规范（或标准化的合同）以保护受试者的合法利益。需要结合上文提到的扩大解释“人”的概念和设定惩罚性赔偿等做法来确定特定的救济机制。

（三）刑法层面

在基因安全风险规制方面，刑法是最后一道屏障。应禁止

---

① 《民法典》第186条：因当事人一方的违约行为，损害对方人身权益、财产权益的，受损害方有权选择请求其承担违约责任或者侵权责任。

② 基因损害在人格权上可能带来不可估量的影响，因为这种影响是会随着繁育持续遗传的，受到侵害的将不只有受试者本人。

③ 基因技术的开发者完全可以利用受试者患有某种疾病的弱势地位而在合同缔结时提出诸多不合理要求以强迫受试者接受。

以增强为目的的基因编辑，以增强为目的的基因编辑是通过基因编辑使个体在体魄或心智等方面功能更强大，这种通过基因编辑技术逆天改命的行为应为《刑法》所禁止。对涉及基因风险的重大违法犯罪行为，必要时修正增加“非法泄露基因信息罪”“非法转让基因技术罪”等“基因犯罪”类型。

1. 明确基因编辑犯罪的“情节严重”的认定标准。“情节严重”属于违法构成要件，反映法益受侵害的程度。当前《刑法》第336条之一欠缺“情节严重”的认定标准，为了精准打击实施基因编辑犯罪的行为，应当明确“情节严重”的认定标准。“情节严重”影响犯罪是否成立以及量刑档次，在犯罪构成体系中具有重要的地位。非法植入基因编辑罪中“情节严重”尚不明确，可以从实施基因编辑犯罪的次数、胚胎发育出生、受试人的人数以及生命和健康受侵害的程度、造成的社会影响等方面进行考虑。[①] 可以将行为认定为情节严重的情况有多种，包括：(1)多次实施刑法禁止的基因技术的。多次实施将基因编辑的胚胎植入体内的行为可以表明其主观较为恶劣，无视我国《刑法》以及相关法律法规的规定，具有较强的侵害法益的意图。目前在我国的《刑法》条文中已有多处使用“多次”这一法律用语，但是对于“多次”的最低限度次数是多少，《刑法》以及司法解释尚未有统一的界定，在此处的“多次”可以借鉴《刑法》分则中的抢劫罪这一具体罪名中关于“多次”的界定，即开展《刑法》禁止的生物技术达到三次以上的，认定为多次实施。(2)使植

---

① 王倩倩：《人类基因编辑技术应用的立法规制研究》，青岛科技大学2021年硕士学位论文，第29~31页。

入体内的基因编辑胚胎出生的。将基因编辑的人类胚胎植入人体内或者动物体内,但此胚胎没有经过妊娠甚至娩出的情形尚不足以对社会以及生物安全造成不可控制的负面影响;反之,若这个经过基因编辑的胚胎在母体中完成正常的生长发育,然后经过母体成功分娩出来,这个生命体便可以像正常的自然人一样参与各种社会活动。这将会严重扰乱人类的生殖秩序,我们所预想的风险带来的危害性可能会逐渐显现出来。更有甚者,将编辑的动物胚胎植入人类母体内生产出“人兽结合生命体”的情形,届时人类社会的秩序和尊严以及现有的人类价值体系将会面临着很大的危险,因为跨物种的基因结合也为人类伦理所不容。(3)严重损害受试者生命健康的行为。基因编辑技术尚不成熟,特别是针对人类生殖细胞的基因编辑,更应当慎之又慎,更何况实施该技术可能存在导致受试者死亡或者患病的损害后果,即使受试者对行为存在的风险以及可能发生的损害后果都已经清楚明了,实施该技术之前即便签署了知情同意告知书也不可以将此理由作为该非法行为的免责事由。无论实验人员是否取得执业医师资格,实施该行为导致患病甚至死亡的严重后果的,都应当将其确认为“情节严重”的情形。(4)违背受试者意愿的。受试者为试验提供人体材料,包括受精卵、胚胎、子宫等。[①] 如果存在通过伪造相关资质、许可以及证明,或采取隐瞒、诱导、强迫等违背受试者意愿的方式让受试者参与基因编辑,或未将不利后果以及风险及时告知受试者的,可认定为是违

① 盛豪杰:《非法植入基因编辑、克隆胚胎罪的解读》,载《医学与哲学》2021年第20期。

背受试者意愿的。(5)受试者人数达到一定数量。受试者人数多可以证明实施的基因编辑行为对多人的生命健康存在威胁，可以考虑为“情节严重”行为。(6)其他情节严重的情形。该条属于立法技巧，将该条作为兜底条款，将当时未考虑到的情形进行兜底，以便出现其他情形时灵活运用。

2. 增加单位犯罪主体与增设基因编辑犯罪的罪名。《刑法》第336条之一仅规定了一般主体的刑事责任，并不包括单位，我国《刑法》规定成立单位犯罪必须要有法律的明文规定才能以单位犯罪论处。然而，无论是科研行为还是临床医疗行为多由研究团队分工，互相配合完成。在我国现行的行政规章与规范性文件中我们可以看到规定了科研机构、医疗机构等单位主体可作为承担行政违法责任的归责主体。[①] 例如，《涉及人的生物医学研究伦理审查办法》第48条规定将行政处罚权力下放至县级以上地方卫生行政部门，在有关人类的生物医学研究中，若是医疗卫生机构不严格遵守相关法律规定，进行了违法违规操作，县级以上卫生部门就有权对该医疗机构作出处罚，并且在第49条中同样规定了单位作为承担责任的主体。《医疗技术临床应用管理办法》规定了医疗机构为承担责任的主体，在第6章第41条至第44条规定医疗机构违反法律规定的，由有关部门给予警告、罚款。《生物医学新技术临床应用管理条例(征求意见稿)》第50条至第56条的规定中，规定了医疗机构违法开展研究的需要承担法律责任。可见行政法律规范中规定了单位应

---

① 马永强:《基因科技犯罪的法益侵害与归责进路》，载《法制与社会发展》2021年第4期。

对实施的违法行为承担责任。《生物安全法》第 8 条规定任何单位和个人不得危害生物安全,第 73 条规定了承担行政责任的主体有医疗机构、专业机构或者其工作人员。而《刑法》之中,仅处罚一般主体的犯罪行为有遗漏犯罪主体之嫌,实际上,基因编辑这种生物技术有专业技术团队的生物科技公司或者科研机构就可以操作,可见这种类型的公司也可以成为违法犯罪的主体,虽然基因编辑行为由实验人员、医疗人员实际操作,但可能存在医疗机构、科研机构、生物技术公司等单位作出实施违法行为的决定。而非法植入基因编辑罪仅打击犯罪的一般主体,对单位意志实施的基因编辑犯罪无法以单位犯罪处罚,只能处罚犯罪的个人。从长久保护法益的角度来看,规制单位主体的违法犯罪行为是非常有必要的,因此,应当将单位主体也作为刑法规制的对象,以促进公平正义。对以单位意志做出的决策和实施的行为有所约束,增加单位实施犯罪的成本,这也有助于预防单位实施犯罪。

基因犯罪,顾名思义就是对滥用基因或者基因技术所实施的犯罪或者与基因技术滥用有关的其他各类具有严重社会危害性的行为的总称。[①] 从科技发展的角度分析,在未来滥用基因编辑技术实施的违法行为会不断增加,基于此,《刑法》对该行为进行预防式干预是不能缺位的。为了周全法益的保护,可以考虑增设规制基因编辑行为的新罪名,对滥用基因编辑技术实施的改造基因等行为予以预防。应禁止以增强为目的的基因编辑,将以增强为目的的基因编辑行为与为治疗和预防疾病的基

① 刘长秋、刘迎霜:《基因技术法研究》,法律出版社 2005 年版,第 98 页。

因编辑行为进行区分。另外,《刑法》应考虑对于人体胚胎的基因编辑行为本身施加一定程度的制裁,在后续立法中应进行有针对性的完善,以强化《刑法》对基因编辑活动的规制作用。可参照《法国刑法》第 214 －2 条的规定,利用人体胚胎基因编辑技术实施优生、生殖性克隆等行为可能被按照“反人类罪”惩处,最高可判处 30 年监禁及 75 万欧元罚金。① 面对繁杂的疾病,医疗伦理和技术标准应予以回应,明确基因编辑的范围。对涉及基因风险的重大违法犯罪行为,必要时增加新的基因犯罪行为罪名。在规制基因编辑犯罪的专有罪名设置以前,学界对罪名的设置有着广泛的探讨,主要观点有在我国《刑法》分则中增设“基因犯罪”类罪名,并在该类罪名下规定相关具体罪名,如“非法开发生殖性克隆人技术罪”“非法转让基因医疗技术罪”“非法改变人类基因罪”“利用基因技术制造变异人种罪”“利用基因技术改变、制造、选择人种罪”“滥用科技罪”“非法人体试验罪”“滥用基因编辑技术罪”。可以看出,在罪名的设置上有学者倾向于选择性罪名,有学者倾向于具体罪名。为了加强对基因编辑技术的风险防控建议增加基因编辑的罪名,但笔者认为增设的罪名不应太过于具体,否则在出现某些尚未予以明确罪名的基因类违法犯罪行为时可能陷入无法进行规制的尴尬境地。

本书倾向于增设新罪名,增设“非法使用基因编辑技术罪”。实施基因编辑技术的行为范围比较广泛,增设此罪名与

---

① 于慧玲:《人类辅助生殖基因医疗技术滥用的风险与刑法规制:以“基因编辑婴儿事件”为例》,载《东岳论丛》2019 第 12 期。

已有的具体罪名相比,可以将原本立法时未考虑到的利用基因编辑技术犯罪的行为涵盖在内,避免出现违法犯罪行为时无相关法律可依的情况。现在社会发展迅速,科技的发展速度也超出了普通民众的认知,犯罪的新方式也层出不穷,对法益的保护就显得尤为重要。此外,立法应当具有前瞻性,在立法时应当充分考虑到未来一段时间的法律发展需要,应当避免频繁地修改法律,保持法律的稳定性。在基因安全风险的规制方面,当前的《刑法》规制主要在人类辅助生殖这一方面,尚未将基因编辑技术实施的其他非法行为方式涵盖在内,考虑增设“非法使用基因编辑技术罪”,将违反国家监管以及法律规定,非法使用基因编辑技术实施危及国家安全、生物安全、社会公共安全等危害他人生命健康的犯罪行为(如利用基因编辑技术制造生物武器的行为)涵盖在内,可以打击利用基因编辑技术实施危害基因安全的违法犯罪行为。此外,应有兜底条款以周全法益的保护。本罪的主观目的为故意,即对实施的行为具有认识。犯罪主体包括一般主体以及单位主体。由于滥用基因编辑技术实施的行为严重时可能危害社会公共安全,可以将“非法使用基因编辑技术罪”置于危害公共安全罪的章节之下,如此可以解决当前刑法规制基因编辑行为类型不全的困境。当下的非法植入基因编辑罪涵盖的危害行为有限,还有一些危害行为缺乏刑法制度回应,法定刑处罚偏轻,而一旦将该技术肆无忌惮地滥用于各个领域,严重的将会危及社会公共安全。故而在法定刑的配置上可考虑配置较高刑罚,即“情节严重的,处三年以上十年以下有期徒刑,并处罚金;情节特别严重的,处十年以上有期徒刑,并处罚金”。“非法使用基因编辑技术罪”可以积极预防基因编辑技术发展带来的基因安全风险,实现将风险控制在可控范围之内。故可依据罪行的危险程度确定人员及组织机构的刑事责任,有效实现刑法在基因安全领域的惩罚和预防的功能。鉴于特殊基因编辑行为可能带来的比较严重的社会危害性,为了维护社会的秩序,需要通过刑罚的手段来进行规制,以期产生较强的规制力。在《刑法》中应该明确写明严厉禁止研究和制造基因武器。

3. 补充行为类型与调整体系结构。将基因编辑的胚胎“植入”体内的行为规定为犯罪,对利用基因编辑技术实施的其他违法行为尚没有明确的法律规定,导致法益保护范围不周。仅处罚“植入”体内的行为,忽略了仅经过基因编辑但未植入体内以及在体外培养的情形,这种行为也会带来一定的风险,当前我国已经有实施人造子宫胎羊体外培育实验并且成功的先例,这意味着随着科技的发展使得体外培育生命的技术变得不再那么神秘,这个问题应当引起我们的重视。经过基因编辑的胚胎在体外培养并成功存活的情形该如何进行处置,这种行为必须得到《刑法》制度的有效回应。再者,利用基因编辑技术“制造”基因编辑胚胎的问题该如何处置,这种行为同样具有非常严重的社会危害性,因此,可以考虑借鉴德国处罚“制造”这一行为的规定,考虑将“制造”基因编辑胚胎的行为同样纳入《刑法》规制的范围,补充犯罪行为类型以应对基因安全风险,实现对法益的预防性保护。

基因编辑技术影响着基因安全以及公共安全。基因编辑技术在未来所带来的风险潜藏着侵犯不特定多数人生命和健康的威胁,危害社会公共安全,故而将非法植入基因编辑罪从《刑法》分则第6章危害公共卫生罪调整到《刑法》分则第2章危害公共安全罪中更为合适。虽然基因编辑行为对公共卫生管理秩序造成了一定程度的侵害,但长久来看更主要的是危害了社会公共安全,调整当前罪名设置的体系结构,明晰基因编辑犯罪侵害的法益,有利于更好地遏制基因编辑行为对法益造成的危害。

4. 调整法定刑。涉及基因编辑犯罪的法定刑有两个量刑档次和幅度,“情节严重的,处三年以下有期徒刑或拘役,并处罚金;情节特别严重的,处三年以上七年以下有期徒刑,并处罚金”。可见,该罪的法定刑的起刑点设置并不高。《刑法》分则第336条第1款规定了非法行医罪,其中严重损害就诊人身体健康的最高法定刑为十年以下有期徒刑,造成死亡结果的最高法定刑为十年以上。当前新增设的非法植入基因编辑罪被归入《刑法》分则第336条之一,该罪的最高法定刑为七年以下。实际上,依靠现有的科研水平以及医疗水平难以完全避免基因编辑技术带来的基因安全风险,该风险可能会导致严重的危害结果,如可能会导致接受基因编辑者患病甚至死亡以及使得出生的基因编辑人天生健康缺陷、身体健康受损甚至死亡等,其危害结果显现出的时间难以预测,基因编辑犯罪的危害行为并不仅仅威胁单独的生命个体,同时不利基因的繁衍扩散威胁的是不特定的大多数的生命、健康甚至是国家安全,理应配备较高的法定刑才较为合理。国外有关于人类生殖基因编辑行为的规定,例如,德国不允许以生殖为目的对受精卵或胚胎进行基因编辑,并通过立法进行规制,设置了5~20年监禁的刑事责任;加拿大对故意改变人类胚胎且因这种改变导致遗传给后代的行为处以十年监禁;日本对生产人类基因个体的行为做出了严格规定,该国刑法是明确禁止这种行为的,甚至规定了最高刑期为十年的法定刑;澳大利亚对体外培养的行为进行了明确规制,对故意在妇女体外培育胚胎超过一定天数的行为处以十五年监禁。反观我国对基因编辑犯罪的法定刑配置,不难从中发现量刑幅度有些过轻,考虑到基因编辑行为对法益造成的危害,建议调整法定刑的量刑幅度,具体建议为:对情节严重的,处三年以上十年以下有期徒刑,并处罚金;情节特别严重的,处十年以上有期徒刑,并处罚金。

(四)行政法层面

1.专门规定人类胚胎基因编辑许可和监管制度。随着基因科技的发展,基因编辑带来了侵犯人性尊严与人权的风险。"政府作为各类服务的承担者、公共权力以及监管权力的行使者,对于涉及全人类的生物基因编辑技术显然有着不可推卸的监管责任。"[①]我国现阶段掌握人类胚胎基因编辑技术的专业人员相对较少,为每个医疗、科研机构都配备相应的安全监管机构不符合现实情况,难免使得对人类胚胎基因编辑技术的审查陷入形式主义。

我们可以借鉴英国的经验,在英国基因编辑生殖医疗相对

---

① 闫妍:《人类基因编辑技术扩散风险的政府监管举措》,载《重庆行政》2020年第1期。

开放和自由，它采取的是一种事先个案许可的监管模式。[1] 英国在其针对基因生殖编辑技术的行政许可模式上进行了创新，其实质审查的做法值得各国借鉴。其行政许可的审查环节中包括了基因编辑生殖医疗的风险评估，伦理审查委员会必须针对个案进行审查，而不太关注其技术条件对抽象规范的形式满足。这种综合性、全面性的审查，包括了社会讨论、实践评价等多个环节。与其说这是一种完全依赖于行政力量的专业审查，倒不如说英国的做法更像是在民意调查的基础上做出一项满足民意的决策。考察英国在基因编辑生殖医疗技术方面曾经做出的决策，不难发现这些决策在被做出之前都经历了广泛的民主讨论和科学的专业审查，政府在考虑了大量外部意见的基础上做出了决策，这是难能可贵的。我国亦可以借鉴此种做法，充分发挥自身听证制度的作用，由行政许可的下位法针对基因技术试验及其应用的审查需要，增设听证环节且听证环节中必须邀请专家学者对此类问题进行说明，同时需要由医疗界和制药界的各类专业人员到场给出意见。[2]

在我国的实在法上也存在与上述机制类同的规定，国家卫健委联合教育部、科技部等部门制定的《涉及人的生命科学和医学研究伦理审查办法》中就有相关规定体现了此种理念。该办法第 8 条到第 10 条明确规定了将外部专家纳入伦理审查的委员和顾问的范围内，但是却没有考虑到公民的意见。作为一

---

① 王康：《人类基因编辑实验的法律规制：兼论胚胎植入前基因诊断的法律议题》，载《东方法学》2019 年第 1 期。

② 这种决策是否会出现“贿选”类似的情形，又或者出现行政成本过高的问题是值得进一步探讨的。或许在最终决定权方面交由政府部门决定更为妥当。

项具有行政属性的工作,未能将公民参与纳入其中实际上是不利于做出正确决策的。行政决策与司法判决不同,司法判决需要让法官处于独立的状态,依据现行的法律做出符合立法者意志的安排;而行政则涉及较大的自由裁量权,这种自由裁量权是需要考虑公众意见的。对于行政决定,只考虑专家意见而不考虑民众意见,未将利益相关主体的诉求考虑在内。[①] 伦理审查办法要求专家参与决策的做法就极易导致"专家之治"。[②]

针对上述这种伦理委员会极易形成"专家之治"的现状,有学者对于伦理审查委员会提出了改革建议:应当建立"地方—国家"二级独立伦理审查制度。[③] 这种审查将法院二审终审的审判制度和行政复议制度的理念充分吸收,但是这种做法并不完全正确,地方层面的专家和国家层面的专家或许只是存在行政归属上的差别,而不存在学识理论上又或者经验上的差别。否定这种做法的根本理由,还是在于其未将利益相关的主体纳入决策考虑的范围内,始终没能摆脱"专家之治"带来的弊端。针对伦理审查委员会未来的改革和审查机制的改进,应当在设立外部监督机构的同时增加民众参与决策的机会,行政机关在吸收了伦理审查委员会意见的同时做出决策。这样的做法有利于保持决策的刚性,也有利于吸收公众参与到决策中。这种科

---

① 可以做出某个假设:所有患有该疾病的患者都支持在自己身上进行某种以治疗为目的的基因试验,但是此时有一个专家表明此试验因违反人伦道德而不得进行,这种现象显然是荒谬的。

② 杜辉:《挫折与修正:风险预防之下环境规制改革的进路选择》,载《现代法学》2015 年第 1 期。

③ 黄鹏:《基因编辑技术临床应用的伦理问题与审查制度规制》,载《医学与哲学》2020 年第 9 期。

学严谨的监管制度应当被纳入整个行政决策与监管体系中，我们需要在保持现有制度优势的基础上进一步改进体制，以促进行政许可制度和监管机构更好地运行。

2. 强化基因编辑活动行政处罚力度。虽然行政处罚较于刑罚来说相对较轻，但强化行政处罚对于规范基因安全风险仍然必不可少。行政处罚的显著优势在于其高效的程序。此外，仅依靠刑罚无法满足现实需求。具体来说，虽然所有非法的基因编辑活动都可能产生负面影响，但由于不同活动可能产生的影响程度和可能性存在差异，且具体情况各异，因此，现实中可能会出现需要处罚但尚未构成犯罪的情况。由于行政处罚的适用门槛相对较低，它可以有效地弥补刑事制裁的空白。然而，目前的相关规范不仅缺乏针对性，而且处罚力度明显不足。为了充分发挥行政处罚的优势，我们应在立法中适当加大处罚力度，扩大罚款、吊销或暂扣许可证、吊销或暂扣执照以及行政拘留等责任方式的适用范围。行政法对基因安全风险的规制以生命宪制理论为基础，试图包容新技术发展中的秩序价值和权利价值，通过科学的行政立法和民主的行政监管以及公正的行政司法，可为基因安全风险的法律规制提供新的视角和解决方案。

（五）其他法律法规层面

要建立完整的基因安全风险规制法律规范体系，必须保证法律、法规、规章与其他部门法中的相应规定具有衔接性。尤其针对基因安全风险具有不确定性和不可预知性的特点进行规制，更要确保立法的前瞻性与完整性。所以，在《宪法》中确立基本权利的保障、补充完善部门法中的基因权利条款以及具体罪名的基础上，还应当同时加强其他法律法规的完善。主要完善《生物安全法》《网络安全法》《人类遗传资源管理条例》等。

1.《生物安全法》的完善。在《生物安全法》中增加对基因安全的相关规定，主要包括以下几点：(1)增加对基因编辑技术的专章规定。针对部分习惯于内部解决、惩罚性措施不够完善的问题，要加大对基因科技违法违规行为的查处力度，具体规定从事人类胚胎基因编辑技术的医疗机构资质、人员与设备、技术开发原则和技术实施规范。高校、医疗卫生科研机构、企业作为基因科技违规行为单位内部调查问责的第一责任主体，要严格落实情节严重的基因科技违规行为的追责问责。相关部门、资助机构或责任人所在单位在实际过程中，要依据不同情况，依法依规对相关责任人责令改正，关停相关科技活动，追回资助资金，撤销已获得的荣誉奖项，吊销从业资格，并在一定期限内禁止承担或从事具有财政资助的基因科技活动等。(2)健全有效监管体系及细化责任追究制度。[①] 监管机制的完善是建立基因安全风险规制法律体系的重要一环。根据国内外现有的监管制度，查找我国相关制度的空白或漏洞，对基因安全风险监管及违规处理等作出具体规定。(3)健全资源共享惠益体系。将与基因安全有关的法规体系与获取和分享生物遗传资源的利益相结合，并与许可制度和知识产权制度相协调。

2.《网络安全法》的完善。伴随着基因技术的快速发展，以

① 王盼娣、熊小娟、付萍等：《〈生物安全法〉实施背景下基因编辑技术的安全评价与监管》，载《中国油料作物学报》2021 年第 1 期。

及基因信息运用到各个领域,人体基因信息携带遗传秘密的独有特征已经被人们广泛地认识。信息安全不仅囊括了个人信息的安全,而且还涉及信息战略、商业机密以及国家安全。群体基因信息携带着一个族群的遗传秘密,一旦群体性基因信息泄露,将会造成非常严重的后果,对国家、集体、个人的基因安全造成威胁。具体而言,完善《网络安全法》可以从以下几个方面着手:

第一,将群体基因信息基础设施作为关键信息基础设施予以保护。《网络安全法》第31条明确规定,国家对公共通信和信息服务、能源、交通、水利、金融、公共服务、电子政务等重点行业、重点领域、重大信息基础设施等实施分级保护。网络设施和信息系统等承载着与群体安全密切相关的遗传信息的基础设施,应作为"重要信息基础设施"加以保护。群体遗传信息基础设施应当作为核心信息基础设施纳入《网络安全法》。对于群体遗传信息的采集和使用,应制定相关的基本原则和规定,包括:(1)网络运营商应严格保密其采集的群体遗传信息,建立完善的遗传信息保护体系。(2)网络运营者对群体遗传信息的收集、使用和处理应当符合法律法规的要求。(3)网络运营者应当对所采集的群体遗传信息采取保密、防泄露、防毁损、防丢失等技术措施。当群体遗传信息发生或可能发生泄露、破坏、丢失等情况时,应当及时修复,并按照有关规定向相关部门报告。(4)任何单位和个人不得以偷窃、盗用等不正当手段获得群体遗传信息,也不得将群体遗传信息非法出售、提供给他人。此外,在数据出境的安全评估体系中,应当进一步细化群体遗传信息的分类和等级，明确遗传信息出境的条件、需要承担的保密义务、一旦发生安全风险应采取的应对措施等。在当前大数据、人工智能高速发展的大背景下，有效地协调和统一相关法律法规，才能更好地保障群体遗传信息的长期安全，更好地应对基因技术带来的冲击。

第二，完善群体基因关键信息基础设施保护制度体系。我国应根据《网络安全法》及相关配套法律规定，以“确保安全”为指导思想，针对群体遗传信息的特殊性，逐步建立和完善“风险防范型”的群体遗传关键信息基础设施法律保护体系，包括监测预警、信息共享、反应控制、应急恢复等环节。具体而言，要建立和完善群体基因关键信息基础设施的安全保护管理办法、技术标准、运营单位安全保护义务的具体实施办法、安全风险监测通报和信息共享机制、群体基因关键信息基础设施的安全监督体系等。

3. 相关条例的完善。(1)完善《人类遗传资源管理条例》。在该条例中应当建立专项人类遗传资源应急预案审评和申报制度，即：第一，专项人类遗传资源项目负责人应当在专项人类遗传资源应急预案审评和申报过程中，报送与项目风险和技术安全有关的材料；第二，增加高风险人类遗传资源活动申报的审核复核机制，对申报的高风险人类遗传资源活动，由高层伦理委员会或者专家咨询小组进行综合专业评价；第三，在相关配套标准的制定中，为相关责任人提供法律依据，明确相关责任的承担模式。人类遗传资源提供方的隐私权保护对人类遗传资源提供方而言是切实可行的人身权益保障方式，也是预防人类遗传资源提供方面临的遗传歧视问题的关键所在。(2)完善基因编辑技术医疗应用规制的技术规范。在现有的有关基因编辑技术标准的法规中,对违规行为的处罚规定并不科学。需要完善标准体系,形成综合性、系统性、专业化的基因编辑技术法规体系。现有的标准显然存在效力等级较低、对基因编辑医学标准的重视程度不够、标准间缺乏系统性等方面的问题。比如,作为生殖健康领域的主要法律规范之一的《人类辅助生殖技术管理办法》,在涉及基因编辑的生殖健康问题上几乎是空白,连"基因"和"基因编辑"这两个词都没有出现。《人类辅助生殖技术管理办法》第22条列举了7种人类辅助生殖技术违法行为,但不包括基因编辑技术违法行为。如果《人类辅助生殖技术管理办法》要对基因编辑生殖技术进行规制,那么就只能将其归入"其他违法行为"一类,但《人类辅助生殖技术管理办法》并未对基因编辑技术进行规制,因此将其归入"其他违法行为"一类未免有些强人所难。因此,必须提升立法层次,整合现有规范性文件的内容,将其上升为法律层面的专门立法。立法应从技术管理、资源管理和权利保护三个方面全面系统地规范人类基因编辑行为。[①]

二、新的"基因安全法"的制定

鉴于基因科技不断给人类社会与为宪法所保护的公民基本权利带来巨大冲击,同时由于基因技术具有特殊性,不便与其他医学技术一同规范。故需要对原有的法律法规进行完善的同

① 王康:《人类基因编辑多维风险的法律规制》,载《求索》2017年第11期。

时,制定一部专门适用于人类基因安全研究和应用的“基因安全法”,会更加具有针对性。对基因技术的发展需要进行规制,立法规制是首要的规制方法。一般而言,基因安全风险规制的立法进路主要有二:其一是通过对以往的法律进行调整与修订,使之适用于新的基因科技的发展以保障基因安全。其二是制定专项的“基因安全法”,对基因安全进行保障。就我国而言,对传统的法律进行一些修正是必要的,但专门立法有利于满足不断变化的立法需求,故可制定专门的“基因安全法”,促进基因技术良性运用和基因资源的良好保护,以保障我国的基因安全。①

(一)“基因安全法”调整对象与范围

1.“基因安全法”的调整对象

“基因安全法”是规定和调整基因安全的法律规范,是基因安全领域的专门法。“基因安全法”的调整对象是基因安全,是通过对从事基因科技的人或科研机构的活动或行为进行规范,进而保障基因安全,避免人体基因处于人类不当活动干扰、侵害、威胁的状态。基因安全主要依靠技术与资源,当前世界基因争夺战也是主要集中在技术和资源两个方面。基因安全主要包括基因技术的良性运用与基因资源的良好保护。基因资源是一种有限的资源,其中蕴涵着巨大的科学、医药、经济和社会价值。基因海盗围绕争夺基因资源的“世界基因大战”已经展开,由

---

① 张小罗:《制定我国〈基因安全法〉的重点与难点》,载《政治与法律》2018年第11期。

此,基因安全已经成为世界各国国家安全与民族存亡中的重要一环,研究基因安全成为非常重要且迫切的课题。

2.“基因安全法”的调整范围

“基因安全法”调整的范围主要有:保障基因资源防止其流失;规范基因技术的研发与运用防止其滥用;保护我国的基因专利,防止外国抢注等;最后达到保护公民个人基因权利,保障基因安全乃至国家安全的目的。在基因资源保护问题上,关键是要采取措施,防止基因资源流失。因为基因资源的流失可能带来个人、集体、国家的基因安全风险。这需要建立基因资源开发运用的准入制度以及严格的基因资源出入境规范制度等。在基因技术的研发与运用上,鉴于基因技术本身以及基因技术的合理运用、滥用都可能带来基因安全风险,因此对基因技术的规范是非常重要的,是“基因安全法”最重要的问题。我们要用法律来规范基因技术的研发与运用使之良性发展。但运用法律对基因技术进行规范必须找到一个平衡点:一方面不能因为法律的约束而阻碍基因技术的发展,另一方面又不能放任基因技术的发展而给人类带来不确定的基因安全风险,造成巨大的损失。基于此,法律在进行规范基因技术的时候,需要更加细致的研究、谨慎的规范。由于科学技术的发展而带来法律的变动已经成为一种社会的趋势,基因科学技术的发展也将带来基因科学技术领域新的法律——“基因安全法”的产生。鉴于基因技术的发展可能带来侵犯人性尊严、人的基本权利的风险,甚至影响到基因安全、国家安全,因此人们不禁对该技术产生了疑问与忧虑。由此“基因安全法”成了保护人们的基因权利、保障基因安全的防火墙。在基因专利保护上,法律应该设定基因专利保护制度,防止我国的基因专利被外国抢注,以保护我国的基因技术及国家经济利益,预防因基因专利保护不力带来的基因安全风险。

对于所有国家来说,立法的过程就是一个分配社会利益与社会资源、规范社会秩序的过程。同时,立法具有指导性功能,可对人们的行为进行确定性的引导。① 基于基因安全风险的复杂性与带来基因安全风险原因的多样性,在保障基因安全方面要在短时间内建立完善的基因安全法律规制体系是有一定难度的。由此,我们在关于基因安全立法的设计上,可以采用重点规制的方法,对造成基因安全风险的主要方面进行重点规制。

(二)"基因安全法"的主要特点

1. 科学技术性。"基因安全法"立法的现实依据主要是生物学、遗传学、医学等自然科学以及相关产业的发展。从基因安全立法的角度来看,除了要尊重和体现经济社会发展的规律以外,还必须尊重和体现医学、遗传学、生物学的自然客观规律,而且还需要将某些技术规范、标准操作规程纳入相关立法之中。这些表明基因安全立法具有明显的科学技术性。

2. 综合性。基因技术涉及科技的开发、技术的运用、产业的发展、政府管理以及社会生活等各个领域。在人类的健康和科技发展等方面产生深远的影响,因而需要综合利用民事、刑事、

① 封丽霞:《中央地方关系视角下的立法分权》,载黄建武主编:《立法评论》(第1卷第1辑),法律出版社2016版,第23页。

行政等多种性质的法律手段,对相关主体之间的复杂社会关系进行调整和界定。因而它具有明显的综合性。

3. 国际性。基因技术可能引发的健康安全风险,一般而言属于国内法调整的范畴,但基因技术的发展与基因资源的跨境管理往往会突破国界以及其他行政边界的限制,可能对其他国家产生深远的影响,因此"基因安全法"的很多内容是在国际社会的共同关注和一致要求下得以形成的国际性的规则。

在遵守《国家安全法》《生物安全法》的基本原则及其框架之下进行细化,制定"基因安全法"。"基因安全法"应与"基因技术法""生物医学技术法""遗传资源安全管理法""生态损害补偿法""生物技术研究开发安全管理条例""生物医学新技术临床应用管理条例"等专门法、技术规范、伦理规范等相衔接、相配套、相适应,使之成为我国基因安全的总法、基本法,形成全方位的基因安全法律体系。基因技术所包含的具体技术领域较多,所引发法律问题纷繁复杂,要制定一部基因安全的专门法实属不易。"基因安全法"可由全国人大常委会依照相关的国际条约,借鉴国外关于基因安全风险规制的相关立法经验,以保护人类基因安全为核心,遵循知情同意、利益共享和基因平等等多项原则,规范基因技术的研究开发及应用,共同构成基因安全领域在立法层面的保障网络。同时,随着科技的发展势必会导致基因技术的市场化,则必须使得社会公众能普遍接受。现代民主理论认为,"决策参与是民主过程的实质"①"民主的实质是协

① [美]科恩:《论民主》,聂崇信、朱秀贤译,商务印书馆1994年版,第10页。

商而不是表决”①。正如阿尔蒙德所言,“公民”必须在“输入系统”,即国家政治体制的决策与决策程序中发挥重大作用,而不能以“输出系统”的对象身份出现,否则只能被称为“臣民”。②因此,建议通过多种渠道和方法增强社会公众对基因安全的认识,引导大众对基因安全向科学有序的认知与理解方向前进。在“基因安全法”的立法过程中充分调动公众参与的积极性,制定出公允合理、操作性强的“良法”,以有助于公众能够自觉采取风险规制措施,从个人源头拒绝风险的传播,自觉发挥主观能动性,降低基因安全风险,为基因安全法律的实施奠定稳固基础。

(三)“基因安全法”的重点

所谓制度是指所有的成员都应该遵守的办事的规则和程序。③ “制度就是在一个国家里面,包括社会组织里,大家都要遵守的一定的秩序。这种秩序需要经过国家的制定或认可即立法的过程方可产生。”④“基因安全法”需要重点规范的制度有:知情同意制度、成果分享制度、基因进出口审批制度、基因技术开发控制制度、国家监管与授权许可制度、禁止滥用制度、基因安全风险评估制度等。

---

① [澳]约翰·S. 德雷泽克:《协商民主及其超越:自由与批判的视角》,丁开杰等译,中央编译出版社 2006 年版,第 1 页;[美]詹姆斯·博曼、威廉·雷吉主编:《协商民主:论理性与政治》,陈家刚等译,中央编译出版社 2006 年版,第 50 ~ 67 页。

② [美]加布里埃尔·A. 阿尔蒙德、西德尼·维巴:《公民文化:五个国家的政治态度和民主制》,马殿君等译,浙江人民出版社 1989 年版,第 76 页。

③ 曹海晶:《中外立法制度比较》,商务印书馆 2016 年版,第 16 页。

④ 《董必武法学文集》,法律出版社 2001 年版,第 381 页。

1. 知情同意制度

知情同意制度是指在进行基因检测的时候,检测人员应该将检测的目的、过程、结果、可能的风险告知被检测者,让被检测者知晓所有情况之后再对是否进行检测做出选择。尊重人的人格尊严、人的自主权、人的安全权利是知情同意制度的基础。该制度体现了尊重人、将人当作人而不是物、将人当作主体而不是客体,实现人的自主意识表达的基本价值。因此对主体的人来说,知情同意制度非常重要。自主原则是知情同意制度的基础。自主原则要求每个人应根据自己的想法与判断做出自己最想要的决定,不受其他人的影响,别人也不得代为作出决定。就自主而言,有以下三个要求:首先,做出的决定必须是非强迫的,是根据决策者自己的意愿做出的。其次,决策者也应该具备按自己的意愿做出决策的能力。最后,该决策的做出必须包含决策者自己对所要决策的事情的理解。

关于知情同意制度,国外立法和宣言中有一些规定。在《世界人类基因组与人权宣言》中,联合国教科文组织规定,无论何种情况,都应当事先征得双方的同意,如果双方不同意,相关的批准或授权也应当根据法律和双方的意愿进行。联合国教科文组织在《关于人类遗传数据的国际宣言草案》中指出,不管是采用侵入式还是非侵入式方法收集人类遗传数据,以及在公共或私人机构中对其进行处理、使用和存储,都应当事先取得当事人的知情同意。同意原则的限制只应以符合"国际人权法"的国家法律或法规的强制性理由为依据。《赫尔辛基宣言》指出,在进行任何人类临床试验之前,都必须全面通知所有受试者以下内容,包括研究目标、研究方法、研究机构、资金来源、利益冲突、所属组织、可能的收益、参与研究的潜在风险与可能引起的不适等事项。受试者亦应被告知,他们有随时退出此项研究计划的自由,且随时可撤回所签署的同意书,并不会因此受到不平等的对待。《澳洲政府涉及人类研究之伦理施行国家宣言》(National Statement on Conduct in Research Involving Humans)称:"用于人体研究的组织采集应以参与者可理解的程度告知其研究的目的、方法、风险、利益、不利以及其他可能的研究成果,包括公开研究成果的可能性,并在此基础上获得参与者的同意且该同意应出于其自愿。"

在《人类遗传资源管理暂行办法》中,也规定了申请和审批项目时,必须提交供体或其近亲属的同意书。在《人胚胎干细胞研究伦理指导原则》中,对此也作了明确规定,即进行人胚胎干细胞研究,必须认真贯彻知情同意与知情选择原则,签署知情同意书,保护受试者隐私。

知情同意制度是为了保障人体基因资源提供者的合法权利,让当事人全面了解自己所贡献的资源用于什么科学研究,这种研究会带来哪些利益或不利后果,坚决杜绝利用人们不懂科学而以关心其身体健康为由获得或者骗取基因资源。知情同意制度是国际文件确认的规范基因研究与成果运用的中心准则,对保障基因安全有至关重要的作用,因而我们在制定"基因安全法"时应将知情同意制度具体化。综合上述国内外关于知情同意的规定,在"基因安全法"中,知情同意制度应告知的内容包括:实验的性质和目的,测试的步骤,测试对个人和家庭的危险,测试对他人和科学的益处,测试结果与期望值的可能差异,测试过程中发生的意外伤害的责任和解决办法,个人撤回测试的权利,测试过程中和测试后个人和家庭享有的保障和权利。[①]

2. 成果分享制度

由于一些历史的原因或受经济条件的制约,有些国家尤其是发展中国家对于基因资源的开发和利用未能投入更多的人力物力进行研究,但是如果发达国家是从发展中国家获得基因资源进行研究且取得了成果,提供基因资源的发展中国家理应享有成果分享权,这一方面保障了发展中国家的权利,另一方面可通过成果分享保证基因数据的自由交换,促进科研的发展并逐步缩小发展中国家与发达国家之间的差距。

基因研究人员因创造性的劳动通过专利制度获得利益保护,而人体内的一些特殊基因,是一些种族、人群在历史上经历了特殊影响而获得,而基因材料是进行科研的基础,如果没有基因提供者提供基因材料,基因研究者也无法获得基因专利。由此,基因材料提供者对基因研究意义重大。基因作为一种特殊的客体具有实物财产价值,在此意义上,基因提供者对于基因拥有财产权。基因权利人对其基因的处置、转让以及在基因的使用中获得一定利益具有决定权。例如,在提取基因时得到相应的经济报酬,以及在基因研究有结果时得到收益的分配权。[②]这是基因提供者参加成果分享的基础。在“基因安全法”中,制

① 古津贤、李耀文主编:《生命科技法律与伦理》,天津人民出版社2014年版,第67页。

② 黄玉烨:《人类基因提供者利益分享的法律思考》,载《法商研究》2002年第6期。

定成果分享制度，对基因研究成果进行分享惠益利用，不但能协调基因提供者与基因研究者的利益，而且还能促进基因产业的发展。

3. 基因进出口审批制度

我国有丰富的基因资源，这吸引了基因海盗与基因殖民者的目光，因管理不善等原因导致我国基因资源流失严重，基因资源的安全是我国基因安全问题的重中之重。这是因为基因资源是其他一切研究活动的基础，是基因技术的开发利用、基因专利的发明创造等活动的源头。如果基因资源流失了，其他一切与基因相关的活动都可能不安全了。因而我们必须从源头上保护基因资源，建立严格的基因自由进出口审批制度，防止基因资源流失。在中国境内收集的遗传物质和研究数据，未经相关部门批准不得出境。我国人类遗传资源管理办公室出台的《〈人类遗传资源管理暂行办法〉有关问题的通知》中指出，对于人类遗传资源出口方面进行严格控制，关于出口应该坚持“少量出口，严格把关”原则。但《人类遗传资源管理暂行办法》本身是一个行政规范性文件，强制力较弱。因此需要在专门法中严格规范基因进出口审批制度。

4. 基因技术开发控制制度

基因科技的研发和运用可能带来基因安全风险，为了规避基因安全风险需要对基因技术的研究与运用设立一个准入制度，这就是基因技术开发控制制度。这项制度是“基因安全法”中的重点制度。因为基因技术的研发与运用是基因安全风险的核心来源，因此规范基因技术的研发与运用可以在很大程度上规制基因安全风险的产生,尽可能地保障基因安全。

该制度是对基因科学技术研究的从业人员的规范与对基因科学技术本身的规范。众所周知,基因技术能带来很大的商业价值,基因产业是能创造巨大经济效益的产业。由此会吸引很多功利主义者或者唯利是图的人或组织进入这个行业,为了规范基因技术领域与基因产业,更是为了保障基因安全,必须对基因技术的开发与利用进行规制,设立准入条件。这主要可以从以下两个方面着手:首先对基因技术的研发与运用的主体进行审核与规范。鉴于人体基因科学技术的研究直接关系到人的身体健康与生命安全,稍有不慎就可能带来伦理问题、社会问题和法律问题。因而在人体基因科学技术研究问题上,对研究主体的准入比一般的科技研究要求更高,这主要包括对基因技术的研发与运用主体的基因技术水平、实验仪器设备等方面进行严格的审核;对研发参与人员的资格、资历、工作能力与水平、职业操守与伦理素质等进行审核。以此为依据制定人体基因技术研发与运用准入的标准,实行严格的审核批准制度,符合条件的才能准入,不符合条件的一律不得从事人体基因技术的研发与运用工作。其次是对人体基因技术本身的准入。基因技术包括基因检测、基因治疗、基因克隆等。基因技术的滥用会给人类带来风险是不言而喻的。其实基因技术研发、合理运用也可能给人类带来风险(此问题在第二章已详述)。鉴于此,我们对人体基因技术本身的准入必须采取谨慎的态度。可以根据技术带来风险的程度分为以下几个等级或层次:其一,明确禁止的领域,即人体基因技术禁区,主要包括克隆人、以增强为目的的基因编辑等。其二,明确支持与促进的领域。这主要是那些已经经过临床试验能确定对人体无害或危害小且能治病救人的技术。其三,半开放或准入的领域。这主要在评估环节尚未得到确定结果的、模棱两可的、有争议的技术领域。对该领域完全禁止担心阻碍技术的发展,完全鼓励又害怕带来风险而采取的折中态度。

5. 国家监管与授权许可制度

在对人体基因资源的利用上,我们必须采取谨慎的态度,因为该利用可能会侵犯人们的人性尊严与基本权利,带来基因安全风险。虽然我们对人体基因资源利用采用谨慎的态度,但对人体基因资源保护应该要采取事前预防的积极模式。国家应对从事基因资源保护、基因技术研究和应用的机构和公司等进行监管,建立动态、全天候监督机制。从事基因工程研究和应用的单位,必须取得国家的专项授权和许可,未经批准,不得私自采集基因样品用于研究。在未被非法采集的情况下,尽可能地将重要的人类遗传资源纳入国家遗传资源管理的范畴,有效地加强对人类遗传资源的管控,提高人类遗传资源的安全性。① 对我国的民族基因信息进行统一搜集,规范管理。

6. 禁止滥用制度

"由于基因技术开发与研究蕴藏着巨大的经济利益,很多单位和个人都开始抢占中国的基因技术市场,但这样的抢占行为也为滥用基因技术埋下了隐患。"②基因科技的运用带来积极

① 古津贤、李耀文主编:《生命科技法律与伦理》,天津人民出版社 2014 年版,第 66 页。

② 赵震江、付子堂:《现代法理学》,北京大学出版社 1999 年版,第 35 页。

影响的同时,也会有遭到滥用的可能。一旦基因科技遭到滥用,人的生命与尊严将受到侵犯,由此导致的基因安全问题是不敢想象的。鉴于此,在实践中我们需要预估所有可能遭受滥用的情况,并事先制定规范措施加以控制。由此,禁止滥用制度成为“基因安全法”的立法重点与难点。

基因科技一旦被滥用势必会带来基因安全风险,甚至给整个人类带来灭顶之灾。因此我们在进行基因安全风险规制的时候,一定要遵循禁止滥用原则。禁止任何组织或者个人将基因科技运用于一些非正当的用途或者目的,如制造基因武器、进行以增强为目的的基因编辑等。这是为了防范基因安全风险的发生,保障基因科技的健康发展。从这个意义上来说,禁止基因科技滥用原则是规制基因安全风险的重要原则。关于基因科技的应用,国际上有对其限制的规定,《世界人类基因组与人权宣言》明确指出:人类基因组的研究和应用,特别是生物学、遗传学、医学等领域的研究和应用,不能超越人的基本权利、自由和尊严,不能损害人的尊严,不能以基因的形式克隆人。在利用基因技术克隆人的方面,很多国家的法律都是明文禁止的。为了防止基因技术遭到滥用,我们在立法上应当明确规定基因科学技术应用的目的与范围。在克隆技术方面,应将其限制在为人类健康服务、提高人类生活质量和促进人类进化的疾病治疗和科学研究的领域。要全面禁止将基因技术运用于人与其他物种的 DNA 重组。①

---

① 李广湖:《关于加强我国基因立法的建议》,载《河南社会科学》2003 年第 6 期。

7. 基因安全风险评估制度

由于科学技术的本质，一项科技在运用的同时，可能会伴随着一些超出人类能力所掌控的潜在风险。这类风险一般被认为是科技发展上的风险或科技本质上的风险；另外，科技运用的风险也可能是社会因素的介入所致，一般称为管理上的风险，或者称为非科技所致的风险。这两种情况都需要发展与设置法律规范，以管理科技所可能造成的风险。[①] 基因科技的运用给人类带来诸多好处的同时也可能会带来不确定的风险。基因科技尤其是基因医学技术是以风险为主要特征的，具有不可预料性与不确定性。举例而言，诊断性质的基因检测可以协助医生了解病人是否对某一药物有抗药性，避免药物过敏；预测性质的基因检测结果则仅显示带有某基因者，其实质发生特定疾病的可能性较高，但是否确实会发病并非必然，因此如果被不当使用，将对当事人身心造成难以弥补的损害。风险的不确定性使基因技术一方面可能带来机会或者利益，但另一方面可能会带来损害或危险。为掌控不确定的风险保障基因安全，需要制定基因安全风险评估制度，该制度是“基因安全法”立法的重点与难点。

《世界人类基因组与人权宣言》规定，对于个人基因体的研究、治疗或诊断，应该根据各国法律的要求，事前对于潜在风险与利益做严格的评估后，方可实施。要制定风险评估制度，我们必须先对产生风险的原因、风险的类型、风险的特征有深入的了解，这些是风险评估的基础与前提。然后才能根据一定的步骤

① 牛惠之：《科技法律议题之研究》，载苏永钦主编：《部门宪法》，台北，元照出版社 2005 年版，第 759 页。

与方法进行评估：首先是对风险的确定。此处的确定是指确定风险有存在的可能性。其次是对风险的估计。这主要是对风险的预测，预测它可能产生多大的危害以及产生的可能性有多大。估计对该风险进行规制将要产生的成本等。再次是对风险的评价。这一步主要是针对那些已经确定或者已经估计到的风险。通过调查研究，评估风险可能造成影响的程度，以及可能受风险影响的相关人员对风险的接受程度与对风险的承受能力。在对这些进行全部研究和评估之后，做出一个合理的大家可以接受的而且能为社会带来最大利益的风险保护水平。最后是根据前面三步的评估结果做出风险规制的对策。依据这些对策制定出来的规定大体可分为三种类型：第一种是完全阻却风险的禁止性规定；第二种是在风险与利益中寻求妥协关系的有条件开放；第三种是利益或社会取向，对于具有风险性的科技产品采取风险认同且完全开放的规范模式。基因科技可能带来的风险，造成的不安全影响的领域非常广泛而复杂，横跨生物学、伦理学、社会学、法学等领域，对基因安全的风险评估是一个综合的整体的评估。

第二节 基因安全风险规制法治实施机制的完善

基因安全风险规制法治体系的完善除了要建立健全法律规范体系外，还在于如何通过法律的实施助推基因科技的良性发展以及基因资源的合理保护。基因安全风险规制法治实施机制的完善主要可以从执法层面、司法层面和守法层面上着手。

一、完善基因安全风险规制执法路径

法立,有犯而必施;令出,唯行而不返。[①] 保障我国基因安全,重点和难点在于推进法律的正确实施和执行,把“纸上的法律”变为“行动中的法律”。依法执政需要从公正文明执法、重点领域执法、依照法定程序执法、权责统一执法等层面稳步推进。[②] 这对完善基因安全风险规制行政执法具有指导意义。

(一)明确基因安全风险规制执法的主体、客体和内容

在基因安全风险规制执法中,首先要明确执法的主体、客体和内容,确保由有权机关在其职权范围内依照法律规定,高效行使相关行政职权、处理基因安全风险相关的事项,保障基因安全。执法主体主要分为法律规定的主体和行政委托授权的主体。前者在我国目前的行政层级上跨度较大,从国务院科技部门到基层政府相关单位均具备相应的执法权限,同时不同层级的法律、行政法规、专门法规也授权特定的行政机关基因安全事项的执法权限。例如,国家互联网信息办公室对人类遗传资源信息和公民基因信息在网络平台的保存、传递等事项具备监管和执法的权力。此外,派出机构如基层派出所在一定情况下也可以作为基因安全风险规制的执法机构,派出机构以公安机关的名义做出执法行为,但是派出机构在进行其他执法活动时又

---

① (唐)王勃:《上刘右相书》。

② 黄文艺:《推进中国式法治现代化　构建人类法治文明新形态:对党的二十大报告的法治要义阐释》,载《中国法学》2022 年第 6 期。

并非基因安全相关事项的执法主体,其执法主体的身份是临时的,这种情况会对执法监督、当事人权利救济等后续事项造成影响。在基因安全风险规制执法中行政委托授权的主体是一类特殊主体,即依据授权享有执法权的主体。基因技术具备较高的专业性,一般执法主体所掌握的知识不足以达到科学高效的执法,因此需要授权委托具备相关专门知识的个人或是组织,在这种情形下,相关取得授权的个人或组织也成为执法主体。执法客体指行政执法人员所享有权利和所承担义务指向的内容。具体而言,基因安全风险领域的执法客体包括基因技术开发、基因技术使用、遗传资源的采集、管理、使用等可能带来基因安全风险的具体事项。执法的内容是指执法主体依据法律或授权对执法对象所做出的行政执法行为,如行政许可、行政处罚和行政命令等。

(二)合理预估基因技术存在的风险

行政机关在执法过程中,要结合依法行政的要求,将基因安全的制度设计运用到法律实践中。基因技术作为科技发展的新事物,具有双面性,政府在鼓励发展的同时也要看到其负面性。政府在行政执法过程中,要坚持成本效益的考核原则。该原则是指政府在“政府—市场—社会”的关系中,对事物的价值进行衡量,推动行政行为合法性、合理性和有效性。[①] “基因编辑婴儿”事件在一定程度上是人们对基因科技未知领域的探索,但

---

① 郑雅方:《论我国行政法上的成本收益分析原则:理论证成与适用展开》,载《中国法学》2020 年第 2 期。

是其违背了基本人文伦理,给社会带来不确定的风险。在肯定基因科技效益的同时,还要注重考虑基因科技伦理的问题。《宪法》规定了公民有科研的自由,同时也规定了人性尊严的不可侵犯。在科技发展的过程中,政府要坚持以维护人性尊严为基础,坚持科技理性在《宪法》的价值上发展,对任何违反人性尊严的基因科技活动都要依法打击。在价值衡量的过程中,政府部门之间可以共享信息资源,合理预估某类基因技术存在的风险。同时政府要主动与人民群众深入交流,推动决策的科学性、合理性。

(三)将基因资源管理作为重点执法领域

目前,世界各国都将基因资源视为重要的国家资源加以重点保护。为了激励基因技术的研发以及防止基因资源被外国窃取,各国政府积极作为,加强对基因资源的保护。我国作为基因资源的世界首富国,稀缺基因资源种类繁多,但在行政执法领域,我国政府对基因资源的管理还存在着基因专利保护力度弱、研发动力不足以及基因资源流失海外等问题。为了维护我国民族基因资源安全,保障我国基因安全与国家安全,政府必须加强基因资源的管理力度。在基因资源流失的防治上,我国已有《人类遗传资源管理条例》与《人类遗传资源管理条例实施细则》,但是对于基因资源专利的管理还有待加强。为了防止基因资源流失,应该加大对基因资源专利的管理。政府部门可以牵头建立基因专利池。专利池(Patent Pool),又称专利联营或专利联合授权,是指不同类型专利权的两个以上所有者相互许可或向第三方许可的协议。① 基因专利池的建立能够减少创新成本,推动基因专利共享,遏制类似专利劫持等专利滥用现象发生。专利劫持主要指上游的专利权人对下游的使用者强制索取远远高于正常合理许可费的行为。② 政府可以在技术标准制定以及反垄断规则引导上积极作为:第一,政府在制定技术标准的过程中,遵循市场规律,充分将基因科技企业的技术经验与国际标准和国家标准相结合,制定一套新的基因专利池准入标准;第二,政府在反垄断引导过程中,可以制定一套基因专利池原则与许可实施细则,明确市场竞争与权力滥用的界限,同时对专利池内的垄断行为进行规制。③ 需明确的是垄断与滥用并非天生一对,对滥用的规制可以通过权利之间相互制约的救济机制实现,对垄断的规制可以通过公权力干预、限制权利实现。④ 基因专利制度的完善可以有效发挥专利权人一人敌众世的特点,规制基因专利侵权行为。

(四)规范基因编辑行政处罚程序与行政执法追究责任制度

要做到依照法定程序执法首先要完善行政执法程序。程序保障实体,程序的规范性和科学性有利于行政机关依法行政。

---

① 王玉梅:《专利池滥用的反垄断法规制问题研究》,载《知识产权》2011 第 2 期。

② 易继明、胡小伟:《标准必要专利实施中的竞争政策——"专利劫持"与"反向劫持"的司法衡量》,载《陕西师范大学学报(哲学社会科学版)》2021 年第 2 期。

③ 董晋瑜:《论我国基因专利池的构筑困局及破解路径》,载《科技与法律》2020 年第 2 期。

④ 吕明瑜:《知识产权垄断的法律控制》,法律出版社 2013 年版,第 106 页。

对基因编辑活动的行政处罚程序也要规范化、科学化。在基因编辑活动行政处罚程序中，要做到执法过程全记录、执法过程可溯源、重大行政处罚决定审核全覆盖；切实保障基因科技企业、单位等行政相对人陈述、申辩、听证的权利；执法过程要严格依据《行政处罚法》以及《生物安全法》等规定的法定权限和程序设定；严禁行政机关做出的行政处罚无依据。要严格落实行政执法责任制和责任追究制度，做到有权必有责，权责相统一。鉴于基因科技风险的不确定性以及后果的未知性，行政机关为及时预防风险与不良后果，可能会对基因科技企业粗暴执法，滥用公权力。因此，要不断加强基因科技行政执法案卷的管理和排查，积极处理暴力执法的举报，严厉整顿针对基因科技企业的"一刀切"执法、钓鱼执法等执法突出问题，坚决查办行政机关利用职权之便包庇基因科技企业违法犯罪行为，保障基因提供者的合法权益。

（五）完善执法监管机制

作为国家权力有机组成部分的行政权，必须要在党的全面领导下依法行使，同时还要强化对行政权运行机制的管理和监督，确保权力在法律规范内行使。基因科技具有专业性、双面性的特点，且执法人员自身专业知识水平有一定局限性，因此在执法过程中，执法者可能会因对风险的管控不力以及错误地认定事实而做出不当的决定。由此，必须要加强基因科技执法的监管，行政执法的相关监督机关需要对做出行政执法行为的主体机关进行实时监督，发现有违法行政或不当行政的行政行为时及时加以制止和纠正，对相关人员的责任进行追究，并责令其及时对该行为纠正或予以变更、撤销。[①]

1. 建立健全分工明确的基因安全专门机关。作为非传统领域的国家安全，基因安全要得到良好的保护，需要在总体国家安全观的指导下，建立基因安全专门机关。例如，在防范基因间谍[②]时，国家安全委员会与公安部门可以分工明确、相互配合。公安部门负责国内基因间谍情报的搜集、基因犯罪侦查的职能。《国家安全法》第5条[③]规定了中央国家安全领导机构的主要职责。在防范基因间谍过程中，中央国家安全领导机构可以参照该条规定做出工作部署。省级国家安全委员会依据中央国家安全委员会的指示，设立分支机构，受省国家安全委员会的组织领导和中央国家安全委员会的业务领导。[④]

2. 加强基因科技伦理审查委员会建设。2023年，《国务院办公厅关于印发〈提升行政执法质量三年行动计划（2023—2025年）〉的通知》，明确从监督制度的完善、监督运行机制的健全和监督方式的创新三个层面，构建完善行政执法监督工作体系，加强对基因科技行政执法工作的监督。基因科技执法监管除了加强顶层设计领导外，还要不断完善具体机构部门的监管。

---

① 帅明希：《我国行政执法责任制的完善》，黑龙江大学2019年硕士学位论文，第40页。

② 基因间谍：指从事以窃密一国之基因信息和基因资源为主的各种非法谍报活动的特工人员。

③ 《国家安全法》第5条规定：中央国家安全领导机构负责国家安全工作的决策和议事协调，研究制定、指导实施国家安全战略和有关重大方针政策，统筹协调国家安全重大事项和重要工作，推动国家安全法治建设。

④ 马方：《系统构建国家安全法治实施体系》，载《理论探索》2022年第1期。

目前,我国一些卫生机构、科研院所、高等学校内设有伦理审查委员会,负责对人体生命科学和医学理论科研工作进行伦理审查,同时对从事有关工作的科研人员进行生命伦理教育和培训。伦理审查工作机制的建立产生了一定的积极作用,但因监管不力,一定程度上造成了"基因编辑婴儿"事件和"黄金大米"事件①的发生。因此要加强对科技伦理机构的监管力度。

新技术的发展与应用重塑了传统的生产方式、产业结构。将新技术应用到非传统领域,可能会引发新的风险。② 德国为了应对新技术带来的风险,在伦理审查方面,建立了一批集中化、专业化的伦理审查机构,如医学伦理委员会、动物伦理委员会和心理学伦理委员会以及安全相关研究伦理委员会。德国的医学伦理委员会虽然是一个自发性形成的组织,且审查人员全是兼职管理,但是其工作效率远远高于许多国家的全职审查人员。主要原因在于医学伦理审查委员会定期举办年度会议、工作会议、小组会议等培训,推动审查的流程程序化、内容具体化、文本规范化。同时审查内容上,主要审查研究基础、研究问题和

---

① 该事件被认为是美国版的"731 人体基因实验"。2008 年 6 月 2 日,湖南省衡南县江口镇中心小学 25 名儿童每人食用约 60 克的"黄金大米"米饭。该"黄金大米"由美国塔夫茨大学教授汤光文未按规定向我国申报私自携带入境。该实验以"营养改善项目"为幌子,在声明书中未告知家长实验内容和风险提示。2012 年,有关论文被发表以后,该项目的主要负责人湖南省疾病预防控制中心胡某、中国疾病预防控制中心营养与食品安全所荫某和浙江省医学科学院王某表示对"黄金大米"均不知情。经调查:荫某、王某等项目负责人在伦理审查和知情同意中,没有向家长提供完整的知情同意书。同时,在面对有关科研人员调查时,刻意隐瞒实情。因此,必须要加强科研活动的伦理审查和监管。

② 蔡翠红:《全球科技发展:迭代加速与地缘政治化》,载《人民论坛》2023 年第 24 期。

设计、备案报告。加之,在成员构成上还配备有监察员,负责受理申请人对审查员不公对待的相关诉求。最后,审查结果上,该结果在各地的医学伦理附属协会互认。[①] 这一系列工作流程在推动伦理审查委员会工作科学化、精细化的同时,也加强了对其监管。借鉴德国伦理审查委员会的经验,结合我国具体国情,在防范基因安全风险的过程中,各级政府可以结合自身实际状况,做好以下工作:首先,设立专门的基因安全伦理审查委员会,让从事有关行业的人员自觉加入,政府在组织上对其进行领导,工作上给予其一定的独立性。并且,鉴于科技风险的全面性,政府还要为同领域和不同领域的伦理审查委员会提供学习交流的平台,提高科技风险联防联控能力。其次,政府要规范审查流程,细化审查内容,适当举办工作会议进行培训。同时也可以配备监察员进行监督和处理申请者与审查员之间的纠纷。最后,审查流程和结果要定期公示,并借助科技手段及时传达给基因科技利益相关者,保障他们的知情权和救济权。这种内外结合的监管方式,可以推动基因安全科技伦理审查委员会工作的科学化、精细化,提高工作效率和质量。

二、完善基因安全风险规制司法路径

司法是维护法律公正的最后一道屏障与生命线,是指司法机关依照法定程序,运用法律,解决纠纷的专门活动。在基因安全风险规制过程中,仅依靠执法不能充分保障当事人的权利,还

---

① 王飞:《德国科技伦理审查委员会的体系架构、工作机制及经验分析》,载《中国科学基金》2023 年第 3 期。

要以司法的方式为基因权利提供救济。

(一)增强办案法官对基因技术知识的了解

基因技术带来了许多新的、专业性很强的概念,这给法律尤其是司法层面带来了一系列难题。涉及基因安全诉讼的审理中常常会有生物学、病理学、毒理学、生物化学、病原学和临床医学知识等,对这些学科所涉的专有名词和临床专业知识的掌握与判定,需要具有基因技术相关专业知识和丰富的临床经验,传统的法官难以做出精准的裁量。因而,在处理基因科技领域诉讼案件时,为了增加司法的救济能力,法官必须对基因领域内的知识有所了解。在基因技术的开发、试验和临床应用过程中,将会涉及各种各样的行政许可、处罚、审批甚至行政指导。就行政许可而言,将有可能会涉及对从业人员的资质审查、参与该研究的公司的责任能力审查、实验环境安全与否的审查等;[①]就行政处罚而言,行政管理部门可以就将基因编辑手段应用于医疗项目的主体进行处罚。在允许行政权力对基因技术相关内容进行规制的同时,必须关注到的是行政机关有可能做出错误的决策,此时必须由司法机关对相对人予以救济。司法对行政审查的前提在于法官对行政机关做出的行为有所了解,否则便无法谈司法对行政的监督。而为了增加司法的救济能力,法官有必要对基因领域内的相关知识有所了解,如此才能对行政行为合法与否作出判断。现行《行政诉讼法》将行政行为明显不当纳入撤销

① 这些审查是笔者认为有必要存在于行政监管的制度,有部分已经在实在法上有所体现,而部分则没有在实在法中表现出来。

行政行为的理由之中,故而对法官提出了更高的要求,要求法官对基因技术领域内某一事项合理与否有一个基本的认知。除了法官之外,还需要确立一批具有相关资质的机构对基因技术开发、试验和临床应用中可能出现的问题进行司法鉴定,并且需要培养法官产生“在与基因技术相关的案件中需要多参考专业技术人员意见”的认知。除了上述这些基本要求之外,还可以进一步利用现有的制度来完善司法,譬如在人民陪审员的行列中吸纳专业人士,并且将与基因技术相关的案件集中于某一配备了相应资质人民陪审员的法院进行审理。①

(二)建立基因安全专家辅助人出庭制度

专家辅助人指拥有丰富的专业知识,实践经验或者学术素养,能对证据的争议焦点提供具有理论性、科学性、技术性或其他专业性意见的辅助诉讼顺利进行的人员。基因安全诉讼中所涉及的证据争议焦点具有专业性强、科技含量高等特点。同时,取证难、鉴定质量无法得到保证也是影响证据争议焦点解决的重要因素。专家辅助人制度存在的目的就是弥补当事人和法官在专业水平方面的缺陷,最大限度发挥证据的作用。我们需要在基因安全诉讼中建立基因安全专家辅助人出庭制度。

1. 基因安全专家辅助人出庭制度概述。基因安全专家是指具备基因技术相关专门知识的人。我国2022年修订的《最高人民法院关于适用〈中华人民共和国民事诉讼法〉的解释》第122

① 需要考虑到人民陪审员需要流动的问题,最好由层级较高的法院来审理此类案件。

条前两款规定,“当事人可以依照民事诉讼法第八十二条的规定,在举证期限届满前申请一至二名具有专门知识的人出庭,代表当事人对鉴定意见进行质证,或者对案件事实所涉及的专业问题提出意见。具有专门知识的人在法庭上就专业问题提出的意见,视为当事人的陈述。”该条在民事诉讼领域确定了具有专门知识的人出庭制度,并且将具有专门知识的人发言在性质上视为当事人陈述。我国 2021 年修订的《最高人民法院关于适用〈中华人民共和国刑事诉讼法〉的解释》第 250 条规定,当事人及其辩护人申请有专门知识的人出庭,应当说明理由,法庭认为有必要的,应当通知有专门知识的人出庭;第 263 条规定,审判人员认为有必要时,可以询问有专门知识的人。具有专门知识的人在审判阶段对事实的认定有着重要作用,故而,有必要构建专门的基因安全专家出庭制度,确保其在案件中的主体地位。我国现阶段已经形成以鉴定制度为主、专家辅助人制度为辅的鉴定制度结构,即专家辅助人出庭是基于辅助诉讼进行的目的,其不应定位于“当事人的帮手”,而应被视为一种独立的诉讼参与人,具有独立诉讼地位。[①] 给予专家辅助人独立诉讼地位后,其作为主体参与诉讼程序,对诉讼程序推进承担重要职能,对裁判实体结果产生实际影响,同时也为其当庭提供的专业意见承担诉讼责任。庭审中如果专家辅助人随意发表专业意见影响审判结果,可以对其进行追责。[②]

---

① 陶然、邸笛、石悦:《专家辅助人之功能实现在涉医诉讼中的障碍及其疏通》,载《医学与法学》2019 年第 4 期。

② 陈赛:《刑事诉讼专家辅助人出庭:实践审视与制度优化》,载《中国人民公安大学学报(社会科学版)》2022 年第 3 期。

2. 基因安全专家辅助人的原则与程序。基因安全专家辅助人的原则有以下三个：第一，基因安全专家辅助人应当保持中立性。在民事诉讼和刑事诉讼中，专家辅助人都可由一方当事人申请出庭，这种聘请式的出庭方式决定了专家辅助人具有立场偏向性。由此，可能会存在偏袒一方当事人的情况，不如实、公正地陈述科学事实。基因安全专家证人保持中立性即在接受当事人委托上，做到维护客观中立和服务好当事人之间的平衡；在诉讼目的和利益代表上，做到维护诉讼过程中的公平公正以及保护当事人诉讼利益之间平衡。[①] 做到平衡上述二者，关键在于坚守底线客观要求，即不能违背最基本的科学事实规律和职业伦理道德，不得捏造、毁灭事实、肆意发表专家意见，可以书面承诺的方式坚守底线客观要求。[②] 第二，尊重基因安全专家辅助人独立诉讼地位原则。基因安全专家辅助人凭借其丰富的科学经验和技能，能够促进法官和当事人了解基因科技风险的真相，其知识技能的专业性和诉讼过程的辅助性决定了基因安全专家辅助人具有独立的诉讼地位。尊重基因安全专家辅助人独立诉讼地位的体现有：法官要全程耐心倾听专家意见，无论最终采纳与否，都要在裁判文书中就采信或者不采信的理由进行说明，这也能体现法庭对专家辅助人科学知识和职业道德的尊

---

① 谢伟：《我国环境诉讼的专家证人制度构建》，载《政治与法律》2016 年第 10 期。

② 沈明磊、董蕾蕾：《民事诉讼专家辅助人制度适用问题研究》，载《法律适用》2017 年第 1 期。

重。[1] 第三,坚持充分说理原则。基因安全专家辅助人应结合自身专业知识和证明材料,针对法官提出的问题以及自身提出的见解,进行全面、充分、有逻辑的论述。法官在此基础上对基因安全专家辅助人的意见综合考量与取舍,推动案件的事实认定。

在基因安全专家辅助人运行程序的设计上,需要明确专家辅助人出庭流程和作证方式。第一,专家辅助人出庭的出庭申请要存在十分必要的理由。基因安全风险是一个学科综合性强、涉及领域广的课题。一旦在诉讼过程中发现基因安全风险问题,需要听取专业人士的建议,并且当当事人提出专家辅助人出庭的要求时,法官可以在权衡之后,允许专家辅助人出庭。第二,明确作证方式。专家辅助人作证形式上必须书面,同时也注重口头意见表达,当事人之间的专家辅助人还要互相质证。互相质证有利于专家辅助人之间就争议问题彼此达成共识,间接维护了专家辅助人的中立性,也能削弱专家辅助人技术的权威性对法官自由心证的影响。第三,明确专家辅助人的作证流程。在专家辅助人运行程序的设计上,还需要明确专家辅助人的作证流程。其一,只能对基因安全风险方面的事实问题提出专业性意见,不能对相关法律适用提出意见。[2] 如基因安全风险的产生与形成、基因安全风险的损害后果、基因安全风险的因果关系、基因安全风险损害后的补偿措施与修复等。而基因安全风

---

① 张凌燕、刘妍君:《专家辅助人的执业定位与诉讼规则》,载《中国人民公安大学学报(社会科学版)》2020 年第 4 期。

② 谢伟:《我国环境诉讼的专家证人制度构建》,载《政治与法律》2016 年第 10 期。

险责任分担不是专家辅助人的证明对象。其二,完善质证程序。为了让专家证言更具证明力,必须要完善质证程序,提升质证效果,提高专家证言的证明力。基因安全风险专家证人质证可以依据《人民法院办理刑事案件第一审普通程序法庭调查规程(试行)》第27条规定以及《最高人民法院关于适用〈中华人民共和国民事诉讼法〉的解释》第123条规定对专家证人进行质问。同时,专家辅助人也可询问鉴定人有关基因安全案件专业化问题,利于对案件全程了解。其三,明确基因安全专家辅助人的法律责任。在利益牵连的大背景下,专家辅助人制度在实际运行中具有偏向性已经是不争的事实。因此,必须设立法律责任以维护专家证人制度的中立性。对于故意虚假提供意见的专家证人,根据其在庭审的表现情况,可以采取没收酬金、训诫、罚款、拘留、纳入失信名单等措施,维护专家证人的公正性。①

3. 建立基因安全专家库。基因安全专家库,也称专家咨询委员会,是指法院为推动司法民主化、科学化,集合法学专业人士、学者和实务工作者,为法院的有关基因安全方面司法活动提供建议和解决方案的机构。建设基因安全专家库支持涉及基因安全的司法审判活动。相较于以个人为主体的专家辅助人,以单位为主体的专家库能够更高效地进入司法程序。基因安全专家库的建设可以各省高级法院为主导,结合当地实际情况,制定统一的省内基因安全专家库规范。最高人民法院可以借鉴、吸收各省的实际情况,加快建设全国性的基因安全专家库规范。

① 蔡虹、夏先华:《诉诸权威理论架构下的专家辅助人制度省思》,载《河北法学》2020年第3期。

专家库在没有涉基因安全案件审判的时候,能够对以往涉及基因安全的司法案件进行审查,查补司法判决中的疏漏,纠正以往的瑕疵,更好地维护我国基因安全。司法救济之所以是重要的环节,就在于它可以通过案件的审理和判决,向全体社会成员传递出通过司法保护基因安全的新理念,以及在新技术领域应当遵循的核心原则和价值观。[①] 基因安全风险的隐匿性强、专业化程度高,设立基因安全专家库有助于保障人们基因安全方面的诉讼权利、提高诉讼服务质量。基因安全专家库作为基因安全专家辅助人的源泉,可以集中力量管理基因安全方面的专家辅助人,保证专家辅助人作证的中立性。

关于基因安全专家库的建设,可以从以下几个方面努力:第一,完善基因安全专家库运行机制。首先,完善基因安全专家辅助人的人员构成。由于目前该研究领域非常新颖,相关研究人员数量少,因此基因安全专家库的选拔标准不应过高,囊括的主体范围要广,如从事相关工作具有丰富经验或科研能力的专家、教授都可以申请加入,尽可能地满足基因安全专家库的人员数量要求。其次,提升基因安全专家辅助人的科技伦理素养。科技伦理是科技活动中人与人之间、人与社会之间的行为规范。新时代科技伦理要求科技工作者正心明志,修身立德。这就要求基因安全专家辅助人在基因安全诉讼中具备一定的科技伦理道德素养。法院可以在管理制度上借鉴职业宣誓制度、职业考

---

① 魏健馨、熊文钊:《人类遗传资源的公法保护》,载《法学论坛》2020 年第 6 期。

核制度、职业工作备案倒查制度、诚信记录等职业管理制度,[1]提升基因安全专家辅助人职业道德修养。此外,法院还可以加大违背伦理的处罚力度,尤其是加大对违背道德的处罚力度,真正让那些违背伦理道德的基因安全专家感到"羞耻"。例如,对存在包庇不法基因编辑活动的专家,加大向社会公开力度,用社会舆论的评价加强违背科技伦理道德的"羞耻感"。第二,建设数字赋能型的基因安全专家库。目前我国正积极推进"智慧法院"的建设,通过科技赋能提升司法服务的品质,推动我国信息化和治理能力现代化。基因安全专家库建设也可以搭乘数字科技顺风车,为智慧司法建设助力。数字赋能型基因安全专家库可以从以下两个层面着手:首先,基因安全专家库精准匹配系统的设置。人民法院可以借鉴案件模块分类系统的算法逻辑,依据不同基因安全专家证人的办案特点、办案类型、工作总体能力等要素,由智能系统对每一个基因安全专家辅助人的各项能力赋值,科学对其进行分类,并对每一个要素进行评分。申请者或者法院可以依据系统分类或者要素的评分选择比较适合自己的基因安全专家辅助人出庭作证。[2] 该精准匹配系统的设置,能迎合不同群众对基因安全专家辅助人的需要,也能加强对专家工作成效的考核、监督,提升数字司法基础设施的服务水平和服务质量,让人民群众感受到司法的温暖。其次,加强数字科技赋能基因安全专家库的宣传。人民法院可以积极利用大数据媒体

---

① 张凌燕、刘妍君:《专家辅助人的执业定位与诉讼规则》,载《中国人民公安大学学报(社会科学版)》2020年第4期。

② 郑戈:《在法律与科技之间:智慧法院与未来司法》,载《中国社会科学评价》2021年第1期。

传播平台,科普基因安全专家库,提升人民群众特别是有基因安全风险纠纷的当事人的法律意识。同时借助广播电台媒体、短视频、直播、小程序、公众号等平台,以短视频、纪录片、直播科普等人民群众喜闻乐见的传播方式,不断向人民群众传播基因安全专家库的功能和作用,拉近司法机关与人民群众之间的距离,提高司法工作的公信力。

三、完善基因安全风险规制守法路径

守法是法治的应有要义。基因安全风险规制法治实施除了要完善执法和司法,更关键的在于守法。守法是维护社会秩序、推动法律实现的必然要求。因此在基因安全风险规制法律实施中,必须要重视全民守法工作。知法是守法的前提条件,只有明确知道法律的内容,才能更好地遵守尊崇法律。基因安全风险规制守法路径主要有开展基因安全法治宣传教育和执法者负责普法工作等。

(一)开展基因安全法治的宣传教育

在实践中,由于我们自身对相关基因安全知识和基因权利认识不足,经常会被各种机构以各种名义,在我们不知情的情况下盗用我们的基因资源,造成各项基因权利受损,带来基因安全问题。因此,必须要加强基因安全法治的宣传教育。

在对青少年基因安全法治宣传教育上,我们要创新普法方式,提升普法的精度。提升普法精度的关键在于要重点关注民生热点问题，善于在矛盾纠纷解决中传授知识、讲政策、普法律。[①] 例如，在基因安全法治宣传教育上，可以导入“基因编辑婴儿”事件和“献血过程中的基因权利法律问题”等社会热点问题，讲解其中蕴含的生物、道德与法治学科的知识点，并且邀请校园法治导师讲授背后的政策和法律问题。通过这种寓教于乐、理论联系生活实际的教学方式，加深青少年对法律实际运用的理解，提升他们的基因安全法治意识。

在加强基层基因安全法治宣传教育上，我们可以借鉴“枫桥经验”等方式，创新基层法治宣传方式，推动基层人民法治素养的提高，稳固依法治国的根基。为了防止类似“安徽猎取基因”事件[②]的再次发生，基层法治宣传教育有必要普及“基因安全知识”，提升基层党员领导干部和人民自身基因权利意识，做到法治宣传教育与人民权益保护相结合。我们还可以在“全民国家安全教育日”中加强基因安全法治宣传教育。为了加强全民的国家安全意识，《国家安全法》第 14 条规定了每年 4 月 15 日为“全民国家安全教育日”。在党中央的领导下，国务院、地方政府、各级人民法院、检察院以及军事机关把党的有关国家安全政策、法律法规与基因安全知识相结合，通过以案例释法、法治讲座、法治文艺会演等方式进行国家安全教育，在国家安全法

---

① 马讯:《法治国家进程中的普法模式研究》，载《安徽大学学报(哲学社会科学版)》2023 年第 4 期。

② 20 世纪 90 年代开始，美国哈佛大学研究人员以“健康检查”为借口，在我国收集人体基因样本。这些基因样本包括骨质疏松症、尼古丁成瘾、高血压、哮喘病、支气管和肺功能等。不只是美国，欧洲的一些国家同样打着健康检查的旗号，收集我国老年人基因资源。这除了反映出我国对基因资源管控力度不够外，也反映出我国民众的基因安全意识不足。

治教育中宣传基因安全,辅之国家方针政策宣传,全面提升群众对基因安全法治的理解。在遭遇非法采集基因样本时,敢于用法律武器捍卫自己的基因资源和基因权利,最终从源头上预防基因安全风险,推动国家安全法治建设。

(二)坚持"谁执法谁普法"的原则

《中共中央关于全面推进依法治国若干重大问题的决定》明确要求实行国家机关"谁执法谁普法"的普法责任制,目的在于加强法治政府建设。这意味着国家机关普法工作任务"不仅包含了宣传基础法律常识,还包括促进公民积极运用法律手段维护自身权益、监督和制约权力滥用"。[①] 基因安全普法工作更应坚守"谁执法谁普法"的指导方针,强化执法者的普法责任。坚持"谁执法谁普法"的原则,首先要明确执法主体与普法对象。基因安全法治的普法主体就是执法机关。执法机关一般指的是行政机关和司法机关。基因安全的普法的重点与难点是对基因弱势群体权利的保护。基因弱势群体是基因科技不断发展的背景下产生的一类弱势群体,主要指受基因科技影响,由于对自身基因资源情况不了解、不知情,导致在使用或者让与自身基因资源过程中处于不利地位的群体。因此,执法机关要通过普法的方式,关心每一位基因权利弱势者。其次要严格遵守法定程序进行普法。加强对执法行为的监督,并明确相应的法律责任。

基因安全法治宣传与普法工作是守法的前提,只有知晓法

---

① 莫桑梓:《普法教育绩效测评指标体系的构建》,载《法制与社会发展》2018年第6期。

律,才有可能遵守法律。“盖天下之事,不难于立法,而难于法之必行。”①法律的生命力在于执行。基因安全风险规制法治体系在于建立并完善法律规范,更在于法律规范的实施,才能最终达到良法善治。

第三节 基因安全风险规制法治监督体系的完善

为了使基因安全风险规制的法律规范得到良好的实施,需要完善基因安全风险规制的法治监督体系,这主要可以从完善备案审查制度;明确各部门监管职责、提升监管效能;建立基因安全风险公益诉讼制度等几个方面着手。

一、完善备案审查制度

党的二十大报告明确把“完善和加强备案审查制度”作为法律体系建设的一项重要工作,体现了党中央对法规备案审查工作的高度重视。完善备案审查制度是实现社会主义法治体系统一的需要,也是保障法律有效实施的需要,更是保障人们基本权利的需要。基因权利的保障是基因安全风险规制的终极目的。基因技术的研发和运用有侵犯公民基因权利的风险,因此要制定和完备规范基因安全风险的法律。作为基本权利保障法的《宪法》,要形成相对稳定有效的限制公权力、保障人民基本权利的审查办法。

备案审查制度是一种抽象的合宪性和合法性审查,体现了

① (明)张居正:《请稽查章奏随事考成以修实政疏》。

依照中国自身政治制度和法律体系特点作出的充满中国特色的法律监督制度安排,[①]基因安全风险的有效规制,需要完备的备案审查问责机制和监督机制。需要将所有基因安全风险规制规范性文件纳入备案审查范围,依法撤销和纠正违宪违法的规范性文件,制定相应的违反报备义务的问责机制。问责机制设定的背后是法律的制裁,是《宪法》作为国家根本法的强制力。就《宪法》层面的备案审查制度而言,建立对于法律规范报备主体和审查主体的责任追究机制,保障其立法监督的权威性,既是推动《宪法》有效实施最现实的途径,也是推进基因安全风险规制领域的民主立法、保障公民权利的方式。无论审查方法是作为衡量基准还是衡量方法,其本身涉及的都是程度问题,其本身并没有客观、明确的内容,[②]但《宪法》层面的审查基准能够为公权力在规制基因安全风险中对基本权利的干预提供限度。这在教义学上体现出"国家尊重和保障人权"的《宪法》依据。[③] 随着备案审查制度的不断完善与加强,社会对基因安全风险规制立法领域的监督也将增多。这在一定意义上拓展了社会参与基因安全风险规制立法的路径,对于增强基因安全风险规制立法的民主性有积极作用,而且使基因安全风险规制立法能更好地保障公民权利。

在实际中,现有的一些备案审查制度处理的法规、规章可能

---

① 刘达昌:《完善规范性文件备案审查制度若干问题探讨》,载《人大研究》2021 年第 5 期。

② 林来梵主编:《宪法审查的原理与技术》,法律出版社 2009 年版,第 203 页。

③ 金波:《法律监督的理论与实务》,中国检察出版社 2005 年版,第 491 ~ 493 页。

实际上已经对公民的基本权利造成了损害，这在很大程度上会影响备案审查工作的开展和备案审查工作的实效。故而，可通过如下方式完善备案审查制度：其一，在《宪法》层面完善基因安全风险规制的备案审查制度，公民通过备案审查机制提请审查能够有效维护自身的合法权益，同时也以此提高备案审查机构专业化水平。其二，强化对公权力的监督，充分发挥公众参与在备案审查中的作用，打通公权监督和公民监督之间的“任督二脉”。[①] 其三，保证法律实施，严密监督关于禁止性基因编辑技术、涉及基因风险的重大违法犯罪行为等，强化监督问责机制，对享有立法权的主体，设计相应的监督机制限制其权力的行使，“阳光是最好的防腐剂”[②]，权力必须在监督之下行使。这样才能使执法人员遵守自己的法定职责，司法人员遵守基本的法律准则，最终确保基因安全风险规制的法律得到有效的实施。

二、明确各部门监管职责、提升监管效能

基因技术的研发与应用涉及较多部门，在基因安全管理上要以科学为基础，区分基因技术和产品的监管，进一步明确各部门的监管权责，避免因在某些领域的交叉而造成各部门之间监管冲突或推诿。根据监管的现实需要，建立有效的监管体系及细化责任追究制度，将国家药品监督管理局、国家卫生健康委员会、生态环境部等均纳入基因安全风险监管体系中，依其各自职

---

① 刘三洋：《非法利用信息网络罪的适用边界》，载《法律方法》2018 年第 3 期。

② ［美］路易斯·D. 布兰代斯：《别人的钱：投资银行家的贪婪真相》，胡凌斌译，法律出版社 2009 年版。

权范围划分基因技术应用监管范围,负责研究、协调基因安全管理工作中的重大问题。监管部门在对基因技术活动进行基础研究的同时,要对基因科学技术研究活动进行基本的了解。在此基础上,对于研究活动进行全过程的监督,了解此研究会带来怎样的风险,并请专家进行分析与评估,在风险产生之前进行预警,尽最大可能减少风险与临床中的损失。我们需要在坚持风险预防主义等法律原则与谨遵国际共识的前提下,以对基因安全风险监管与判断为基础,明确概念和边界,厘清监管职责。

在增强监管效能上我们可以区分不同的研发阶段与研发类型,有针对性地采取不同的监管措施与方式,加强部门之间的协作,建立协同机制。为使监管制度更具合理性,可以组织基因技术领域的专家、伦理学专家、公众等广泛参与讨论,多方吸纳意见。这不仅能提升监管效能,更能达到保障基因安全的目的。当然我们对基因技术研究的监管不是为了禁止或阻碍基因科技的发展,而是为了规范风险、保障安全。因而需要在技术发展与安全保障之间找到一个平衡点;同时将其中的代表性意见反馈给基因安全监管机关,确保公众参与到政策的制定和各监管环节的审核流程当中,有机结合"自上而下"的监管与"自下而上"的监督,并将监管信息向公众公开,形成政府、机构、公众等"协同共治"的基因安全监管体系。具体可做到如下:通过推进科学与公众的对话,增强决策的透明度和合理性,建立公众对规制基因安全风险的信任和信心;加强对基因编辑及其衍生技术的控制,形成基因安全方面的专门监管法律体系;根据基因技术在不同领域的应用研究，整合基因技术相关法律规范，出台有针对性的、前瞻性的基因安全监管政策，进行全面、系统的规制，保障基因技术的有序发展。

三、建立基因安全风险公益诉讼制度

（一）确立权利的可诉性

确立权利的可诉性，对应增加受试者权利受到侵害的具体情形及受害者可以提起民事诉讼和刑事诉讼的具体救济规定。当这些利益相关者的基因权利受到侵犯的时候，可以提起诉讼，使权利得到救济。一些受到不同行为准则规范的多元化主体包括科研人员、医生、基因资源的贡献者、学校、保险公司、依职权进行调整的行政机关等，他们的利益诉求可能会相同，基于类推原则与法律的指引功能，以前相同行为的处理结果会直接影响后面人们的行为以及权利的行使。正是基于此，我们在立法与制度设计的时候，需要对行为以及行为将产生的后果有相应的预见性。当然法律的制定与制度的设计不可能是自发的构建，也不可能仅靠市场调节来实现。我们可以借鉴别国的经验，采用德日民诉法主张的民事诉讼主体的变更，不仅在于其可弥补法律漏洞、提高诉讼效率，更在于考虑到生存权和发展权对财产利益的占有，以及基于意思自治下的合同运行。民事诉讼中的证据规则，尽管与英美法系的刑事诉讼法所规定的“非法证据排除规则”有一些不同，但是可以通过举证责任的结果、构成、程度，作为构成非法证据的标准：一是由败诉方承担行为和结果上的不利后果；二是大体由权利和法律关系构成的事实作为举证责任的事实要件;三是要达到“严重侵害他人合法权益”的程度。这与以是非为标准的结构化相比,更加体现出了价值的判断和选择。诉讼作为传统的纠纷解决机制,具有“事后救济性”,可通过对应增加受试者权利受到侵害的具体情形,以“严重侵害他人合法权益”作为非法证据的标准,制定受害者可以提起民事诉讼和刑事诉讼的具体救济等相关规定。

因此,基因安全风险规制的法治理论在实践层面上体现了基因技术从理论走向实际需求的转变。这种从一开始对法律治理持怀疑和不信任态度到主动地寻求法律的救济与保护的转变,充分地体现了法治的目标与基因安全风险规制的目标。与此同时,基因技术发展的内外驱动力,与民事诉讼中的纠纷解决、公民权利保障与社会秩序维护的目的相一致,都是为了推动基因安全风险规制的法律由实体向程序的迈进。

(二)实行民事领域和行政领域的基因公益诉讼

基因技术的研究与应用往往会给社会公共利益和人类伦理道德方面带来一些艰巨的挑战。当此种利益受到侵害而不存在相应的民事诉讼、行政诉讼下适格的起诉者时,就应该由检察院或者社会组织充当利益维护者的角色。

基因技术的诉讼能被归类于公益诉讼的原因在于:基因本身具有私人利益和公共利益的双重属性。个人的基因会涉及个人的人格利益和财产利益,同时,它也是人类共同财富中的公共资源。故而,在公共资源面临侵犯的情境下,公益诉讼就有必要介入其中。[①] 我们需要完善公益诉讼制度,积极创造条件开展公益诉讼,有效确保受害者获得司法救济,使他们在诉讼中获得广泛的社会帮助。对于基因编辑技术受试者权利的诉讼而言,公益诉讼无论是对于加强权利主体的诉讼能力还是对于加强法院的司法能力都具有重要作用。[②] 美国法学教授贾格迪什·巴格瓦蒂认为,正是这种对司法权力的创造性运用,“最高法院的大门才对那些贫苦和知识储备不足的人彻底打开了”。[③] 在具体操作中,可以成立公益诉讼审查、筛选小组,在保护个体诉讼权利和解决当事人的纠纷上都体现出程序正义的价值。诉讼主体活动的变化会不断影响着民事诉讼制度和法学研究对象的扩展。[④] 诉讼机制中纳入多元主体的诉求有利于维护社会秩序的稳定。短期内,技术的进步会造成利益冲突,这种现象在多领域下使用先进科技时会格外明显,但是基因科学技术的深层次发展是不足以自行的,它需要依赖各种外部环境、条件、因素的通力配合。因此我们在立法和设计制度时,需要考虑周全,调和各种主体之间的关系。从事实到法律事实,这种制度认可的正常法律关系的恢复,有助于内部发展动力的恢复。这与民事诉讼中的解决纠纷、保障权利、维护社会秩序的目的具有相同的内在

① 民事公益诉讼中包括了无人提起诉讼(基因权利拥有者已死亡且无亲属)的情形,在这种情形下不意味着研究机构可以对无人对其具备权利的基因进行滥用。

② 黄金荣:《司法保障人权的限度——经济和社会权利可诉性问题研究》,社会科学文献出版社2009年版,第333页。

③ Paul Hunt, *Reclaiming Social Rights: International and Comparative Perspectives*, Dartmouth Publishing Company Limited 165(1996).

④ 江伟:《市场经济与民事诉讼法学的使命》,载《现代法学》1996年第3期。

逻辑。

针对民事公益诉讼，可以参照环境公益诉讼的做法，两者的类似之处在于行为侵犯的客体均涉及人类的可持续发展，并且涉及了公民生活水准的波动。在这个层面上可以参考《环境保护法》和相关司法解释的做法：第一，明确专门从事医疗卫生工作的社会组织可以向法院就基因技术的有关问题提起公益诉讼。第二，提起公益诉讼的事由必须是基因技术的开发、应用和试验的行为已然侵犯到了公共利益且无其他民事诉讼主体有资格提起诉讼。[①] 从行政公益诉讼层面来看，在基因研究与基因技术审批等问题上，若行政机关的各类行为（作为与不作为）已然侵犯到了公共利益在基因层面的表达，那么检察院就应该就此事项提起公益诉讼。这些事项包括但不限于行政机关对应当予以行政审批（或予以许可）的基因研究事项不予审批、行政机关不合法行使其审查权从而导致具有重大风险的项目通过审批、行政机关对行政许可的后续审查工作表现出消极的不作为，等等。

小　　结

正如苏力所言："科学认识因果关系决定着法律发展和制度变迁。"[②]在基因技术进步的同时，人类所承担的一系列风险

---

① 何文灏：《论人体基因编辑技术的民法规制》，载《西南知识产权评论》2021年第1期。

② 苏力：《法律与科技问题的法理学重构》，载《中国社会科学》1999年第5期。

越发明显,对风险规制的要求也不断提高。为了应对基因技术发展带来的基因安全风险,我们要完善基因安全风险规制的法治体系:建立完备的法律规范体系,高效的法治实施体系,严密的法治监督体系。在此风险规制的法治体系中,需要在法律规范体系方面,从宪法、民法、刑法、行政法及其他法律法规层面完善已有的法律规范;条件成熟的时候制定基因安全领域的基本法——“基因安全法”。在法治实施体系方面,主要从执法层面、司法层面和守法层面上着手完善。在法律监督体系方面,完善备案审查制度;明确各个部门监管职责以提升监管效能;实行基因安全风险领域的公益诉讼。通过上述方式可以保护我国的基因资源防止其流失,规范基因技术使之良性发展,保证我国基因产业健康发展,规制基因安全风险,最终达到保障基因权利与国家安全的目的。技术和法律都是人类理性的成果,我们有理由相信,基因安全风险在法治体系的规范下一定能够得到良好的规制。

参考文献

一、中文文献

(一)中文著作

[1]范进学:《法律与道德:社会秩序的规制》,法律出版社 2022 年版。
[2]于文轩:《生物安全立法研究》,清华大学出版社 2009 年版。
[3]中国现代国际关系研究院:《生物安全与国家安全》,时事出版社 2021 年版。
[4]杨尚东:《高科技风险决策过程的法律规制:以核电的开发应用为分析对象》,中国法制出版社 2022 年版。
[5]金自宁:《中国环境风险规制的法理与方法:以环评为中心的考察》,北京大学出版社 2022 年版。
[6]张晏:《风险规制中的环境标准制定》,法律出版社 2021 年版。
[7]彭飞荣:《知识产权融资风险规制研究:以专利权为中心》,法律出版社 2018 年版。
[8]叶良芳:《风险社会刑事立法论纲》,法律出版社 2023 年版。
[9]刘建利:《医事行为的刑法规制》,东南大学出版社 2020 年版。
[10]崔盈:《全球环境风险社会性规制的法律实施路径研究》,知识产权出版社 2022 年版。
[11]周丽昀:《科技与伦理的世纪博弈》,上海大学出版社 2020 年版。
[12]叶高芬:《行政性垄断的法律规制:以国家竞争政策为视角》,法律出

版社 2022 年版。
[13]吴常青、吴轩、李晨蕾:《国家安全法治化视域下情报监控规制研究》,金城出版社 2020 年版。
[14]赵秉志等主编:《现代刑事法治视野下的国家与社会安全》,中国人民公安大学出版社 2020 年版。
[15]湛中乐主编:《行政许可制度教程》,中国法制出版社 2023 年版。
[16]赵鹏:《风险社会的行政法回应:以健康、环境风险规制为中心》,中国政法大学出版社 2018 年版。
[17]夏金莱:《行政决策公众参与研究》,法律出版社 2023 年版。
[18]唐艳:《中国生物多样性保护公众参与机制研究》,四川大学出版社 2021 年版。
[19]尤欣赏等:《公众参与下公共项目多准则群决策研究》,经济管理出版社 2023 年版。
[20]杨新元:《论社会治理的公众参与权》,社会科学文献出版社 2021 年版。
[21]张贵红主编:《科技伦理》,中国科学技术大学出版社 2023 年版。
[22]王康:《基因责任论:基因改造生物环境风险的法律规制》,法律出版社 2020 年版。
[23]胡啸峰、申世飞:《社会安全风险分析方法概论》,清华大学出版社 2021 年版。
[24]邱仁宗:《生命伦理学》(增订版),中国人民大学出版社 2020 年版。
[25]战希臣、郑海平:《装备质量基因要素论》,科学出版社 2020 年版。
[26]朱圣庚、徐长法主编:《生物化学》(第 4 版 · 下册),高等教育出版社 2017 年版。
[27]王祎玲:《分子生物学》,科学出版社 2022 年版。
[28]林金水:《微生物功能基因组学及病元细菌的致病机制研究》,吉林大

学出版社 2019 年版。
[29]刘世利主编:《CRISPR 基因编辑技术》,化学工业出版社 2021 年版。
[30]张惠展等编著:《基因工程》(第 4 版),高等教育出版社 2022 年版。
[31]刘志国主编:《基因工程原理与技术》(第 4 版),化学工业出版社 2022 年版。
[32]雷瑞鹏等主编:《人类基因组编辑:科学、伦理学与治理》,中国协和医科大学出版社 2019 年版。
[33]余潇枫主编,魏志江、廖丹子副主编:《非传统安全概论:世界为什么不安全》(第 3 版 · 上卷),北京大学出版社 2020 年版。
[34]王劲松主编:《公共卫生与流行病学》,科学出版社 2018 年版。
[35]刘海明:《公共卫生事件中的社会伦理心态》,商务印书馆 2023 年版。
[36]吕蕾:《公共卫生与疾病预防控制》,世界图书出版公司 2020 年版。
[37]陈致宇、宋海东主编:《突发公共卫生事件期间公众心理干预实践》,浙江大学出版社 2022 年版。
[38]张春颜:《公共卫生事件衍生社会风险防控研究》,中国社会科学出版社 2022 年版。
[39]何明珂、赵琨等:《突发公共卫生事件下的新技术应用与应急管理》,首都经济贸易大学出版社 2020 年版。
[40]王文科:《公共卫生健康的伦理研究》,上海三联书店 2023 年版。
[41]李垚、陈学进主编:《医学实验动物学》,上海交通大学出版社 2019 年版。
[42]郭明龙:《基因科技成果利益分享研究:以人体组织提供者私权保护为视角》,中国人民大学出版社 2019 年版。
[43]李醒民:《科学与伦理》,中国人民大学出版社 2021 年版。
[44]杨桦、邓搴:《政府公共服务外包:风险防范及法律规制》,法律出版社 2019 年版。

[45]黄锫等:《选择性行政执法及其规制研究》,上海人民出版社 2022 年版。
[46]武桂珍主编:《高致病性病原微生物危害评估指南》,北京大学医学出版社 2008 年版。
[47]《尖端武器装备》编写组编:《尖端武器装备:尖端化学·生物武器》,航空工业出版社 2014 年版。
[48]冯文远:《生物武器科技知识》(上册),辽海出版社 2011 年版。
[49]冯文远:《生物武器科技知识》(下册),辽海出版社 2011 年版。
[50]袁志明主编:《法国生物安全法律法规选编》,科学出版社 2015 年版。

(二)中文译著

[1]《马克思恩格斯选集》(第 1 卷),人民出版社 1995 年版。
[2]《马克思恩格斯选集》(第 2 卷),人民出版社 1995 年版。
[3]《马克思恩格斯选集》(第 3 卷),人民出版社 1995 年版。
[4]《马克思恩格斯全集》(第 19 卷),人民出版社 1963 年版。
[5]《马克思恩格斯全集》(第 46 卷),人民出版社 1980 年版。
[6][新西兰]法比恩·梅德韦基、[澳]琼·里奇:《科学传播伦理学》,王大鹏、方芗译,段伟文主审,清华大学出版社 2021 年版。
[7][古希腊]亚里士多德:《形而上学》,吴寿彭译,商务印书馆 1959 年版。
[8][古希腊]亚里士多德:《尼各马可伦理学》,廖申白译注,商务印书馆 2003 年版。
[9][德]奥托·迈耶:《德国行政法》,刘飞译,商务印书馆 2021 年版。
[10][德]埃里克·希尔根多夫:《医疗刑法导论》,王芳凯译,北京大学出版社 2021 年版。
[11][澳]帕特里克·沃尔什:《生物安全情报》,王磊译,金城出版社有限公司 2020 年版。
[12][德]鲁德格·霍内菲尔德:《科学和伦理:面临生物学、基因技术和医

学挑战我们肩负的责任》,周军译,载单继刚、甘绍平、容敏德主编:《应用伦理:经济、科技与文化》,人民出版社 2008 年版。
[13][德]康德:《逻辑学讲义》,许景行译,商务印书馆 2010 年版。
[14][德]库尔特·拜尔茨:《基因伦理学》,马怀琪译,华夏出版社 2000 年版。
[15][德]迪特儿·格林:《宪法视野下的预防问题》,载刘刚编译:《风险规制:德国的理论与实践》,法律出版社 2012 年版。
[16][德]齐佩利乌斯:《法学方法论》,金振豹译,法律出版社 2009 年版。
[17][法]皮埃尔·勒鲁:《论平等》,王允道译,商务印书馆 1988 年版。
[18][日]卢部信喜著,高桥和之补订:《宪法》,林来梵等译,清华大学出版社 2018 年版。
[19][古罗马]查士丁尼:《法学总论》,张企泰译,商务印书馆 1989 年版。
[20][美]卡尔·威尔曼:《人权的道德维度》,肖君拥译,商务印书馆 2018 年版。
[21][美]查尔斯·贝兹:《人权的理念》,高景柱译,江苏人民出版社 2018 年版。
[22][美]斯泰伯格、寇斯利:《生物技术与遗传工程辞典》,严瑞鸿译,猫头鹰出版社 1995 年版。
[23][美]汉密尔顿、杰伊、麦迪逊:《联邦党人文集》,程逢如等译,商务印书馆 1980 年版。
[24][美]约翰·罗尔斯:《作为公平的正义:正义新论》,姚大志译,中国社会科学出版社 2011 年版。
[25]美国科学院研究理事会编:《合成生物学时代的生物防御》,郑涛等译,科学出版社 2020 年版。
[26]美国国家科学院、美国国家医学院主编:《人类基因组编辑:科学、伦理与监管》,马慧等主译,科学出版社 2019 年版。

[27][美]乔纳森·B. 塔克:《创新、两用性与生物安全:管理新兴生物和化学技术风险》,田德桥译,科学技术文献出版社2020年版。

[28][美]罗纳德·德沃金:《至上的美德:平等的理论与实践》,冯克利译,江苏人民出版社2007年版。

[29][美]劳伦斯·高斯汀、林赛·威利:《公共卫生法:权力·责任·限制》,苏玉菊等译,北京大学出版社2021年版。

[30][美]摩尔根:《基因论》,刘守旭译,北京理工大学出版社2017年版。

[31][美]乔纳森·佩夫斯纳:《生物信息学与功能基因组学》(第3版),田卫东、赵兴明主译,化学工业出版社2020年版。

[32][美]L. H. 哈特韦尔等编:《遗传学:从基因到基因组》(第6版),于军译,科学出版社2020年版。

[33][美]J. D. 沃森、T. A. 贝克等编著:《基因的分子生物学》(第7版),杨焕明译,科学出版社2015年版。

[34][美]海伦·赞塔基:《立法起草:规制规则的艺术与技术》,姜孝贤译,法律出版社2022年版。

[35][英]斯科特:《规制、治理与法律:前沿问题研究》,安永康译,清华大学出版社2018年版。

[36][英]哈特:《法律的概念》(第3版),许家馨、李冠宜译,法律出版社2018年版。

[37][英]让-弗兰西斯·马蒂编著:《伦理观解读人类基因组》,申宗侯、瞿涤主译,复旦大学出版社2004年版。

[38][英]以赛亚·伯林:《自由论》,胡传胜译,译林出版社2011年版。

[39][英]威廉·韦德、克里斯托弗·福赛:《行政法》,骆梅英等译,骆梅英统校,中国人民大学出版社2018年版。

[40][意]托马斯·阿奎那:《论法律》,杨天江译,商务印书馆2016年版。

（三）中文期刊

[1]魏健馨:《〈生物安全法〉的宪法逻辑》,载《上海政法学院学报(法治论丛)》2022年第3期。

[2]石经海、林需需:《非法植入基因编辑罪中“情节严重”的司法认定研究》,载《医学与社会》2023年第8期。

[3]赵天红:《生物安全刑事立法保护势在必行》,载《人民论坛》2021年第22期。

[4]林需需:《人类生殖系基因编辑的法律规制研究》,载《医学与哲学》2022年第16期。

[5]王玥:《新技术条件下我国人类遗传资源安全的法律保障研究:兼论我国生物安全立法中应注意的问题》,载《上海政法学院学报(法治论丛)》2021年第2期。

[6]薛达元:《新形势下应着重防范生物物种资源流失》,载《人民论坛·学术前沿》2020年第20期。

[7]余潇枫:《论生物安全与国家治理现代化》,载《人民论坛·学术前沿》2020年第20期。

[8]陈莹莹:《中国转基因食品安全风险规制研究》,载《华南师范大学学报(社会科学版)》2018年第4期。

[9]苏芸芳:《风险预防背景下的外来物种入侵法律规制》,载《资源开发与市场》2021年第3期。

[10]莫纪宏:《关于加快构建国家生物安全法治体系的若干思考》,载《新疆师范大学学报(哲学社会科学版)》2020年第4期。

[11]丁国民、郭仕捷:《生物安全立法的价值冲突及解决》,载《山西大学学报(哲学社会科学版)》2020年第4期。

[12]丁国民、刘桂昌:《生物安全规制的反身法路径研究》,载《东北大学学报(社会科学版)》2021年第2期。

[13]陈姿含:《人体基因科技的规制:问题、路径与原则》,载《上海政法学院学报(法治论丛)》2021年第2期。
[14]陈姿含:《基因编辑法律规制实践研究:以民事诉讼目的为视角》,载《法学杂志》2020年第3期。
[15]陈传夫、焦钰巧:《科研伦理规范的调查与体系优化研究》,载《中国科技论坛》2020年第5期。
[16]田亦尧、李欣冉:《科技伦理治理机制的法治因应与逻辑转换——由生物技术科技伦理规制问题展开》,载《科技进步与对策》2021年第2期。
[17]姜涛:《基因编辑之刑法规制及其限度》,载《东方法学》2021年第2期。
[18]胡云腾、余秋莉:《〈刑法修正案(十一)〉关于生物安全规定的理解与适用——基于疫情防控目的的解读》,载《中国法律评论》2021年第1期。
[19]余秋莉:《论人体生殖系基因编辑行为的刑法应对——兼评贺建奎"基因编辑婴儿"案》,载《法律适用》2020年第4期。
[20]梅传强、盛浩:《论生物安全的刑法保护——兼论〈刑法修正案(十一)〉相关条文的完善》,载《河南社会科学》2021年第1期。
[21]冯军、马丽丽:《危害国家人类遗传资源安全犯罪立法述评》,载《河北法学》2021年第8期。
[22]吴家睿:《对人类遗传资源管理涉及的三种关系之讨论》,载《生命科学》2023年第6期。
[23]薛涛、谷硕:《中美人类遗传资源管理立法的历史流变、比较及借鉴》,载《河北法学》2022年第8期。
[24]曹波:《国家治理现代化视阈中生物安全刑法保护探究》,载《西北大学学报(哲学社会科学版)》2021年第3期。

[25]常纪文:《加快构建国家生物安全法律法规体系》,载《学习时报》2020年2月17日第1版。
[26]何蕊、田金强等:《我国生物安全立法现状与展望》,载《第二军医大学学报》2019年第9期。
[27]王贵松:《论法治国家的安全观》,载《清华法学》2021年第2期。
[28]王贵松:《风险行政的预防原则》,载《比较法研究》2021年第1期。
[29]赵晶晶:《转基因监管中的公众参与制度研究——以欧盟经验为例》,载《东北师大学报(哲学社会科学版)》2021年第5期。
[30]魏小雨:《信息时代公众参与社会治理的法治构造》,载《领导科学》2021年第6期。
[31]王小钢:《环境法典风险预防原则条款研究》,载《湖南师范大学社会科学学报》2020年第6期。
[32]王锴:《比例原则在备案审查中的运用——以适当性审查为中心》,载《地方立法研究》2023年第5期。
[33]王锴:《比例原则在宪法平等权分析中的运用》,载《法学》2023年第2期。
[34]陈征:《宪法中的禁止保护不足原则——兼与比例原则对比论证》,载《法学研究》2021年第4期。
[35]蒋红珍:《比例原则适用的规范基础及其路径:行政法视角的观察》,载《法学评论》2021年第1期。
[36]蒋红珍:《比例原则位阶秩序的司法适用》,载《法学研究》2020年第4期。
[37]刘权:《比例原则的精确化及其限度——以成本收益分析的引入为视角》,载《法商研究》2021年第4期。
[38]刘权:《行政判决中比例原则的适用》,载《中国法学》2019年第3期。
[39]冷传莉:《比例原则私法化的体系定位与调整对象》,载《比较法研

究》2023 年第 4 期。

[40]马超、于晓虹:《行政审判中比例原则的适用——基于公开裁判文书的实证研究》,载《山东大学学报(哲学社会科学版)》2022 年第 4 期。

[41]金龙君:《比例原则司法审查中的阶层秩序问题及类型化操作》,载《四川师范大学学报(社会科学版)》2023 年第 1 期。

[42]鲁冰清:《论生物安全法律规制的范式转变——从损害管理到风险治理》,载《吉首大学学报(社会科学版)》2021 年第 1 期。

[43]于文轩:《生态文明语境下风险预防原则的变迁与适用》,载《吉林大学社会科学学报》2019 年第 5 期。

[44]牟桐、于文轩:《我国生物遗传资源惠益分享法律机制的优化路径》,载《生态与农村环境学报》2021 年第 9 期。

[45]李恒:《总体国家安全观视野下的恐怖主义犯罪刑法规制与完善》,载《宁夏社会科学》2021 年第 1 期。

[46]郑戈:《迈向生命宪制——法律如何回应基因编辑技术应用中的风险》,载《法商研究》2019 年第 2 期。

[47]徐娟:《基因编辑婴儿技术的社会风险及其法律规制》,载《山东大学学报(哲学社会科学版)》2020 年第 2 期。

[48]张宝:《从危害防止到风险预防:环境治理的风险转身与制度调适》,载《法学论坛》2020 年第 1 期。

[49]唐伟华:《从基因编辑看欧美对新型基因修饰生物技术的监管及挑战》,载《科学与社会》2023 年第 3 期。

[50]李欣、刘旭霞、张弛:《英国脱欧后基因技术监管趋势及对中国的启示——基于英国〈基因技术报告〉的分析》,载《中国生物工程杂志》2022 年第 7 期。

[51]陈龙:《法律介入人类基因编辑技术的正当性研究》,载《医学与社会》2021 年第 10 期。

[52]陈家宽:《〈生物安全法〉应关注哪些生物安全问题?》,载《北京航空航天大学学报(社会科学版)》2019 年第 5 期。
[53]吴小帅:《论刑法与生物安全法的规范衔接》,载《法学》2020 年第 12 期。
[54]杨继文:《国家生物安全风险防控和治理体系背景下的基因风险协同治理模式构建》,载《中国政法大学学报》2020 年第 3 期。
[55]刘跃进:《当代国家安全体系中的生物安全与生物威胁》,载《人民论坛·学术前沿》2020 年第 20 期。
[56]苏宇:《风险预防原则的结构化阐释》,载《法学研究》2021 年第 1 期。
[57]秦天宝:《〈生物安全法〉的立法定位及其展开》,载《社会科学辑刊》2020 年第 3 期。
[58]秦天宝:《论风险预防原则在环境法中的展开——结合〈生物安全法〉的考察》,载《中国法律评论》2021 年第 2 期。
[59]秦天宝:《我国生物安全领域首部基本法的亮点与特征》,载《人民论坛》2021 年第 11 期。
[60]王景云、齐枭博:《总体国家安全观视域下的生物安全法治体系构建》,载《学习与探索》2021 年第 2 期。
[61]李桂林:《法治价值观:以人的尊严为价值导向》,载《法学》2020 年第 4 期。
[62]郑玉双:《生命科技与人类命运:基因编辑的法理反思》,载《法制与社会发展》2019 年第 4 期。
[63]胡玉鸿:《个人的独特性与人的尊严之证成》,载《法学评论》2021 年第 2 期。
[64]刘长敏、宋明晶:《美国应对蓄意生物威胁战略探究——基于安全化理论分析视角》,载《国际政治研究》2021 年第 4 期。
[65]王盼娣、熊小娟等:《〈生物安全法〉实施背景下对合成生物学的监

管》,载《华中农业大学学报》2021 年第 6 期。

[66]孙佑海:《生物安全法:国家生物安全的根本保障》,载《环境保护》2020 年第 22 期。

[67]崔国斌:《〈生物安全法〉应重点管控生物技术研究和商业化应用》,载《北京航空航天大学学报(社会科学版)》2019 年第 5 期。

[68]王旭:《论国家在宪法上的风险预防义务》,载《法商研究》2019 年第 5 期。

[69]田野:《雇员基因信息保护的私法进路》,载《法商研究》2021 年第 1 期。

[70]田野:《大数据时代知情同意原则的困境与出路——以生物资料库的个人信息保护为例》,载《法制与社会发展》2018 年第 6 期。

[71]田野、刘霞:《基因编辑的良法善治:在谦抑与开放之间》,载《深圳大学学报(人文科学版)》2018 年第 4 期。

[72]孙海波:《基因编辑的法哲学辨思》,载《比较法研究》2019 年第 6 期。

[73]王利明:《敏感个人信息保护的基本问题——以〈民法典〉和〈个人信息保护法〉的解释为背景》,载《当代法学》2022 年第 1 期。

[74]王利明、丁晓东:《论〈个人信息保护法〉的亮点、特色与适用》,载《法学家》2021 年第 6 期。

[75]温世扬:《中国民法上的"公开权"——〈民法典〉人格标识许可使用规定之解析》,载《当代法学》2021 年第 2 期。

[76]程啸:《论人格权的商业化利用》,载《中国法律评论》2023 年第 1 期。

[77]李雅男:《人类基因的私法保护困境与消解路径》,载《法学评论》2022 年第 4 期。

[78]李永军:《论〈民法典〉人格权编的请求权基础规范——能否以及如何区别于侵权责任规范?》,载《当代法学》2022 年第 2 期。

[79]张新宝:《个人信息收集:告知同意原则适用的限制》,载《比较法研

究》2019 年第 6 期。
[80]王丽洁:《人类生殖系基因编辑技术合理应用的证成逻辑与制度调适》,载《甘肃政法大学学报》2023 年第 5 期。
[81]于若兰:《个人生物识别信息商业化应用规制:路径对比与规则补正》,载《科技与法律(中英文)》2023 年第 5 期。
[82]于洋:《论个人生物识别信息应用风险的监管构造》,载《行政法学研究》2021 年第 6 期。
[83]朱荣荣:《论我国基因信息不知情权的确立》,载《法律科学(西北政法大学学报)》2021 年第 1 期。
[84]朱振:《基因编辑必然违背人性尊严吗?》,载《法制与社会发展》2019 年第 4 期。
[85]丁晓东:《个人信息公私法融合保护的多维解读》,载《法治研究》2022 年第 5 期。
[86]姜雯、王慧:《我国遗传咨询中的法律风险与对策研究》,载《南京医科大学学报(社会科学版)》2023 年第 5 期。
[87]商希雪:《生物识别信息公共与商业使用的制度定位与规范构建——兼论对人格权保护模式的反思》,载《青海社会科学》2021 年第 2 期。
[88]谢鸿飞:《个人信息泄露侵权责任构成中的“损害”——兼论风险社会中损害的观念化》,载《国家检察官学院学报》2021 年第 5 期。
[89]王康:《基因正义论——以民法典编纂与基因歧视司法个案为背景》,载《法学评论》2019 年第 6 期。
[90]袁佳音:《生物安全犯罪的法益侵害与规制路径》,载《北京科技大学学报(社会科学版)》2022 年第 6 期。
[91]杨博文:《科技伦理与安全审查的内在理路与二元结构——以〈生物安全法〉为中心展开》,载《科学学研究》2022 年第 7 期。
[92]叶良芳:《非法植入基因编辑、克隆胚胎罪的保护法益:基于生命伦理

的视角》,载《浙江大学学报(人文社会科学版)》2022 年第 7 期。

[93]梁超、郭传凯:《基因自己决定权的民法构造》,载《学术探索》2022 年第 10 期。

[94]石佳友、庞伟伟:《人体基因编辑活动的协同规制——以〈民法典〉第 1009 条为切入点》,载《法学论坛》2021 年第 4 期。

[95]石佳友:《个人信息保护的私法维度——兼论〈民法典〉与〈个人信息保护法〉的关系》,载《比较法研究》2021 年第 5 期。

[96]王子珍:《我国基因隐私权的法律缺位——兼评〈民法典〉第 1009 条的基因权利保护》,载《太原理工大学学报(社会科学版)》2021 年第 4 期。

[97]肖睿颖:《比较法视角下基因权利的法律保障——以"基因编辑婴儿"事件为切入点》,载《内蒙古财经大学学报》2020 年第 4 期。

[98]刘鑫:《基因技术专利化的问题、争议与应对》,载《电子知识产权》2021 年第 8 期。

[99]岳兵兵、陈高华:《人性尊严、主体权利与"能力方法"——人类增强技术的生命政治哲学批判与建构》,载《自然辩证法研究》2021 年第 6 期。

[100]史恩宇等:《细菌介导的肿瘤治疗研究进展》,载《中国生物工程杂志》2024 年第 Z1 期。

[101]刘悦等:《农业基因工程微生物及其安全性风险评价》,载《黑龙江农业科学》2023 年第 7 期。

[102]丁迪:《超越生物防御:"两用性"安全叙事与美国生物技术政策的演进》,载《国际安全研究》2022 年第 6 期。

[103]金美玲等:《美国〈阿波罗生物防御计划〉介绍》,载《中国公共卫生》2021 年第 12 期。

[104]宾凯:《政治系统与法律系统对于技术风险的决策观察》,载《交大法

学》2020 年第 1 期。

[105]雷军:《生物多样性保护法律框架下行政法与刑法规范之冲突及解决》,载《中南林业科技大学学报(社会科学版)》2015 年第 5 期。

[106]董玉荣:《利益视域下遗传资源权利保护的路径研究》,载《知识产权》2018 年第 4 期。

[107]何平:《论遗传资源的财产属性和权利构造》,载《法学评论》2019 年第 2 期。

[108]何平:《成本视角下的遗传资源财产权保护制度设计研究》,载《法学杂志》2018 年第 10 期。

[109]田红星:《遗传资源领域的权利重构:环境权、知识产权与遗传资源信息权的博弈》,载《甘肃政法学院学报》2013 年第 2 期。

[110]崔丽:《民法典第 1009 条:基因人格权的创设、证成与实现》,载《东方法学》2021 年第 1 期。

[111]杨在会:《基因信息的应用场景及其私法规范》,载《医学与哲学》2021 年第 20 期。

[112]杨在会:《〈民法典〉时代医疗基因信息的私法保护》,载《中国卫生事业管理》2021 年第 11 期。

[113]郭少飞:《作为物质型人格权之“基因权”的理论证立与法律保护》,载《求是学刊》2020 年第 5 期。

[114]张建文:《新兴权利保护的合法利益说研究》,载《苏州大学学报(哲学社会科学版)》2018 年第 5 期。

[115]王轶:《行政许可的民法意义》,载《中国社会科学》2020 年第 5 期。

[116]卢光琇:《通过编辑人类胚胎 CCR5 基因预防艾滋病事件的反思》,载《医学与哲学》2019 年第 2 期。

[117]林华:《行政许可条件设定模式及其反思》,载《中国法学》2022 年第 4 期。

[118]林华:《通过依法执政实现依法行政的制度逻辑》,载《政法论坛》2020 年第 6 期。

[119]余凌云:《地方立法能力的适度释放——兼论“行政三法”的相关修改》,载《清华法学》2019 年第 2 期。

[120]张宇:《基因编辑行为对宪法的挑战及宪法规制》,载《中州大学学报》2023 年第 1 期。

[121]闻渊:《信息时代背景下转基因技术风险法律规制的困境与出路》,载《分子植物育种》2022 年第 2 期。

[122]阮芳芳等:《婚育基因检测相关法律问题实证分析》,载《医学与哲学》2019 年第 14 期。

[123]韩瑾等:《应用二代基因测序结果进行产前遗传学咨询的伦理学探讨》,载《中国医学伦理学》2019 年第 10 期。

(四)学位论文与会议论文

[1]唐克:《生物遗传资源所有权研究》,中国政法大学 2022 年博士学位论文。

[2]解晋伟:《宪法中人的尊严适用研究》,华东政法大学 2022 年博士学位论文。

[3]陈懿琳:《人体基因科技风险预防原则的法理诠释》,广东财经大学 2023 年硕士学位论文。

[4]王逸卓:《编辑人类胚胎基因行为的刑法规制问题研究》,吉林大学 2020 年硕士学位论文。

[5]付微明:《生物识别信息法律保护问题研究》,中国政法大学 2020 年博士学位论文。

[6]尹德贵:《风险分配的法理论纲》,苏州大学 2016 年博士学位论文。

[7]桂萍:《重大行政决策之公众参与制度》,苏州大学 2016 年博士学位论文。

[8]吴凌梓:《我国国境口岸生物安全法律制度研究》,广西师范大学2021年硕士学位论文。

[9]杨兰:《利用RAD52修复CRISPR/Cas9基因编辑所致宿主基因损伤的研究》,军事科学院2023年博士学位论文。

[10]孟雯:《人体基因科技的法律思辨》,山东大学2015年博士学位论文。

[11]段玉安:《环境健康风险司法规制——预防性环境诉讼制度的完善》,中国法学会环境资源法学研究会2020年会暨2020年全国环境资源法学研讨会论文。

[12]谭阳、杨洁:《我国生物基因安全立法问题研究》,中国法学会环境资源法学研究会2020年会暨2020年全国环境资源法学研讨会论文。

[13]杨辉:《基因编辑与基因治疗》,中国生物化学与分子生物学会2019年全国学术会议暨学会成立四十周年论文集收录论文。

[14]邓泽宇:《基因工程及基因作物的监管机制探讨》,2018年教师教育能力建设研究专题研讨会论文集收录论文。

[15]李劲松:《"人造精子"介导的基因编辑》,中国生物化学与分子生物学会第十二届全国会员代表大会暨2018年全国学术会议论文。

[16]陈飞:《基因技术运用面临的伦理困境及对策探究》,中华医学会医学伦理学分会第十九届学术年会暨医学伦理学国际论坛收录论文。

二、外文文献

[1] Christopher Hood, Henry Rothstein & Robert Baldwin, *The Government of Risk: Understanding Risk Regulation Regimes*, Oxford University Press, 2001.

[2] Steven P. Croley, *Theories of Regulation: Incorporating the Administrative Process*, Columbia Law Review, Vol. 98:1, (1998).

[3] Stephenson, M. C., *Legislative Allocation of Delegated Power: Uncertainty, Risk, and the Choice Between Agencies and Courts*, Harvard Law

Review, Vol. 119:4(2005).

[4] Jesse L. Reynolds, *Governing New Biotechnologies for Biodiversity Conservation: Gene Drives, International Law, and Emerging Politics*, Global Environmental Politics, Vol. 20:3, (2020).

[5] Myles W. Jackson, *How Gene Patents are Challenging Intellectual Property Law: The History of the CCR5 Gene Patent*, Perspectives on Science, Vol. 23:1, (2015).

[6] Ine Van Hoyweghen, *Taming the Wild Life of Genes by Law? Genes Reconfiguring Solidarity in Private Insurance*, New Genetics & Society, Vol. 29:4, (2010).

[7] Isasi R., Kleiderman E. & Knoppers B. M., *Editing Policy to Fit the Genome? Framing Genome Editing Policy Requires Setting Thresholds of Acceptability*, Science, Vol. 351:6271, (2016).

[8] Katherine Paris, *Genome Editing and Biological Weapons: Assessing the Risk of Misuse*, Springer, 2023.

[9] Abondio P., Cilli E. & Luiselli D., *Human Pangenomics: Promises and Challenges of A Distributed Genomic Reference*, Life(Basel), Vol. 13:6, (2023).

[10] Wan Z. & Hazel J. W. et al., *Sociotechnical Safeguards for Genomic Data Privacy*, 23 Nature Reviews Genetics, Vol. 23:5, (2022).

[11] Wong T., *Characterizing the Harms of Compromised Genetic Information for Article III Standing in Data Breach Litigation*, Columbia Journal of Law and Social Problems, Vol. 53:4, (2020).

[12] Mariko Kageyama, *Bio – Property Contracts in a New Ecosystem: Genetic Resources Access and Benefit Sharing*, Washington Journal of Law, Technology & Arts, Vol. 13:2, (2018).

[13] E. A. Rosa, O. Renn & A. M. McCright, *The Risk Society Revisited. Social Theory and Governance*, Temple University Press, 2014.

[14] Neil D. Hamilton, *Legal Issues Shaping Society's Acceptance of Biotechnology and Genetically Modified Organisms*, 6 Drake Journal of Agricultural Law, Vol. 6:1, (2001).

[15] Roger E. Kasperson et al., *The Social Amplification of Risk: A Conceptual Framework*, Risk Analysis, Vol. 8:2, (1988).

[16] Walters L., *Human Gene Therapy: Ethics and Public Policy*, Human Gene Therapy, Vol. 2:2, (1991).

[17] Akabayashi A., Nakazawa E. & Caplan A. L., *Gene Editing: Who Should Decide?*, Nature, Vol. 564:7735, (2018).

[18] Bourgon Jocelyne, *Responsive, Responsible and Respected Government: Towards a New Public Administration Theory*, International Review of Administrative Sciences, Vol. 73:1, (2007).

[19] Chaw R. A., *Effect of the Human Genome Initiative on Women's Rights and Reproductive Decisions*, 8 Fetal Diagnosis & Therapy (1993).

[20] Renn Ortwin et al., *Coping with Complexity, Uncertainty and Ambiguity in Risk Governance: A Synthesis*, Ambio, Vol. 40:2, (2011).

[21] Klinke A. & Renn O., *The Coming of Age of Risk Governance*, Risk Analysis, Vol. 41:3, (2021).

[22] Heriard - Dubreuil G. F., *Present challenges to risk governance*, J Hazard Mater, Vol. 86:1 - 3, (2001).

[23] Hristova V., *Risk Regulation in Europe: Assessing the Application of Precautionary Principle by Jale Tosun*, European Journal of Risk Regulation, Vol. 4:4, (2013).

[24] Francoise Baylis et al., *Human Germline and Heritable Genome Edi-*

ting: *The Global Policy Landscape*, The CRISPR Journal, Vol. 3:5, (2020).

[25] Cyranoski D. & Ledford H., *Genome – edited Baby Claim Provokes International Outcry*, Nature, Vol. 563:7733, (2018).

[26] Andrea Lavazza, *Parental Selective Reproduction*: *Genome – Editing and Maternal Behavior as a Potential Concern*, Frontiers in Genetics, Vol. 10:532, (2019).

[27] Segers S. & Mertes H., *Does Human Genome Editing Reinforce or Violate Human Dignity*?, Bioethics, Vol. 34:1, (2019).

[28] Greenfield A., *Making Sense of Heritable Human Genome Editing*: *Scientific and Ethical Considerations*, 182 Progress in Molecular Biology and Tran Slational(2021).

[29] Adashi E. Y. et al., *Heritable Human Genome Editing*: *The Public Engagement Imperative*, CRISPR Journal, Vol. 3:6, (2020).

[30] MacKellar C., *Why Human Germline Genome Editing is Incompatible with Equality in an Inclusive Society*, New Bioeth, Vol. 27:1, (2021).

[31] Townsend B. A., *Human Genome Editing*: *How to Prevent Rogue Actors*, 21 BMC Med Ethics(2020).

[32] Halpern J. et al., *Societal and Ethical Impacts of Germline Genome Editing*: *How Can We Secure Human Rights*?, CRISPR Journal, Vol. 2:5, (2019).

[33] Doxzen K. & Halpern J., *Focusing on Human Rights*: *A Framework for CRISPR Germline Genome Editing Ethics and Regulation*, Perspectives in Biology & Medicine, Vol. 63:1, (2020).

[34] Mandrioli M., *Genome Editing among Bioethics and Regulatory Practices*, Biomolecules, Vol. 12:1, (2021).

[35] David D. Friedman, *Does Technology Require New Law*, Harvard Journal of Law & Public Policy, Vol25:1, (2001).

[36] Sheila Jasanoff(ed.), *Reframing Rights: Bioconstitutionalism in the Genetic Age*, The MIT Press, 2011.

[37] Julian J. Koplin, Christopher Gyngell & Julian Savulescu, *Germline Gene Editing and the Precautionary Principle*, Bioethics, Vol. 34:1, (2019).

[38] Gabel I. & Moreno J., *Genome Editing, Ethics, and Politics*, AMA Journal Ethics E1105, Vol21:12, (2019).

后　　记

撰写本著作源于我对“安徽猎取基因事件”“黄金大米事件”“基因编辑婴儿事件”的思考。当今社会是一个风险社会，基因科技等生物科技的无序利用，加剧了人类基因资源被侵犯的风险，严重威胁基因安全和国家安全。为提升国家生物安全治理能力，发挥法治维护国家安全的效能，打好我国“人种基因资源保卫战”，我便萌生了为基因安全的风险规制立著的想法。

“基因安全风险规制的法律问题研究”对于我而言是一个极具挑战性的选题，虽然该选题是本人之前课题的延伸，但内心依旧有点忐忑。因为从风险规制视角研究基因安全，并与国家安全相联系，这需要有极其深厚的理论知识功底和丰富的知识体系，特别是需具备基因技术知识和风险规制知识，而这样的知识要求超出了我的原有知识储备范畴。感谢王飞跃教授、周刚志教授、姜素红教授、刘彩贤副教授、马世媛博士的启发和指点；感谢我的学生张倩、杨璨宇、王艺淇、张雨蓉、黄思远、方涛、许一鸣、刘志强、何保志等，感谢我的女儿戴子若、女婿刘哲，感谢他们为我专著的资料查找与校对付出的努力；感谢我的丈夫戴兴安教授，是他一直默默支持，做好后勤工作，我才能安心写作，我的课题研究才能够顺利完成。

在本专著付梓之际,我有些许感触:首先,国家安全是一个宏大的课题,从事国家安全研究极其需要跨学科思维与合作。在撰著之时,我时常翻阅有关风险理论和生物科学的专著资料,为我写作时提供理论支撑。同时我积极与其他学科的学者保持联系,这丰富了我的写作灵感与思路。其次,从事学术研究必须耐得住性子,坐得住冷板凳。由于国内鲜有"基因安全"的成果,因此需要极强的资料搜索能力寻找相关资料,不急躁,不轻言放弃。我仍记得之前为了搜寻相关资料,我多次辗转于长沙、武汉两地高校的图书馆。从初定写作提纲到今日定稿,我已经在电脑前整整奋战两年多,虽然辛苦,但也乐在其中。

张小罗

2024 年 7 月 29 日

于中南林业科技大学